나를 변화시킨 사람들

변화|Change|와 도전|Challenge|

나를 변화시킨 사람들

변화|Change|와 도전|Challenge|

손 경 연 지음

한성대학교 출판미디어센터

글을 쓰면서

사람은 살아가면서 누구나 좌절할 때가 있다.

사람은 살아가면서 누구나 절실할 때가 있다.

대학교수로서 정년을 앞두고 이 글을 쓰면서 이럴 때마다 사람들은 어떻게 극복할까? 어떤 이는 술을 한잔하며 자신을 달래기도 하고, 어떤 이는 지인을 만나 속에 있는 말을 반쯤 털어 놓기도 하고, 어떤 이는 절이나 교회에 가서 기도를 드리기도 하고, 어떤 이는 여행을 가기도 한다.

우리가 사는 세상을 불교에서는 가장 근본적인 원리로 사성제(四聖諦)로 표현한다. 사성제는 고(苦)·집(集)·멸(滅)·도(道)의 네 가지 진리로 구성되어 있는데, 고는 삶의 괴로움, 집은 그 괴로움의 원인 집착, 멸은 그런 집착을 끊는 것, 도는 행복에 이르는 여덟 가지 바른길이라고 한다. 그러면서 나를 다스리는 것은 일체유심조(一切唯心造)라고 하여 '모든 것은 오직 마음이 만드는 것이다'라는 부처의 이 가르침은 '독립적인 실체로 존재하는 세계란 있을 수 없으며 오로지 마음에 비친 환상일 뿐이다' 그러므로 생각의 내용과 크기가 곧 현실인 셈이다.

단 하루만 화내지 않고 살아도 내가 다른 사람으로 바뀔 수 있다는 경험을 해보는 것도 마음을 다스릴 수 있는 좋은 방도이기도 하다. 인간은 태어나면서 죽을 때까지 끝없는 욕심으로 이루어진 삶을 산다. 나 역시 세상과의 거친 싸움에서 단 한 번도 수입이 없이 산 적이 없는 나름대로 다 이룬 삶이었다. 지천명(地天命)의 나이를 넘기면서도 과연 남은 인생동안 무엇을 하며 사는 것이 바람직한 것인지 풀 수 없는 고민을 하며 스스로 세상을 받아드리는 인생의 자세를 갖기까지 참으로 오랜 시간이 걸렸다.

독자 여러분들도 다양한 경험을 해보았겠지만 해결을 위한 실마리를 찾기란 쉽지 않았을 것이다. 남이 아닌 내가 혹사시킨 나에게 잠시 쉴 수 있는 시간을 주고 활력을 찾으면 다행이다. 나는 이럴 때마다 '어떻게 하면 현명하고 지혜롭게 이를 해결할 수 있을까?'라며 수없이 고민하였다. 결국 답은 '결자해지'(結者解之)로 내가 스스로 풀어야만 하는 것이다.

2019년 11월 17일 중국의 후난성 우한에서 시작된 코로나 바이러스가 전세계를 강타하면서 제2차 세계 대전에서 죽은 사망자를 넘어서고 수억 명의 사람들이 감염되면서 인류는 속절없이 무너지고 고통을 당하고 있다. 지금은 다행히 일부 백신이 개발되어 접종을 시작하면서 다소 진정이 되고는 있지만 변이 바이러스로 인해 아직도 전세계는 코로나 바이러스와 사투를 벌이고 있다.

레오나르도 다 빈치는 난독증을 앓아 철자법까지 서툴렀고, 알버트 아인슈타인은 계산 장애를 겪고 있어 기초적인 덧셈 뺄셈을 잘못했고, 볼프강 아마데우스 모차르트는 괴성을 지르고 발작을 일으키는 투렛 증후군을 앓고 있었다.

나보다 어려운 환경에서 극복한 사람들의 이야기를 써 보면 어떨까?

나보다 더 열심히 노력해서 목표를 이룬 사람들의 이야기를 써 보면 어떨까?

인생이란 길을 걸어오면서 내가 겪었던 슬픔과 기쁨, 좌절과 극복, 고통과 희망, 분노와 타협 등을 써보면 좋겠다는 생각으로 마음을 기꺼이 열어 보여주고 싶었다. 이런 다양한 순간들이 얼마만큼 나에게 다가왔을까? 물론 사람들마다 그 크기와 양이 다르리라고 생각한다. 기쁠 때 교만하지 않고 슬플 때 희망을 주는 유대경전 주석서 미드라쉬의 '다윗왕의 반지' 중에서 인용한 멋진 글귀를 소개한다.

"이 또한 지나가리라"(This shall also come to pass.)

그런 이유들이 '나를 변화시킨 사람들'라는 주제로 '변화(Change)와 도전(Challenge)'라는 부제로 지혜를 주기 위하여 이 글을 쓰게 되었다. 세상을 보는 나의 눈이 올바를까? 바르게 볼 수 있다면 나는 내 자신을 다시 일으켜 세우고 용기를 주고 나 스스로에게 '너는 할 수 있어!', '이 세상에 너 밖에 없어!'라고 응원을 해 주고 싶었다. 이 책에는 우리 사회와 지도자들에 대한 이야기도 있다. 사실을 개관적으로 보고자 노력했으나 시간이 지나서 보면 다소 편협적인 생각이 아니었나? 라는 우려가 있기도 하고, 어떤 글은 사실만을 나열하여 판단은 독자의 몫으로 두었는데 한번쯤은 이런 반성을 통해 알리고 싶었다.

나는 인일기백(人一己百), 일체유심조(一切唯心造)와 일신우일신(日新又日新)이라는 사자성어를 좋아한다. 인일기백은 '남이 한번 할 때, 나는 백번을 한다'는 노력의 결실을 의미하는 글이고, 일체유심조란 '모든 것은 오로지 마음이 지어내는 것'을 뜻하는 불교용어로 '화엄경'(華嚴經)에 "만일 사람들이 삼세일체불(三世一切佛)을 알려고 한다면 마땅히 법계의 본성이 모두가 마음의 짓는 바에 달려있음을 보라"(若人欲了知 三世一切佛 應觀法界性 一切唯心造)는 표현에서 비롯된다. 일신우일신은 '날이 갈수록 새롭게 발전하는 모습'을 의미하는 글이다.

또 다른 시작은 이 세상에서 자신이 절실하고 필요해서 시작한 가장 멋진 결정이다. 시작은 미미하지만 그 시작이 이미 반이고 남은 반은 채워가면 되는 것이다. 일일시호일(日日是好日)은 '오늘이 좋아야 내일도 좋다'는 날마다 즐겁고 기쁜 날이라는 의미이다. 시간이 지나서 생각해보면 "언젠가 이 모든 일들이 얼마나 의미가 있는 일이었을까?"

그동안 저술한 책을 출판해주신 한성대학교와 바쁘신 일정 중에도 감수를 해주신 진호영 교수님과 권영석 교수님께 감사의 말씀을 드립니다.

로버트 프로스트의 '가지 않은 길'을 가는 두 갈래 길에서 우리는 미지의 길을 선택한다. 기대와 희망을 꿈꾸며.

걱정하지 말아요! 그대!
괜찮습니다!

빨간 장미가 만발한
2021년 7월
마북동 서재에서

저자 손 경 연

가지 않은 길
(The Road Not Taken)

- 로버트 해리

Two roads diverged in a yellow wood,	노란 숲 속에 길이 두 갈래 갈라져 있었습니다.
And sorry I could not travel both	안타깝게도 나는 두 길을 갈 수 없는
And be one traveller, long I stood	한 사람의 나그네로 오랫동안 서서
And looked down one as far as I could	한 길이 덤불 속으로 꺾여 내려간 데까지
To Where it bent in the undergrowth;	바라다 볼 수 있는 데까지 멀리 보았습니다.
Then took the other, as just as fair,	그리고 똑같이 아름다운 다른 길을 택했습니다.
And having perhaps the better claim,	그럴 만한 이유가 있었습니다. 거기에는
Because it was grassy and wanted wear;	풀이 더 우거지고 사람이 걸을 자취가 적었습니다.
Though as for that the passing there	하지만 그 길을 걸음으로 하여
Had worn them really about the same,	그 길도 거의 같아질 것입니다만,
And both that morning equally lay	그 날 아침 두 길에는 낙엽을 밟은 자취 적어
In leaves no step had trodden black.	아무에게도 더럽혀지지 않은 채 묻혀 있었습니다.
Oh, I kept the first for another day!	아, 나는 뒷날을 위해 한 길은 남겨 두었습니다.
Yet knowing how way leads on to way,	길은 다른 길에 이어져 끝이 없었으므로
I doubted if I should ever come back.	내가 다시 여기 돌아올 것을 의심하면서.
I shall be telling this with a sigh	훗날에 나는 어디에선가
Somewhere ages and ages hence;	나는 한숨을 쉬며 이야기 할 것입니다.
Two roads diverged in a wood, and I ……	숲 속에 두 갈래 길이 있었고, 나는
I took the one less travelled by,	사람들이 적게 간 길을 택했다고
And that has made all the difference.	그로인해 그것이 내 모든 것을 바꾸어 놓았다고.

순 서

제 2 장
어려움을 극복하고 성공한 사람들

제 3 장 감동을 주는 사람들

제 4 장
정의를 만든 사람들

제 5 장
미래를 창조한 사람들

제 6 장
분노를 극복한 사람들

제 7 장 궁금한 이야기

제 1 장

마음을 일깨워 준 사람들

사람들은 깨우침으로서
자신을 발전시킬 수 있는 계기로 삼는다.
우리 주변에는
항상 나를 일깨워 주는 아름다운 사람들이 있다.
그들이 존재하기에
나를 돌아보고 사람이 되어간다.

마음을 일깨워 준 사람들

1. 동네 이발사

어느 겨울 영하 12도의 추위에도 불구하고 새로운 마음으로 새해를 맞이하기 위하여 이발을 하러 동네 이발관을 갔다. 학기 중에는 학교 이발관을 이용하지만 가끔 동네 이발관을 즐겨 찾는 편이다. 이 두 이발관의 공통점은 이발사 분들이 나보다 나이가 조금 많고 내가 대학교수라고 알고 있어서 그런지 갈 때마다 가족이나 남에게 털어 놓기 어려운 자신들의 고민을 자연스레 이야기하며 무척 살갑게 대해 주신다. 나 역시 그 두 분들에게 내 속에 있는 말을 자주 하는 편이다.

그날은 "사람이 동물보다 못한 것 같아요"라며 긴 한 숨을 쉬며 그동안 여느 가장처럼 처자식을 위해 앞뒤도 돌아 볼 틈도 없이 최선을 다해왔지만 어느새 60대 후반의 나이가 되고 보니 노후 준비가 전혀 되어 있지 않아 걱정이 된다며 말문을 열었다. 그러면서 자신의 형제들 중에 부자인 형이 있는데 어렵게 사는 자신에게는 도와줄 생각이 없다며 나름 섭섭함을 토로했다.

이야기인즉 언젠가 그 분의 어머니가 자식들이 모인 자리에서 "내가 이제 여생도 얼마 남지 않았으니 형제간들끼리 서로 돕고 살아라"라며 형에게 특별히 삶이 퍽퍽한 자신을 지목하며 도와줄 것을 부탁하셨다고 한다. 그러자 형이 어머니에게 "요즈음은 장수시대이니 나이가 더 들면 병원비도 많이 들어가고 이리 저리 써야할 돈이 많이 필요하니 그 때 가서 도움을 주겠다"고 말했다고 한다. 그 말을 듣고 그 분은 형에게 너무 섭섭했다고 하면서 자신에게 도움이 필요한 시기는 지금이지 이 다음에 늙고 병들어서가 아니라고 하면서 속으로 원망했다고 한다. 어머니 역시 형에게 그런 말을 한 것은 지금 동생의 형편이 어려우니 형이 도와줬으면 한다는 절실한 말이었다.

그 분에게 필요한 것은 지금이다. 직업 특성상 하루 종일 서서 일하는 이발 일을 당장은 건강이 받쳐줘서 일을 하고 있지만, 현실을 생각해 보니 앞으로 건강해도 5년 정도 지나면 일흔의 나이라 미래에 대한 불안으로 잠이 잘 안 온다며 걱정으로 마음이 불편하다는 것이다. 동생은 부자인 형이 도와주려는 마음을 조금이라도 먹었다면 얼마 안 되는 돈이지만 지금 도와주길 바라는 것이다. 지금 서로 상의를 해서 형편 것 도와준다면 동생은 형의 배려에 정말 감사하고 그동안의 섭섭한 마음도 눈 녹듯이 녹을 것이다. 돈 문제는 형제간에도 쉽지 않은 일이다. 지나고 보면 가족을 배려하는 마음만큼 중요한 것은 없다.

사람의 수명은 아무도 모른다. 누가 먼저 갈지는 하늘만이 아는 일이다. 모든 것은 때가 있는 것이다. 두 주먹을 꼭 쥐고 태어나 갈 때는 빈손으로 가는 것이 우리의 인생이다.

유대인들은 가족을 가장 중시한다. 아이는 '세상의 모든 아이는 빛나는 별'이라고 하고, 형제간에 한 사람이라도 형편이 안 좋은 사람이 있으면 도와야 함을 생활 윤리로 삶는다. 특히 금요일 오후가 되면 모든 일을 멈추고 가정으로 돌아가 음식을 만들어 가족 간에 서로 그 주간에 일어난 일들에 대해 관심과 문제를 해결하는 시간을 갖고 토요일 아침에는 시너고그(Synagogue)라는 회당에 가서 그들만의 교류활동을 한다. 맨쉬(Mensch)는 주위로부터 완전한 신뢰를 받는 사람이며, 타인과의 관계에 있어 정직하고 반듯한 윤리적인 인간이다. 유대인 부모들은 자녀가 좋은 대학과 직장에 들어가기를 바라서 공부시키지 않는다. 쩨다카(Tzedaka)는 여유가 있든지 없든지 기부문화를 실천하는 것이다.

유대의 계율에 '진정한 부자는 자신이 가진 것에 만족하는 사람이다. 남자는 항상 자신이 아내를 존중하고 있다는 걸 아내에게 보여줄 수 있도록 극도로 신중해야 한다. 모든 결정에 대해 아내와 상의하는 것이다. 특히 너의 형제들 가운데 가난한 사람이 있다면 그 가난한 형제를 향해 인색해지거나 주먹을 움켜지는 일이 없도록 하라. 오히려 손을 벌려 그가 필요한 모든 것을 대가 없이 빌려 주어라'며 형제간의 우애를 강조하고 있다.

유대인의 자선에는 8가지 등급이 있는데 그 중 가장 높은 것은 가난한 유대인에게 선물하거나 돈을 빌려 주는 것 또는 그와 동업하는 것 또는 그 사람에게 일자리를 주어 그 사람을 돕는 것이다. '힘을 가졌을 때, 힘이 없는 자를 헤아리는 지도자가 좋은 지도자이다. 지시를 받고 하는 사람이 지시를 받지 않았는데도 자발적으로 하는 사람보다 더 훌륭하다'는 너무 멋진 글이 있다.

지금의 시대는 핵가족 세대로 형제나 자매가 있는 가정이 드물다. 부모가 돌아가시면 혼자서 역경을 헤쳐 나가야하는 세대들이다. 한 명의 손주가 있다면 부모와 양가 조부모를 감안시 6명이 손주를 키우고 손주는 커서 자기 하나 인생길을 간수하기도 어려울 것이다. 앞으로 반세기도 안 되어 삶의 방식 또한 급격하게 변할 것이다. 가까이에서 삶을 공유하며 사는 사람들끼리 가족처럼 친구처럼 살게 될 것이다. 지금도 멀리 사는 자식이나 형제보다도 평소 자주 만날 수 있는 사람들과의 삶이 더 소중한 것처럼 말이다.

2. 적도의 침보라소 얼음장수

남아메리카 에콰도르의 안데스 산맥에 위치한 침보라소산(6,310m)은 높은 봉우리들로 인해 적도지역의 열대지방임에도 불구하고 적도 선상 중 가장 태양과 가깝지만 낮에는 태양 직사광으로 기온이 상승하고 해가 지면 영하 6도 이하로 내려간다.

발타사 할아버지와 아르만도 손자

침보라소산

KBS 스페셜에서는 74세의 발타사 할아버지가 손자인 아르만도에게 침보라소산에 올라가 만년설의 얼음을 캐서 시장에 내다 파는 고단한 인생역정을 소개했다. 평생을 산에 올라 5,000m 고지에서 빙하를 채취하여 조각을 내어 '빠하라'라는 짚으로 묶어서 당나귀에 싣고 내려와 땅을 파고 묻어서 보관한 후 마을로 내려가 얼음을 내다 파는 힘든 인생의 삶을 방영했다. 시장 상인은 침보라소산의 얼음을 넣은 주스를 팔며 가게를 운영하고 있는데 얼음을 팔러 나온 손자에게 "할아버지 일을 이어받아서 침보라소의 얼음을 꺼내주면 좋겠다"는 말을 듣고 얼음을 실어 나를 당나귀를 사러 가고 얼음 캐는 기술을 전수받는 모습을 보며 삶의 숭고함을 보았다.

중국 윈난의 차마고도를 삶을 터전으로 사는 마방 이야기는 윈난과 쓰촨의 차와 티베트의 말을 물물 교역하며 살아가며, 소금 우물에서 소금을 수확하여 험준한 계곡과 외길을 수개월 동안 이동하며 팔러가는 히말라야 사람들의 이야기로 심금을 울렸다.

손자에게 얼음 캐는 기술을 전수하는 할아버지

마방 무리

2017년 1월 KBS 대기획 디렉터스컷 제1편 〈세상에서 가장 위험한 학교 가는 길〉이 방영되었다. 인도의 깊은 오지 차(Cha)마을 사람들이 자식에 대한 교육만이 혹독한 가난을 대물림하지 않는 유일한 방법이라는 일념으로 영하 30도까지 내려간다는 혹독한 겨울에 험준하고 위험한 빙판 산길과 물보다 얼음덩이가 더 많아 저벅거리는 물길을 등에 지게를 진체 넘어지거나 나동그라지고 물에 빠져가기도 하면서 아이들을 학교에 데리고 가는 영상은 충격적이며 감동이었다.

위험한 빙판길을 걷는 아버지들

이렇게 오지에서 사는 사람들의 이야기를 접하면서 문명화된 도심에 살면서 부족할 것 없이 살고 있는 우리 들이 가족들 간에 사소한 것에도 불만을 토로하고, 이웃과는 남남처럼 지내고, 회사에서는 자신의 영달을 위해 피곤하게 사는 인생의 역정이 그들에 비해 우리의 삶에서 무엇이 중요한가 생각해 보았다.

3. 우주의 별 천체물리학자 스티븐 호킹

"생명이 있는 한 희망이 있다" 영국의 천체물리학자 스티븐 호킹 박사의 말이다. 그는 영국의 이론물리학자로 우주론과 양자 중력의 연구에 크게 기여했으며, 빅뱅이론, 블랙홀과 상대성 이론 연구에서 뛰어난 업적을 남겼다.

21살에 루게릭병을 진단 받고 2년이라는 시한부 인생을 극복하고 55년을 살면서 2018년 3월 76세의 나이로 생을 마감한 장애를 이겨낸 개척자였다. 1988년 『시간의 역사』(Illustrated a brief history of time)는 천만 부나 팔렸다. 그는 무신론자였다. 죽음에 대해서 "뇌는 부속품이 고장나면 작동을 멈추는 컴퓨터다. 고장 난 컴퓨터를 위해 마련된 천국이나 사후세계는 없다. 천국이나 사후세계가 우리를 기다리고 있다는 믿음은 죽음을 두려워하는 사람들을 위한 동화일 뿐이다"고 말했다. 천국이나 사후의 삶도 물론 믿지 않았다. 오로지 자연법칙만이 우주를 움직인다고 믿었다. 그가 말하는 자연법은 물론 자연에서 관찰된 일관성에 기반을 둔 규칙을 말한다. 이 규칙은 관찰 사례에선 예외 없이 성립한다. 유신론자였던 알버트 아인슈타인과 근본적으로 차이가 나는 부분이다.

스티븐 호킹

마빈 민스키

하지만 호킹은 인공지능(AI)에 대해선 아주 비관적이었다. 그는

AI 기술이 인류 문명 사상 최악의 사건이 될 수 있다고 여러 차례 경고했다. 이론적으로 컴퓨터가 인간의 지능을 모방하고 인간을 뛰어넘어 위협의 대상이 될 수 있다고 했다. AI의 통제를 위해 세계 정부를 구성하자는 안까지 내놓았다. 인공지능 창시자로 추앙받는 마빈 민스키 MIT(매사추세츠공대) 교수 역시 무신론자였다. 호킹보다 20년 앞서 태어난 그는 인간을 기계와 같이 취급했다. 민스키는 인간은 오로지 기계에 살을 붙인 생체기계(meat machine)에 불과하며 컴퓨터를 머리에 이고 있다고 주장했다. 인간의 감성은 기계가 약간 흔들리는 정도의 노이즈로 간주했다. 그는 AI가 영원한 삶을 줄 수 있다며 AI 연구자들에게 헌금을 줘야 한다고 역설하기까지 했다. 그에게는 자연법보다 더 강한 기계의 법칙이 존재했다. AI를 보는 두 사람의 시각은 너무 달랐다. AI의 위협을 강조한 호킹에 비해 민스키는 인간이 기계인 이상 도움도 위협도 없다고 생각했다. 하지만 이들에겐 공통점이 있었다. 둘 다 엉뚱하면서도 깜짝 놀랄 만한 생각을 해 연구자들을 한 방향으로 내몰았다.

1970년 블랙홀을 설파한 호킹은 1974년 만일 세상에 블랙홀이 존재한다면 양자물리학의 원리가 틀렸다고 주장했다. 양자물리학은 당시 원자보다 작은 세계를 설명하는 기본법칙이었다. 30년 동안 그의 이론을 입증하기 위해 많은 물리학자가 실험에 매달렸다. 학자들은 나중에 그의 이론에 모순이 있다고 밝혀냈지만 이로 인해 이론물리학의 엄청난 발전이 이뤄졌다.

인간은 AI에 어떻게 대응해야 하는가라는 의문을 갖고 마츠모토 데츠조는『AI가 신이 되는 날』에서 AI의 잠재력을 볼 때 지금 20세인 사람이 50세 또는 60세가 되었을 때 천재들도 상대할 수 없는 수준에 도달하는데 '테크놀로지 싱귤레리티'(진화가 일정 선을 넘으면 지금까지와는 전혀 다른 것이 된다는 특이점에 도달한 기술)가 되고 인류의 미래는 세 가지 시나리오가 예상했다. 첫째, 스스로 만들어 낸 흉악한 기술로 자멸하거나, 둘째, 스스로 만들어 낸 AI에게 지배를 당하며 AI로부터 인류의 존속을 보호받거나, 셋째, 우연히 우주에서 날아온 다른 행성 AI의 호기심으로 인해 운 좋게도 파멸직전 구제를 받는 것이라고 한다.

앞으로 머지않은 미래는 인간과 AI의 공존시대는 가고 인간은 주도권을 상실하고 최첨단 과학 기술의 개발과 현장에서는 인간은 종적을 감출 것이며 정치, 경제 운영도 AI가 모든 것을 시행할 것이라 예측한다. 인간을 지배할 과학 기술의 발전이 올바른 길일까? 지금부터라도 인간을 초월할 수 없는 초 법률을 전 세계는 고민해야 하지 않을까 라는 황당한 고민도 해 본다. 인간이 할 수 있는 일은 인프라 운영이나 상품 생산과는 관련 없는 디자인과 서비스, 요식업, 예술 및 예능 관련 특기분야가 될 것이라고 말했다. 따라서 AI를 지배할 수 있는 창의성을 키워 주는 미래의 교육이 더 중요할 것이다.

호킹은 우주 탐사의 필요성에 대해서도 간곡하게 호소했는데 지구 멸망의 징후가 곳곳에서 나타나고 있다면서 "온실 효과와 지구 온난화는 궁극적으로 지구의 기후를 매우 뜨겁고 황산비가 내리는 섭씨 250도의 금성처럼" 만들어버릴 개연성이 충분하다고 했다. 또한 핵전쟁이 일어나거나 지구와 소행성이 충돌할 가능성도 있을 수 있다고 주장하며 "앞으로 1000년 안에 어떤 식으로든 필연적으로 지구가 심각한 손상을 입을 것"이라고 단언했다. 그의 유작 『호킹의 빅퀘스천에 대한 간결한

대담』에 비중 있게 실려 있다. 책에서 '제2의 지구'를 찾아야 한다는 주장이 담긴 문장은 한두 개가 아니다. "지구에 계속 머물러 있는 것은 무인도의 조난자들이 탈출을 시도하지 않는 것과 같다", "우주로 가는 비용이 저렴하지는 않지만 세계 전체 차원에 비해서는 그렇게 많은 돈은 아니다", "이곳(지구)에 계속 머무른다면, 우리는 소멸될 위기에 처할 것이다"

1965년 호킹 박사는 로저 펜로즈 영국 케임브리지대 교수와 함께 '특이점(블랙홀 중심의 에너지 밀도가 무한대인 점) 정리'를 발표해 우주 곳곳에 블랙홀이 존재한다는 것을 보였다. 호킹박사는 1974년 블랙홀도 소멸될 수 있음을 수학적으로 증명한 연구 결과를 국제학술지 '네이처'에 발표해 학계를 깜짝 놀라게 했다. 이전까지 블랙홀은 모든 것을 흡수하기만 하는 것으로 알려져 있었기 때문이다.

M87. 중심의 검은 부분은 블랙홀(사건의 지평선)과 블랙홀을 포함하는 그림자이고, 고리의 빛나는 부분은 블랙홀의 중력에 의해 휘어진 빛이다.

2019년 4월 10일 천문우주 연구에서 가장 유명하지만 실제 모습은 구체적으로 밝혀지지 않은 블랙홀의 '그림자'를 세계 최초로 관측하는

데 성공했다. 거대은하인 'M87' 중심부에 있는 블랙홀의 모습을 국내 천문학자를 포함한 사건지평선망원경(EHT·Event Horizon Telescope) 연구진이 전 세계에 산재한 8개의 전파망원경을 통해 포착한 것이다. EHT는 블랙홀 영상을 포착하기 위해 국제협력을 통해 구축한 지구 크기의 거대한 가상 망원경이다. EHT 프로젝트 총괄 단장인 미국 하버드 스미스소니언 천체물리센터 셰퍼드 도엘레만 박사는 "우리는 인류에게 최초로 블랙홀 모습을 보여주게 됐다"며 "이 결과는 천문학 역사상 매우 중요한 발견이다'라고 말했다.

4. 경찰이 꿈인 소년

2015년 7월 AFP통신은 필리핀의 한 섬에서 맥도날드 매장의 불빛으로 공부를 하던 소년이 경찰이 되고 싶다는 꿈을 이룰 수 있게 됐다는 기사를 게재했다.

필리핀 세부 섬 만다우의 다니엘 카브렐라(9세)는 2013년 화재로 아버지와 판잣집을 잃고 길거리로 내몰려 어머니가 일하는 작은 편의점에서 생활해왔다. 아버지는 당시 화재로 사망하고 어머니는 편의점과 매장 주인의 가정부로 근무하면서 하루에 80페소(약 2000원)를 벌었다. 결국 생활 형편이 어려워지자 다니엘은 어머니와 함께 길거리에서 종종 구걸을 했다. 화재로 공부방을 잃은 다니엘이 찾은 곳은 어머니의 일터 근처에 있는 맥도날드 매장 앞 길거리였다. 그곳에서 다니엘은 한밤중에 주워온 나무 책상 위에 책을 펴고 맥도날드 창문 밖으로 비치는 불빛에 의존해 숙제를 했다.

맥도날드 매장 불빛 아래에서 공부하는 다니엘 카브렐라

가난한 소년에게는 어두워져도 계속 공부할 수 있는 불빛이 절실하게 필요했고 맥도날드의 훤한 불빛은 그에게 공짜 등불이 되어 주었다. 비록 햄버거를 사먹을 돈도 없고 어머니와 함께 지낼 따듯한 집도 없었지만 길거리 어딘가에서 주어온 책상에 앉아 경찰관이 되고 싶다는 꿈을 실현하기 위한 강한 열정이 공부의 이유였다. 지나가던 한 학생이 이를 SNS에 올리자 감동을 받은 많은 네티즌들의 성원이 답지했다.

다니엘의 어머니는 아들은 항상 나에게 "엄마 저는 계속 가난하게 살고 싶지 않아요. 경찰이 꼭 되고 싶어요"라며 "많은 사람들의 도움 덕분에 다니엘은 더 이상 고통 받지 않고 공부를 끝마칠 수 있게 됐다"고 말했다.

우리나라 조선시대 명필가 한호(한석봉)과 그의 어머니 같은 이야기이다. 참으로 기쁜 것은 나의 큰 딸이 이 글을 손자에게 보여주었다는 사실이다.

공부는 자기 자신이 스스로 필요성을 느낄 때 한다. 부모는 아이에게 동기 부여를 해주고 그에 필요한 정신적인 지원과 물질적인 지원을 하면 된다. 그러나 요즈음 세상에는 맞벌이로 인해 육아를 스스로 할 수가 없어 어린 나이에 어린이집과 유치원을 가면서 시간을 부모가 오는 시간에 맞추기 위해 다양한 학원을 보내며 아이들에게 적지 않은 스트레스를 주고 있다. 당장은 어쩔 수 없는 일이라고 생각하겠지만 아이 입장에서 보면 자유롭게 뛰어 놀고 싶고 친구들과 장난도 치고 싶고 자연을 접하며 다양한 경험을 하고 싶고 본인이 원하는 것을 하고 싶은 것이다.

이 과정들이 아이의 정신적인 성장에 꼭 필요하고 바람직 한 것이다. 많은 교육학자들이 '어릴 때는 노는 것이 가장 훌륭한 교육이다'라고 말한다. 우리는 지금 우리 아이들에게 무엇을 가르치고 있는 지 다시 한 번 생각해보자.

5. 인도 도시락 배달부 다바왈라

다바왈라

인도 뭄바이에는 점심시간에 하얀 토피(Topee, 인도 전통모자)를 쓴 사내들이 자전거나 수레에 많은 철 도시락 통을 싣고 다니는 모습을 볼 수 있다. 이들이 바로 '다바왈라'이다. 다바왈라는 '다바(dabba, 도시락) + 왈라(wala, 일하는 사람)'의 합성어로 도시락 배달부라는 뜻이다. 이들은 도시락을 만들어서 파는 것이 아니라, 고객의 집에서 만든 음식을 직장으로 배달해준다. 매일 약 5,000명의 다바왈라가 20만 개의 도시락을 배달하고 있다.

나는 다바왈라가 시스템으로 운영되고 있다는 사실에 놀랐다. 월요일부터 토요일까지 매일 아침 7시부터 9시 사이에 다바왈라들은 각 지역의 가정에서 도시락을 수거하여 이 가까운 기차역으로 모아 플랫폼에서 다시 도착지별로 구분해 11시쯤 기차에 싣는다. 모든 도시락의 겉에는 목적지와 우선순위별로 색깔, 숫자, 알파벳 등으로 이뤄진 코드가 표시되어 있다. 목적지에 도착하면 한 번 더 분류해서 자전거나 손수레를 이용해 사무실까지 도시락을 배달한다. 점심시간이 끝나면 다바왈라들은 빈 도시락들을 수거하여 오후 6시쯤 가정으로 되돌려 보낸다.

집에서 도시락을 준비하는 아내

도시락 분류작업

철 도시락 통은 '힘들게 일하는 남편을 위한 아내의 정성이 가득한 집밥'이라는 것이다. 물론 소득 수준이 낮아 외식을 할 수 없는 가난한 평민들의 사람들의 이야기라고 할 수도 있다. 뭄바이의 여름은 무려 40도에 이르기도 하고 폭우가 자주 오기도 한다. 그럼에도 그들은 1시 이전까지 배달해야한다. 더 중요한 사실은 '고객이 제때에 받지 못하면 스트레스를 받기 때문에 자신들이 지고 다니는 엄청난 무게는 아무 것도 아니다'라며 책임감이 강하고 직업에 대한 자부심이 대단하다는 것이다. 이렇게 해서 받는 한 달 임금은 20만원 남짓이다. 이 돈으로 10~20명에 달하는 자신의 가족들을 보살핀다는 것이다. 많은 다바왈라들이 13세라는 어린 나이에 직업전선에 뛰어들어 생계를 부양하는 모습을 볼 때 우리의 삶이 얼마나 소중해야할지 느껴보면 어떨까?

사람마다 삶의 추는 다르다. 그러나 우리 인생사가 우주에 비하면 티끌보다 못할 진데 삶의 추가 같지 않을까?

6. 용기 있는 결단과 진정한 행복

인테리어 회사에서 일하다 1년 전 개인 목공방을 시작한 최은섭(가명 30)씨는 공방을 크게 키워갈 생각이 전혀 없다. 회사에 다닐 때는 연봉 1억원에 스카우트 제의를 받을 정도로 업무 성과가 좋았지만, 디자인이나 품질에 대한 관심은 없이 수익창출에만 골몰하는 회사 분위기에 환멸을 느꼈다. 회사 대표는 저택 같은 집으로 이사하고, 매장을 확장하고, 외제차를 새로 사들이며 화려한 성공 가도를 밟았지만, 최씨의 눈에는 조금도 성공처럼 보이지 않았다. "인테리어 회사에서는 다 지어놓은 건물에 붙박이장을 짜 넣는 정도의 일부 과정밖에 제가 할 수 있는 일이 없어요. 하지만 공방은 모든 과정을 제가 주도할 수 있다는 게 좋죠. 돈은 제 목표가 아니기 때문에 억대 연봉 제안도 뿌리치고 하고 싶은 일을 택했어요. 저는 저처럼 생각하는 젊은이들이 점점 많아지고 있다고 피부로 느껴요. 세상의 기준보다 자신의 기준을 만들고 자신이 좋아하는 일을 하려는 사람들이 빠른 속도로 늘어가고 있어요. 차마 용기가 없어 아직 결행하지 못했더라도 대부분의 마음속엔 그 열망이 있죠"

그에게 성공의 정의가 무엇인지 물었다. "치킨이 먹고 싶을 때 고민없이 시켜먹을 수 있는 것"이라고 답했다. 최씨는 자신에게 실은 원대한 야망이 있다고 했다. "야근 없는 주 5일 근무를 하는 거요. 공방이 아무리 잘 돼도 반드시!" 해탈의 열반에 들자는 게 아니다. 속세를 떠날 것도 아니다. 다만 치킨 정도면 충분할 뿐이다.

얼마 전 '윤식당'이라는 TV프로그램에서 주문한 음식을 먹으며 현지인 한 가족이 대화 중에 "나는 돈이 중요하지 않다고 생각해! 우리끼리 닭강정이지만 이렇게 잘 먹고 사는 것이 더 중요해! 그렇지! 돈은 중요하지 않아!"라는 소박한 아버지의 말을 들으면서 함부로 루저(Loser)의 삶이라고 부르는 기성세대를 향해 그들은 묻는다. '그렇게 많은 돈을 벌어서 다 어디다 쓰려고? 그래서 행복하십니까?'

7. 자존심과 명예

라이벌(rival)은 '같은 목적을 가졌거나 같은 분야에서 일하면서 이기거나 앞서려고 서로 겨루는 맞수'다.

세상을 바꾼 위대한 사건에는 그야말로 맞수가 있다. 무기분야에는 총기를 만든 사무엘 콜트와 대니얼 웨슨, 핵무기의 등장을 만든 로버트 오펜하이머와 베르너 하이젠베르크, 하늘을 날고 싶은 야망에서 출발한 비행기의 아버지인 라이트 형제와 글렌 커티스, 우주개발 시대를 연 베르너 폰 브라운과 세르게이 코롤료프, 언론분야에는 신문왕인 윌리엄 란돌프 허스트와 조셉 퓰리처와 최초로 TV를 실용화한 TV의 개척자 판즈워스, 전기와 전자분야에 혁신을 만든 전기의 발명을 만든 토마스 에디슨과 니콜라 테슬라, IT의 창조자들 스티브 잡스와 빌 게이츠가 있다.

이들의 공통점은 서로 선의의 경쟁자이었으며 무에서 유를 개척하는 새로운 분야에서 치열하게 노력하여 이루었다는 점이다.

넬슨 만델라

프레데릭 데 클레르크

1993년 정치 분야에 남아프리카공화국의 흑인과 백인간의 평화를 이끌어낸 낸 넬슨 만델라와 프레데릭 데 클레르크가 있다. 이들은 정치적으로는 백인과 흑인의 권익을 위해 인종차별정책에 저항하여 내전을 종식하고 평화를 이룬 공로를 인정받아 노벨평화상을 공동 수상했다.

세계적인 시사주간지 <타임>의 편집장 리처드 스텐젤이 오랜 시간 깊은 대화 끝에 저술한 『만델라의 길』(Mandela's Way)에 만델라가 들려주는 교훈을 살펴보자. 첫째, 용기를 우리가 선택할 수 있는 하나의 방식으로 보고 때로는 용감한 척 하는 것이 용기일 수 있다. 둘째, 결정을 내리기 전에 결과를 예측할 수 있는 완벽한 그림을 그리는 방식으로 신중하게 판단하고 행동하여야 한다는 것이다. 셋째, 지도자는 위험을 무릅쓰고 실제로 이끄는 것뿐만이 아니라 이끌고 있다는 것을 보여주는 앞에서 이끌어야 한다는 것이다. 넷째, 자신의 의견을 오만하게 내세우지 않고 그저 다른 사람들이 자신을 따라오게 만들어야하며 앞에서 이끌면서 주목받는 것을 좋아했던 것만큼 동료들에게도 기회를 주어야 한다는 뒤에서 이끄는 것이 필요하다. 다섯째, 인생의 대부분을 모진 대우만 받고 온 사람이 다른 사람들도 선한 믿음을 바탕으로 자신을 대할 것이라며 다른 사람의 장점에 주목하라고 한다. 여섯째, 자신의 정적들에게 머리로 호소하지 말고 마음으로 호소하라는 것이다. 진정한 승리는 사람들의 마음을 얻어야 이루어질 수 있음을 알고 있었다. 일곱째, 경쟁자가 가해오는 선제공격을 막을 수 있는 안전장치는 없다고 하며 주의를 기울이되 늘 분별 있게 행동하며 경쟁자를 가까이 하라고 했다. 여덟째, 만델라는 '아니오'나 '어쩌면'이라는 말보다는 지금 '아니오'라고 말하지 않으면 나중에 하는 게 훨씬 더 고통스럽다고 했다. 아홉째, 만델라가 보여준 가장 위대한 행동은 자신의 임무가 '항로를 결정하는 것이지 배를 움직이는 것이 아님'을 잘 알고 80세가 넘은 사람이 정치에 개입해서는 안 된다며 리더십을 포기하고 물러나는 것도 이끄는 것이라고 생각했다. 마지막으로 만델라는 백인의 두려움과 흑인의 좌절감을 동시에 공감하고 양면을 보려고 노력했다는 점이다.

우리가 살면서 '아니오'라고 말하는 것이 과연 몇 번이나 될까? 직장생활을 하면서 살아온 우리가 그런 말이 우리에게 사치스러운 것일까?

8. 평범하게 살아야 하는 인생길

40년의 직장 생활을 하면서 나 또한 여느 사람들처럼 많은 역경이 있었다. 주변에서 어려운 일보다는 권력으로부터 버티지 못해 많은 사람들이 해고를 당하고 나가기도 했다. 이는 회사생활을 하거나 공직이든 교육공무원이든 일에 종사하는 모든 이들이 대부분의 보통 사람들이 겪는 일이다. 그런데 그게 나의 일이고 나와 연관된 일이라면 참으로 견디기 힘들다. 아마 죽을 때까지 치유되지 못하거나 영원히 잊지 못하고 다시 살아나는 무엇과 같은 일이기도 하다.

내가 사회생활을 하면서 내가 잘못하여 나 스스로를 짓밟은 적도 있었다. 많은 직장인들이 경험이 있겠지만 돈을 더 벌려고 주식에 투자하면서 많은 손실을 본적이 있을 것이다. 그러나 문제는 처음에는 조그마한 용돈 벌이로 시작했지만 욕심이 과하여 집을 담보로 맡기고 무리한 투자를 하여 그 빚을 갚기 위하여 자존심이 강해 누구에게도 말하지 않고, 하고 싶은 많은 것을 포기하며 절약을 하고 일정 금액이 모아지면 갚아 나가며 무려 25년 만에 정리했다. 그런 일은 힘든 일이었지만 엄청난 인고의 세월이 느껴지는 고통스런 시간이었다. 그러나 사람이 연관된 문제는 다르다. 나 또한 그동안 같이 일하면서 아끼고 잘 키워준 후배가 나를 배신하여 고발한 적이 있다. 나는 변명하기도 싫고 도덕적으로도 나 스스로 떳떳하면 되지 하며 시시비비를 따지지 않고 회사를 나왔다. 지금도 나는 그 일에 대해서는 미련이 없다. 세월이 지나 외나무다리에서 마주친다면 진정어린 사과를 받고 싶다.

오랫동안 같이 일을 했었고 교분을 쌓아왔던 지인이 그의 상사로부터 충견이 된 채 밤과 낮으로 일을 하고 퇴사한 후 시간이 지나 비리에 연루되어 결국은 그와 그의 부인도 직장에서 감당하지 못할 정도로 고통을 받고 있다. 그런데 더욱 안타까운 것은 그가 갔던 길은 위험한 일이었다. 언젠가 상대방이 언제든지 걸고넘어질 수 있는 그런 일이기에 더욱 더 안타깝다. 그리고 그런 일에 빠지면 상사로부터 지시 받는 일들이 부당한 일이라고 느끼지 못한 다는 사실이 시간이 지나서 생각해 보면 더 안타깝다. 결국 그 길은 가서는 안되는 길이었기 때문이다. 나는 그와 남은 인생을 어떻게 보내는 것이 현명한지 이야기도 하고 용기도 북돋아 주고 싶었다. 왜냐하면 내가 고통스러우면 남에게 조언을 받는 일이 더 힘들기 때문이다. 자신의 치부도 들어내야 하고 상대방이 내가 생각하는 것처럼 그렇게 친한 관계로 생각하지 않을 수 도 있기 때문이다. 이러한 삶은 평범하지 못한 남보다 다른 길을 걷는 길이기에 앞을 내다볼 수 없는 것이다. 사람은 지나온 세월은 되돌리지 못하기 때문에 말년이라도 좋으면 그래도 그럭저럭 괜찮은 삶이라고 한다. 그러나 이러한 일들은 대부분 인생의 중년이후에 벌어질 수 요소가 다분한 관계로 가족의 해체까지 이루어질 수 있다는 점에서 몹시 우려스러운 일이다.

직장생활은 자신의 밥그릇이고 처신이 어려운 곳이다. 자기 자신을 잘 관리하고 주변으로부터 일을 잘한다는 말만 들으면 된다. 자신의 고집을 관철하고 주변에 자신의 정보를 알릴수록 입신의 폭이 줄어드는 곳이다. 특히 이성과의 교제는 결혼을 전제로 하는 것 말고는 말과 행동에 유의해야 한다. 우리가 알고 있는 고사성어중에 불가근불가원(不可近不可遠)이란 말이 있다. 이는 "너무 멀지도 않게 너무 가깝지도 않게 하라"는 뜻이다. 직장에서의 처신에 어울리는 말인 듯하다.

행복은 무엇일까? 남자는 자신의 반려자를 잘 만나 서로 격려하고 관심을 가지며 자식을 낳아서 하나의 올바른 인격체를 만드는 기나긴 여정을 하면서 밖에 나갈 때 "여보 잘 다녀오세요!" 하면 "그래 저녁에 보자. 맛있는 거 해놔"라든지, 부부가 맞벌이를 한다면 "자기야! 요즈음

별일 없어?" 하고 물으면 "응, 별일 없어!"라고 지낼 수 있다면 진정한 행복한 삶이 아닐까?

사람은 자유를 얻고 싶어 한다. 사람이 원하는 자유란 구속으로부터의 자유다. 구속이란 나이대마다 다르지만 삶을 가장 구속하는 것은 역시 돈과 시간이다.

돈이 없어 하고 싶어 하는 것을 못하는 것은 돈을 벌면 해결되는 문제 같지만 실제로는 돈 이외의 다른 조건들이 필요하다. 예를 들어 물건을 사고 싶다면 돈이 있으면 얼마든지 살 수 있다. 그러나 여행을 한다면 혼자 다니는 여행은 몇 번이면 되지만 친구나 지인이나 부부나 가족 간에 가는 여행이 더 행복하다. 그렇다면 시간은 어떤가? 바쁘게 사는 일상 속에서 시간은 금이다. 시간이 조금만 허락된다면 그것은 해결할 수 있다. 그러나 시간이 너무 많다고 하자. 그 많은 시간을 어떻게 보낼지 답답할 것이다. 물론 사람에 따라서 정도의 차이는 있을 것이다.

세상을 살면서 보람차고 의미있는 인생을 산다는 것은 결국 '돈, 지위, 구속'으로 부터 벋어나는 것이다.

영국의 경제학자 아담 스미스는 1759년 『도덕감정론』에서 삶이란 "마음의 평온을 얻기 위해서는 최저 수준 이상의 수입을 가지고 건강하고, 빚이 없고, 양심에 부끄러움이 없는 생활을 해야 한다. 그러나 그 이상의 재산을 추가하는 것은 행복을 크게 증진시키지 못한다"라며 사람들이 지혜로운 사람이 되기를 조언하였다. 또한 그는 사랑받는 사람이 되기 위한 더 훌륭한 방법으로 미덕을 갖춘 삶을 권했다. 그것은 '신중, 정의, 선행'이라고 주장했다. 신중은 건강과 돈, 평판 등 인생과 연결된 모든 것들을 현명하고 진지하게 보살핀다는 의미이고, 정의는 타인에게 피해,

혹은 상처를 주지 않는 것이며, 마지막으로 가장 중요한 선행이란 좋은 일을 한다는 의미다.

1759년은 우리나라 조선시대의 21대왕 영조시절이다. 할아버지 영조의 승하로 정조가 왕위를 계승하던 시기에 아담 스미스는 경제학 국부론을 1776년에 발표했다.

보통 사람들이 삶을 법정 스님, 김수환 추기경, 한경직 목사처럼 살라는 이야기가 아니라 결국 그 분들이 남긴 것은 '마음을 비우고 검소하고 겸손의 삶을 통해 마음이 풍요로운 삶을 사는 것'이 아닐까?

법정 스님

김수환 추기경

한경직 목사

한국 불교를 대표하는 법정스님이 개원한 길상사는 삼청각, 청운각과 함께 우리나라 3대 요정으로 꼽혔던 대원각의 주인 길상화 김영한이 법정 스님의『무소유』를 읽고 감명 받아 대지와 건물을 시주하고 이를 받아들여 개원하였다. 길상사에는 대중들의 정진 수행공간인 '길상선원'과 '침묵의 집'이 있다. '길상선원'은 일반인들을 위한 상설시민선방으로 허락된 사람들만 이용이 가능하며, '침묵의 집'은 참선은 물론 음악을 통한 명상 등을 자유롭게 개인적으로 정진할 수 있는 공간으로 누구나 이용이 가능하다. 매달 1회씩 '맑고 향기롭게'라는 제목으로 선수련회를 여는데 일반인들도 8시간 이상 참선을 하며 산사 체험을 할 수 있는 프로그램이다. 법정스님은 길상사에서 입적했다. “사람마다 생각하는 것을 다 버릴 수 있고 사람마다 생각나는 대로 다 얻을 수 있다면 그것이 무슨 인생이라 말할 수 있겠느냐”며 입적하기 전날 밤 “내 것이라고 하는 것이 남아 있다면 모두 맑고 향기로운 사회를 구현하는 활동에 사용해 달라. 이제 시간과 공간을 버려야겠다”고 말했다. 또한 “평소 많은 사람에게 수고만 끼치는 장례의식을 행하지 말고, 관과 수의를 따로 마련하지도 말며, 편리하고 이웃에 방해되지 않는 곳에서 지체 없이 평소의 승복을 입은 상태로 다비해주고, 사리를 찾으려고 하지 말며, 탑도 세우지 말라”고 당부했다는 법정 스님은 가는 걸음까지 무소유의 삶을 실천하고, 남은 이들에게 소중한 가르침을 전해주었다. 길상사는 『무소유』, 『영혼의 모음』, 『말과 침묵』, 『물소리 바람소리』, 『산에는 꽃이 피네』, 『오두막 편지』 등을 저술하신 법정스님의 진영각과 일부 유골을 모신 곳으로 유명하다.

서울시 성북구 길상사

한국인 최초로 가톨릭교회의 추기경에 서임된 김수환 추기경은 온화하고 인자한 모습에 스스로를 ‘바보’라고 부르고 늘 겸손하고 감사한 마음을 잊지 않았다. 박정희, 전두환, 노태우 군사 정권 당시 군사 독재정권 퇴진 운동과 시민 활동을 하였고, 문민정부 출범 이후부터는 사회운동과 방송 활동, 복지 사업, 언론 활동, 강연 활동 등을 하였다. 한국 가톨릭계를 대표하는 인물로서 수십 년간 군부 정권의 독재에 저항하며 한국 민주주의의 발전을 위해 헌신한 인물 가운데 한 사람이었으며 인권의 수호자로서, 인간의 존엄성에 대한 신념과 공동선의 추구를 바탕으로 교회가 세상에서 빛과 소금의 역할을 감당해야 한다는 신념에 따라 신앙을 실천한 인물이었다. 그의 마지막 한마디는 "오늘의 삶이 마지막 순간이라고 생각하세요. 그러면 항상 최선을 다하는 삶을 살 수 있습니다"

김수환 추기경의 후임으로 두 번째 정진석 추기경이 2021년 4월 27일 선종하면서 "모든 분들에게 감사드립니다. 항상 행복하세요. 행복이 하느님의 뜻입니다"라는 마지막 말을 남겼다. 정 추기경은 생전에 한마음 한몸 운동본부에 장기기증 의사를 밝혀서 선종 후 각막기증이 이뤄졌다. 장례미사가 봉헌된 성당 앞에는 삼나무로 짠 정 추기경의 관이 일체의 장식 없이 직접 만든 문장만 새겼고, 성경책이 올려졌다. 염수정 추기경은 강론에서 "정 추기경님은 모든 것을 버릴 때 모든 것을 얻을 수 있다는 역사를 우리에게 당신의 삶으로 보여 주셨고 어떻게 사는 것이 행복이고 하느님의 뜻인지 분명히 알려주셨다"고 강조했다.

대한민국 기독교의 역사 그 밭 한복판에 유별나게 큰 거목 한 그루이며 한국 교회를 대표하는 영락교회 한경직 목사는 매주 토요일 마다 설교를 위하여 공부를 하였다고 하며 검소함과 청빈과 겸손의 삶을 실천했다. 암울했던 일제강점기를 거쳐 질곡 같은 역사 속에 나라 잃은 겨례의 아픔을 눈물로 기도했다. 종교 뛰어 넘어 사회의 가장 큰 어른으로 소외된 이웃들에게 울타리로서 마지막 대변인으로서의 삶을 살아갔다. 한경직 목사의 좌우명은 "죽도록 충성하라! 맡은 자에게 구할 것은 충성이니라"(고린도전서 4장2절)다. 인간이 세상에 사는 동안에 누구나 맡은 것이 있다. 곧 책임이 있다. 가정이나 사회나 국가에 대해서도 책임이 있다. 이렇게 책임을 맡은 인간으로서 항상 기억할 것은 충성되게 그 책임을 다하는 일이다. 성경에는 다음의 세 가지 방법으로 그 충성을 가르쳤다. 첫째, 작은 일에 충성을 다하라. 작은 일에 충성된 자가 큰 일에도 충성한다. 둘째, 끝까지 충성하라. 곧 시종(始終)이 여일(如一)하게 충성하라. 셋째, 어려운 환경일수록, 역경일수록 충성하라. 곧 죽도록 충성하라!

성 프란체스코(Francesco, 1182~1226)는 가톨릭교회의 성인이다. 본명은 조반니 베르나르도네로 이탈리아의 북부 소도시 아씨시에서 부유한 상인 가정에서 태어났다. 풍족하게 지낸 그는 20세 때 길에서 만난 한센병 환자를 보고 충격을 받아 청빈한 삶을 살기로 결심하고 모든 재산을 버리고 사람들에게 설교를 하며 돌아다녔다. 이에 프란체스코의 삶을 따르는 사람들이 생겨났다. 성직자가 아닌 이들은 서로 형제라고 불렀는데 그런 이유로 그 모임을 '작은형제회'라고 했다. 이들은 거리에서 설교를 하고, 가난하고 병든 사람들을 돌보는 일을 주로 하면서 집집마다 음식을 구걸하며 돌아다녀 '탁발 수도회'라고도 했다. 이후 1209년 프란체스코는 로마 교황 인노켄티우스 3세를 만나 '작은형제회'를 새 수도회로 인정해 줄 것을 요구해 승인을 받았다. 프란체스코 성인은 자애로운 인품과 이웃 사랑의 실천으로 많은 존경을 받았고 오늘날에도 이탈리아를 지키는 수호성인으로 받들어지고 있다.

성프란체스코 성당, 이탈리아 아씨시

한 인간이 태어나서 성인이 되고 가정을 이루고 살면서 아이를 낳아 기르고 그들이 자기의 삶을 찾아 집을 떠나면 부부만 남는다. 부부는 자신의 젊음을 바치고 사는 동안 뒤도 돌아보지 못하고 앞 만 보고 달려왔다. 둘 만의 시간을 보내는 시간이 얼마간은 행복할 것이다. 그러나 100세를 사는 세상이라면 30~40년의 여생을 위하여 다시 준비해야 되는 서글픈 인생길이다. 나이가 들어 갈수록 가장 소중한 것은 건강이다. 돈은 정도에 따라 다르겠지만 먹고 살만큼 만 있으면 행복하다. 한 더운 여름 날 냉면을 먹을 돈, 겨울에 뜨거운 붕어빵과 호떡을 사먹을 수 있는 돈, 여행을 가고 싶을 때면 간단한 여행경비를 쓸 수 있는 돈, 아플 때 병원비를 낼 수 있는 돈, 주변 지인들과 자리를 할 때 면 번갈아 낼 수 있는 여유가 있다면 더욱 더 좋다. 그리고 자신이 하고 싶은 일을 그것이 봉사이든 취미생활이든 무언가 소일거리가 있다면 가장 행복할 것이다.

9. 미국 남자프로골프대회 천당과 지옥

2017년 4월 10일 미국 PGA투어 마스터스대회에서 스페인 국적의 세르히오 가르시아가 우승을 차지했다. 메이저대회 첫 우승이어서 더욱 감격스런 우승이었다. 특히 이날은 가르시아의 생일이었다. 미국 조지아 주 어거스타 내셔널 골프클럽에서 벌어진 마스터스 최종라운드 18번 홀이 끝나고서도 우승자는 가려지지 않았다. 51번째 우승자를 가리기가 쉽지 않았다. 연장 첫 홀에서 가르시아는 저스틴 로즈를 이겼다. 그는 골프 프로선수가 된 이후로 73전 74기 드라마 같은 극적인 우승에 감격의 눈물을 흘렸다.

2017년 마스터스 대회 우승

18번 홀에서 환호하는 가르시아

그러나 디펜딩 챔피언으로서 참석한 2018년 마스터스에서 1라운드 15번 홀에서 물에 5번이나 빠지면서 골프 역사에도 없는 8오버 파를 쳐서 본선 진출에 실패했다. 가르시아는 파5인 15번 홀에서 무려 13번이나 샷을 했다. 이때까지 2오버파로 선방하던 가르시아는 페어웨이에서 핀을 직접 공략한 두 번째 샷이 연못을 넘지 못했다. 핀 주변에 잘 떨어진 공이 천천히 구르더니 내리막을 타고 그린 앞 연못으로 굴렀다. 다음 두 번의 시도에서도 멈추는 듯했던 공은 연못으로 향했다. 아예 핀 멀찌감치 보낸 네 번째 샷은 강한 백스핀이 걸리면서 연못에 빠졌다. 갤러리들은 다시 볼을 힘없이 드롭 하는 가르시아를 향해 위로의 박수를 보냈다. 다섯 번째 샷에서야 공이 그린에 멈췄다. 경기가 끝나고 기자가 왜 이런 일이 발생했는지 묻자 가르시아는 "나는 좋은 샷을 많이 했다고 생각했는데, 불행히도 공이 멈추지 않았다"고 말했다. 한 홀 13타는 마스터스 대회 역사상 한 홀 최악의 스코어 타이기록이다. 마스터스에서도 코스가 까다롭기로 유명해 '아멘 코너'라 불리는 11~13번 홀이 아닌 기록으로는 최다 타수다.

2018년 마스터스 15번 홀에서의 악몽

사람은 한 순간의 실수로 천당과 지옥을 경험한다. 아마추어도 잘 치지 않는 한 홀의 스코어를 세계 최정상의 선수가 누구도 쳐보지 않은 한 홀에서 8타를 친 것이다.

2021년 3월 12일 안병훈 선수도 플레이어스 챔피언십이 열리는 미국 플로리다 주 폰테 베드라 비치의 TPC 소그래스(파72·7189야드)에서 열린 대회 1라운드에서 17번 홀의 벽을 넘지 못했다.

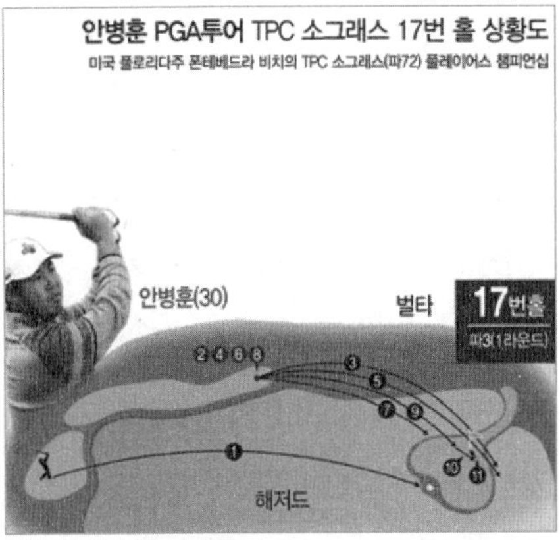

17번 홀에서의 최다타 스코어(2021.3.12.)

순위	스코어	선수	라운드	연도
1	12	밥 트웨이	3	2005
2	11	로버트 가메즈	3	1990
2	11	안병훈	1	2021
4	10	필 블랙마	2	1990
5	9	렉스 캐드웰	2	1983
5	9	로저 몰트비	2	1990
5	9	앙헬 카브레라	1	2012
5	9	러셀 녹스	3	2016
5	9	잭 블레어	2	2017
10	8	케빈 나	1	2021

티샷이 물에 빠졌고 이후 해저드 티에서 시도한 3번의 샷도 모두 물로 향했다. 그린을 넘어가기도, 그린에 맞고 굴러 떨어진 경우도 있었다. 안병훈은 결국 9번째 샷으로 그린에 공을 올렸다. 이후 2퍼트로 17번홀(파3)을 마무리했다. 결과는 옥튜플(Octuple Bogey·기준 타보다 8타 오버) 보기. 안병훈은 2005년 밥 트웨이의 12타에 이어 역대 이 홀 최다 타수 2위라는 불명예를 떠안았다. TPC 소그래스의 17번 홀은 아일랜드 홀이다. 거리는 143야드로 짧지만 그린을 호수가 둘러싸고 있어 공략하기가 쉽지 않다. 시시각각 변하는 바람에 PGA투어의 최정상급 선수들도 어려움을 겪는다. 안병훈도 역시 실수를 만회해보려는 작은 욕심이 절망으로 만들어 낸 안타까운 사례이다. 그런 이런 일들이 생각보다 우리 주변에 종종 일어난다는 것이다. 항상 실패를 경험하면서

성장하는 우리 사람들은 때론 포기할 줄 아는 용기가 필요하며 자신을 되돌아보며 마음을 다스릴 줄 아는 자세를 가져야 한다.

10. 조선의 정승 맹사성과 사마의

조선왕조 500년에 청백리 정승 4명이 있다. 세종시절 황정승(황희)과 맹정승(맹사성), 인조시절 오리정승(충현 이원익), 명종시절 상정승(범허정 상진)이다.

맹사성이 19살에 장원하여 파주 군수가 되자 자신의 천재성을 알고 싶어 파주에서 수련하는 고승을 찾아가 떠보는 질문을 하였다. "스님, 군수로서 새겨들어야 할 말씀을 주세요"하자 스님은 "나쁜 일 하지 않고, 착하게 일만 하면 됩니다"라고 말했다. 그러자 맹사성은 "그건 누구나 알고 있는 말 아닙니까?"라고 별것 아니라는 듯이 말하자 스님은 19살 맹사성의 반박에 말없이 차만 따랐다. 차가 찻잔에 넘치자 맹사성이 "바닥에 젖습니다"하고 말하자 고승은 옅은 미소로 다시 말합니다. "찻잔이 넘쳐 바닥이 더렵혀지는 걸 알면서도 지식이 넘쳐 사람을 망치는 것을 어지 모르십니까?"라고 대답합니다. 순간 창피당한 맹사성은 부끄러운 듯 자리에서 일러나서 빨리 빠져 나가려다 방문에 머리가 부딪치자 스님은 비웃듯 말을 이어갑니다. "고개를 숙이면 부딪치는 법이 없습니다. 겸손을 배우려 하지 않으면 아무 것도 배울 수 없습니다"라고 하였다. 그 후 맹사성은 충격을 받고 겸손한 마음으로 벼슬에 임하였다고 한다.

삼국지연의에 보면 사마의 아버지 사마방은 190년 동탁을 피해 고향으로 돌아간다. 사마방은 8명의 아들이 모두 재능이 뛰어났고 모두 자에 달(達) 자가 포함되어 있어서 사마팔달(司馬八達)이라 불렸다. 진서 안평헌왕부열전에 보면 '안평헌왕 사마부의 자(字)는 숙달(叔達)이다. 선제(사마의)의 차제(次弟)이다. 본래 사마부의 맏형 사마랑의 자는 백달(伯達), 선제(사마의)의 자는 중달(仲達)이다. 사마부의 동생 사마규의 자는 계달(季達), 사마준의 자는 현달(顯達), 사마진의 자는 혜달(惠達), 사마통의 자는 아달(雅達), 사마민의 자(字)는 유달(幼達)이다. 모두 함께 이름을 알리니, 그러므로 팔달(八達)이라 불리었다'고 나온다. 이때 사마랑은 조조의 신하가 되는데 사마의를 일찍 알아 본 인사 담당인 최염은 사마랑에게 둘째 사마의를 "천하의 귀재가 될 인물이다"라고 평하였다. 평소 인재를 갈망한 조조가 20세의 사마의를 초빙하려한다. 조조의 부름에 응하지 않으면 형 사마랑이 위험할 수도 있고 자신의 목숨을 잃을 수도 있어 고심 끝에 중풍을 핑계 삼아 등용을 거절하였다. 이에 의심 많은 조조가 첩자를 보내 진짜 중풍인지 알아 오라고 명하자 첩자는 사마의가 중풍에 걸렸다고 보고하여 위기를 면하고 지방 관직에 머물며 독서로 시간을 보냈다. 그러나 그로부터 7년 후 두 번째 부름에서 조조가 이번에도 안 나오면 집안을 몰살시키겠다고 협박하자 사마의는 조조의 휘하로 들어가서 조비, 조예, 조방 등 조씨 4대를 모시고 후에 사마의의 손자 사마염이 서진(西晉)의 황제가 된다.

11. 율곡의 격몽요결

『격몽요결』(击蒙要诀)은 조선 중기 1577년(선조 10년)에 율곡(栗谷) 이이(李珥:1536~1584)가 학문을 시작하는 이들을 가르치기 위해 편찬한 책이다. 조선시대의 유교적 덕행과 지식의 함양을 위한 초등과정의 교재로서 구 중국의 『소학』(小學)과 같은 책으로, 초학자가 『천자문』(千字文)·『동몽선습』(童蒙先習)·『훈몽자회』(訓蒙字會)에 이어 읽는 책으로 널리 사용되었다. 이 책의 서문에서 이이는 "해주의 은병정사(隱屏精舍)에서 제자들을 가르칠 때, 향방을 정하지 못하여 굳은 뜻이 없는 초학(初學)의 제자들에게 뜻을 세우고 몸을 삼가며, 부모를 봉양하고 남을 접대하는 방법을 가르치기 위해서 이 책을 지었다"라고 하였다. 저자가 격몽요결 중에서 감명을 받은 것은 '1장 입지장'(立志章)에서 '사람의 겉모습, 얼굴 모양, 체력, 키 등은 하늘이 준 것이기에 고치는 데 한계가 있지만, 사람의 속모습, 마음은 얼마든지 지혜롭고 어질게 바꿀 수 있다'라는 글과 '3장 지신장'(持身章)에서 '공부하는 사람의 자세는 구용구사(九容九思) 마음가짐과 몸가짐을 단정히 하라. 공자는 성실과 믿음으로 해야 한다고 가르치고 있다. 항상 일찍 일어나고 밤에 늦게 자야하며, 옷을 단정히 하고, 얼굴빛을 반드시 엄숙하게 하며, 손을 모으고 무릎을 모으고 앉으며, 걸음걸이는 안정되고 자상하게 하며, 말을 신중하게 해야 한다'라는 글이다. 그중에 구용(九容)과 구사(九思)를 소개한다.

구용(九容) : 우리 몸에 대한 태도를 바르게 하여 행하라는 가르침이다.

① 족용중(足容重) 발은 경솔하지 않게 무겁게 놀려야 한다.
② 수용공(手容恭) 손은 쓸데없이 움직이지 말고 공손하게 놀려야 한다.
③ 목용단(目容端) 눈은 옆으로 흘겨보거나 곁눈질하지 말고 단정하게 한다.
④ 구용지(口容止) 입은 말을 하거나 음식을 먹을 때 외에는 항상 꼭 다물고 있어야 한다.
⑤ 성용정(聲容靜) 말소리는 항상 나직하고 조용하여 시끄럽거나 수선거리지 않는다.
⑥ 두용직(頭容直) 머리는 한쪽으로 기울이거나 돌리지 말고 곧게 가져야 한다.
⑦ 기용숙(氣容肅) 호흡을 조용히 하여 기상을 엄숙히 한다.
⑧ 입용덕(立容德) 서 있을 때는 덕이 있어 보이도록 반듯한 자세로서 있어야 한다.
⑨ 색용장(色容莊) 얼굴은 생기 있고 씩씩하게 가져야 한다.

구사(九思) : 학문을 닦고 지혜를 더하기 위한 지표로써 생각을 함에 있어서 신중을 기하여 하라는 가르침이다.

① 시사명(視思明) 항상 눈에 가림이 없어 사람이나 사물을 바르게 보아야 한다.
② 청사총(聽思聰) 항상 남의 말과 소리를 똑똑하고 분별 있게 들어야 한다.

③ 색사온(色思溫) 항상 온화하여 얼굴에 성난 빛이 없도록 해야 한다.
④ 모사공(貌思恭) 항상 외모를 공손하고 단정하게 가져야 한다.
⑤ 언사충(言思忠) 항상 진실하고 믿음이 있는 말만 해야 한다.
⑥ 사사경(事思敬) 모든 일에 공경하고 행동을 조신히 삼가야 한다.
⑦ 의사문(疑思問) 의심이 있을 때는 반드시 질문을 해서 모르는 채로 내버려 두지 않는다.
⑧ 분사난(忿思難) 분한 일이 있을 때는 스스로 경계함으로써 이겨내야 한다.
⑨ 견득사의(見得思義) 항상 재물을 얻게 될 때는 정의와 이익을 구분하고, 얻어도 되는 것과 버려야 할 것을 명확하게 가려야 한다.

12. 조변의 좌우명과 처세십당

한양대 국문과 정민 교수가 조선일보에 기고하고 있는 세살신어(世說新語)중에서 청헌공(淸獻公) 조변(趙抃)은 중국 송(宋) 나라 때의 정치가로 고관을 무서워하지 않고, 그 잘못을 탄핵하여 철면어사(鐵面御史)라는 칭송을 받았다. '선유문'(善誘文)에 나오는 조변의 좌우명 중 8조목을 소개한다.

첫째, '일에 무심해야 마음에 일이 없다'(無心於事, 無事於心). 일을 건성으로 하라는 말이 아니라 욕심 없이 하라는 말이다. 담담하고 무심하게 일에 임하니 집착이나 번뇌가 사라진다.

둘째, '여러 가지 나쁜 말을 듣더라도 바람이나 메아리쯤으로 여긴다'(聞諸惡言, 如風如響). 남의 말 한마디에 일희일비하면서 할 수 있는 일은 아무것도 없다. 칭찬을 들을지 욕을 먹을지 보다 그 일이 옳은지 그른지의 판단을 앞세우라.

셋째, '남이 혹 부족해도 인정으로 품어주어야 한다'(人有不及, 可以情恕). 남이 내 기대에 못 미친다고 갑질을 하며 못살게 군다. 그런 행동은 꼭 일이 지난 뒤에 후회를 부른다. 새해에는 품이 조금 더 넉넉해졌으면 좋겠다.

넷째, '서로 막을 뜻이 아니라면 이치로 따져 풀어야 한다'(非意相干, 可以理遣). 남에게 앙심이나 유감을 품어 셈법으로 따져 나를 소모하지 않고, 이치로 풀어 감정의 찌꺼기를 남기지 않겠다.

다섯째, '좋은 밭 만 이랑이 있다 해도 하루에 먹는 양은 고작 두 홉'(良田萬頃, 日食二升). 두 홉이면 배가 부른데 뱃속에든 욕심은 한이 없구나. 더 절제해야겠다.

여섯째, '큰 집이 1000칸이라도 밤에 눕는 것은 여덟 자의 공간이면 된다'(大廈千間, 夜臥八尺). 고대광실(高臺廣室)이 무슨 소용인가? 여덟 자의 몸 누일 공간만 있으면 되는데. 하나라도 더 내려놓아 가벼워지고 싶다.

일곱째, '말은 한 자나 하면서, 행함은 한 치만 한다'(說得一尺, 行得一寸). 말로만 떠벌려 실행이 없고 보면 결국 기운만 빠지고 보탬이 없다. 입을 더 다물고 실행에 힘쓰리라.

여덟째, '다만 좋은 일을 행할 뿐 앞길은 묻지 않는다'(但行好事, 莫問前程). 좋은 일은 상대가 좋고 내가 좋으니 결국은 모두에게 좋다. 그것으로 받아야 할 보답이 충분하다. 마음의 길을 따를 뿐 다른 허튼 생각은 지우겠다.

삶을 살아가면서 처신해야 할 '선유문'(善誘文)에 나오는 '초연거사육법도'(超然居士六法圖) 중 처세십당(處世十當)에 대한 이야기다. '이 열 가지 마땅함을 지킨다면, 살고 죽음에 부끄러움이 없다'(守此十當, 生死無愧.) 나쁜 버릇과 헛된 욕심을 내려놓고, 좋은 일 많이 하고 착한 생각을 하면서 남을 도우며 살자.

첫째, 습기당제(習氣當除). 습기는 오래도록 되풀이하다 보니 나도 모르게 젖어든 좋지 않은 버릇이다. 무의식중에 되풀이하는 좋지 않은 버릇은 끊어 제거해야 한다.

둘째, 심행당식(心行當息). 마음과 행실은 차분히 내려놓아야 한다. 바쁘게 열심히 살더라도 가라앉혀 평온한 상태를 유지하는 것이 필요하다.

셋째, 제악당단(諸惡當斷). 나쁜 생각, 악한 행동, 못된 습벽은 단호하게 결단해서 딱 끊어야 한다.

넷째, 중선당행(衆善當行). 좋은 말을 하고 착한 일을 하며 남과 나누는 삶을 산다. 내가 해서 기쁘고 상대가 받아 즐거울 일을 하나씩 실행에 옮긴다.

다섯째, 오욕당감(五慾當減). 오감(五感)이 부추기는 욕망의 길을 따라가다 절제를 잃어 명예를 잃고 나락에 떨어진다. 식욕과 성욕, 그 밖의 여러 물욕을 줄여나가지 않으면 안 된다.

여섯째, 삼업당정(三業當淨). 삼업은 몸으로 짓는 신업(身業), 입으로 짓는 구업(口業), 생각으로 짓는 의업(意業)이다. 이 세 가지로 쌓는 업을 돌아보아 씻어내야 한다.

일곱째, 영만당외(盈滿當畏). 가득 차서 넘치는 것을 두려워해야 한다. 분수에 넘치는데도 자제할 줄 모르면 그 끝에 파멸이 기다린다.

여덟째, 위난당구(危難當救). 어렵고 힘든 처지에 놓인 사람을 보면 마땅히 구해주어야 한다. 그래야 내게 덕이 쌓이고 누릴 복이 생긴다.

아홉째, 선사당성취(善事當成就). 착한 일, 좋은 일에 기꺼이 힘을 보태 성취할 수 있도록 도와주어야 한다.

열째, 위인당갈력(爲人當竭力). 남을 위해서는 마땅히 힘을 다해야 한다. 도와주는 척 시늉이나 하고 마음이 움직이지 않으면 처음의 선의가 무색하다.

아울러 살아가면서 스스로 경계로 삼아야 할 '선유문'(善誘文)에 나오는 '초연거사육법도'(超然居士六法圖) 중 자경팔막(自警八莫)을 소개하겠다. '이 여덟 가지 해서는 안 될 일을 지킨다면 일생이 편안하고 즐거우리라'(守此八莫, 一生安樂).

첫째, 심념막망상(心念莫妄想). 마음의 생각은 망상을 하지 말라. 염(念)은 콕 박혀 안 떠나는 생각이고 상(想)은 퍼뜩 떠오른 생각이다. 망상은 망령된 생각, 즉 헛생각이나 개꿈이다. 사람은 쓸데없는 상념에 빠져서는 안 된다. 상념은 마음에 찌꺼기와 얼룩을 남긴다. 사려(思慮)를 깊게 해서 마음을 반짝반짝 빛나게 닦자.

둘째, 광음막한과(光陰莫閑過). 세월은 일없이 보내지 말라. 아까운 세월을 어찌 빈둥거리랴. 긴 인생의 몇 십 년을 하는 일 없이 보낸다면 이보다 더 큰 비극이 없다.

셋째, 명리막탐구(名利莫貪求). 명예와 이익은 탐욕스레 구하지 말라.

욕심으로 얻은 명예, 탐욕스레 움켜쥔 이익은 나를 찍는 도끼다. 오래 가지 못한다.

넷째, 진노막자종(嗔怒莫恣縱). 성내고 분노함을 함부로 멋대로 하지 말라. 한때의 분노를 못 참아 백 일의 근심을 부른다. 잠깐 시원하고 뒤끝이 오래간다.

다섯째, 견인막투기(見人莫妬忌). 남을 보고 시샘하지 말라. 나보다 나은 사람을 질투해서 해코지하거나 상대를 꺼려 못되게 굴면 내 그릇이 드러날 뿐 아니라 나 자신의 발전도 없다.

여섯째, 세재막상수(世財莫常守). 세상의 재물은 지키려 들지 말라. 재물은 돌고 도니 처음부터 내 것이 아니었다. 잠시 빌려 쓰는 것이려니 해라. 아등바등 붙들고 놓지 않으려 해도 결국 빈손으로 돌아간다.

일곱째, 강량막시뢰(强梁莫恃賴). 힘세고 강한 것을 믿지 말라. 제 힘과 역량을 믿고 멋대로 날뛰면 나중에 힘이 빠졌을 때 몇 배로 되돌아온다.

여덟째, 임사막해인(臨事莫害人). 일을 하면서 남을 해치지 말라. 보태주고 도와주고 거들어 줘야지 상대를 해치거나 짓밟으면 어느 순간 내게 똑같이 돌아온다.

13. 인생에서 가장 소중한 시간

우리는 순간을 살고 있다. 우리에게 가장 소중한 시간이 언제일까? 미국의 만화가 빌 킨, 러시아의 대문호 톨스토이와 영국 시인 로버트 해리가 전해준 답이 있다.

빌 킨(Bil Keane)은 “어제는 역사고, 내일은 미지의 세계이며, 오늘은 신의 선물인데 그 선물을 우리는 현재라고 부르는 이유이기도 합니다” (Yesterday is history, tomorrow is a mistery, today is a gift of God, which is why we call it present)

러시아의 위대한 작가이자 사상가인 레오 톨스토이에게 어느 신문기자가 “당신에게 가장 중요한 때는 언제인가? 당신에게 가장 중요한 일은 무엇인가? 당신에게 가장 중요한 사람은 누구인가?”라는 질문을 했다. 그러자 그는 “당신에게 가장 중요한 때는 현재이며, 당신에게 가장 중요한 일은 지금 하고 있는 일이며, 당신에게 가장 중요한 사람은 지금 만나고 있는 사람이다”

결국 하고 싶은 것은 때를 기다리지 말고 바로 지금 나의 모든 능력이 허용하는 범위 내에서 무엇이든 스스로 만족할 수 있는 것을 하면 되는 것이다. 때가 지나면 남는 것은 “그때라도 해볼 걸!”이라는 후회뿐이다. 한 가지 비근한 예로 나이 들어 돈도 있고 시간이 있어 여행을 한 들 젊은 시절 친구와 무전여행이라도 떠난 것에 비할 바가 되겠는가?

우리가 사는 사회는 스스로 생각하기에 너무 모순적인 사회에 살고 있다. 학교에서 배운 것과 사회에서의 실제 활동은 차이가 많은 정도를 넘어서서 순간적으로 자신의 정체성마저 흔들릴 수 있는 것이 현실이다. 자신의 주변사람들과의 관계에서 오는 행복, 환멸, 고통 등 도 하루에도 수차례씩 일어날 수 있는 것이다. 무엇이 나를 변화시킬 수 있을지 생각을 해보고 자신을 찾아보는 것도 자신에게 가장 중요한 일 일지도 모른다.

지금 하십시오

- 로버트 해리

할 일이 생각나거든 지금 하십시오.
오늘 하늘은 맑지만
내일은 구름이 보일지 모릅니다.
어제는 이미 당신의 것이 아니니 지금 하십시오.

친절한 말 한마디 생각나거든
지금 말하십시오.
내일은 당신의 것이 안 될지도 모릅니다.
사랑하는 사람은 언제나 곁에 있지는 않습니다.
사랑의 말이 있거든
지금 하십시오.

미소를 짓고 싶거든
지금 웃어주십시오.
당신의 친구가 떠나기 전에
장미는 피고 가슴이 설렐 때
지금 당신의 미소를 주십시오.

불러야 할 노래가 있다면
지금 부르십시오.
당신의 해가 저물면
노래 부르기에는
너무나 늦습니다.
당신의 노래를 지금 부르십시오.

지금 당장 할 일을 하십시오.
너무 늦지 않은 지금이래야
누군가가 당신의
그 일, 말, 미소, 노래 덕분에
행복해할 수 있습니다.
지금,
지금 당장 그 할 일을 하십시오.

제 2 장

어려움을 극복하고 성공한 사람들

"시작은 미약하였으나 나중은 창대하리라"

(Though thy beginning was small, yet thy latter end should greatly increase.)

성경 욥기에 나오는 구절이다. 이 구절에 맞는 사람들의 이야기를 통해 전형적인 흙수저로 태어나 자신의 노력으로 성공한 사람들의 이야기들을 소개한다.

어려움을
극복하고
성공한
사람들

1. 입양아 애플 CEO 스티브 잡스

애플 CEO 스티브 잡스

스티브 잡스(Steve Job)는 1955년 미국 캘리포니아 주 샌프란시스코에서 태어났다. 어머니 조앤 심슨의 가족은 보수적인 미국인 집안으로 생부 압둘파타 존 잔달리가 시리아인이라는 이유로 결혼을 반대했고, 결국 심슨은 미혼모의 신분으로 잡스를 낳은 후 입양을 선택했다. 심슨은 잡스의 새 부모로 대학을 졸업한 고학력 부부를 원했고 변호사 부부가 잡스를 입양할 예정이었다. 하지만 그들은 마지막 순간에 잡스 대신 여자아이를 택했고, 잡스는 대기자 명단에 있던 폴 잡스와 클라라 잡스 부부에게 돌아갔다. 심슨은 폴 잡스가 고등학교조차 졸업하지 못했고 클라라 잡스도 대학을 졸업하지 못했다는 사실 때문에 입양 서류에 서명하길 거부했고, 잡스 부부에게 "스티브를 꼭 대학에 보내겠다"는 약속을 받고 나서야 비로소 입양을 허락했다.

당시 북부 캘리포니아는 급격한 변화의 기로에 놓여 있었다. 한편으로는 기술이 급격히 발달하고 다른 한편으로는 영국에서 넘어온 사이키델릭 음악과 신비주의가 크게 유행했다. 이 두 가지 문화는 잡스에게 큰 영향을 미쳤다. 잡스는 비틀즈의 팬이자 자유주의의 신봉자였다. 이는 잡스의 트레이드마크라고 할 수 있는 검정 터틀넥과 청바지 복장만 봐도 잘 알 수 있다.

고등학교 졸업 후 잡스는 오리건 주 포틀랜드에 있는 리드칼리지(Reed College)에 의학 및 문학을 공부하기 위해 입학했다. 하지만 자신에게 가치가 없어 보이는 과목들을 필수 이수해야 한다는 점, 그리고 이를 위해 비싼 등록금을 내야 한다는 점 등의 이유로 한 학기를 다닌 후 자퇴를 결심한다. 친구의 집 바닥에서 잠을 자고 콜라병을 판돈과 무료 급식으로 끼니를 해결하는 생활 속에서도 그는 청강을 통해 배움의 끈을 놓지 않았다. 특히 이 때 그가 들었던 서예 수업은 나중에 매킨토시의 서체에 큰 영향을 미치기도 했다.

잡스는 몇 년 후 캘리포니아로 돌아와 스티브 워즈니악(Steve Wozniak)과 홈브루 컴퓨터클럽(Homebrew Computer Club)에 가입했다. 자신이 정말 좋아하는 일을 찾은 것이다. 곧이어 워즈니악과 협력해 잡스 부모의 차고 안에서 애플을 설립하고 최초의 개인용 컴퓨터인 '애플 I'를 내놓았다. 이후 후속작인 '애플 Ⅱ'가 뜻밖의 성공을 거두게 되면서 잡스와 애플은 승승장구하는 것처럼 보였다. 하지만 이후 몇 차례 부진을 겪었고 잡스가 30살이 되던 해 애플의 이사회는 그를 해고했다.

애플에서 해고되고 몇 달간 공황상태에 빠졌던 잡스는 좌절하지 않고 다시 도전을 해 컴퓨터 회사 넥스트(NeXT)를 설립하고 픽사(Pixar)를 인수하며 재기의 발판을 다졌다. 이후 픽사는 세계에서 가장 성공한 애니메이션으로 꼽히는 '토이 스토리'를 만들어냈고 디즈니에 인수됐다. 조지 루카스로부터 1,000만 달러에 인수한 픽사를 디즈니에 74억 달러에 팔았으니 실로 대단한 성공이라고 할 수 있다. 비슷한 시기 로렌 파월과 연인이 되었고 1991년 결혼하였다. 잡스와 파월 사이에는 1남 2녀의 자녀를 두었지만, 사실 오래 전 잡스에게는 여자 친구 사이에서 낳은 '리사'라는 딸이 또 있었다. 하지만 잡스는 리사를 딸로 인정하지 않았다. 나중에야 자신이 리사의 아버지임을 깨달은 잡스는 미안함의 의미로 새 컴퓨터에 딸 이름을 붙여 내놓기도 했다. 이것이 바로 첫 마우스 기반 컴퓨터 '리사 컴퓨터'다.

1996년 애플은 넥스트를 인수했다. 그리고 잡스는 애플의 최고경영자로 복귀했다. 복귀 후 그는 1997년 10억 달러의 적자를 1년 만에 4억 달러의 흑자로 전환하는 신화를 만들어냈다. 아이팟, 아이폰, 아이패드

2001 아이팟 2007 아이폰 2010 아이패드

등 그가 내놓은 제품은 연달아 성공했고 애플은 세계 최고의 IT기업으로 우뚝 올라섰다.

잡스는 2004년 췌장암 진단을 받고 대수술을 했다. 2009년에는 간이식 수술도 받았다. 점차 건강이 악화되자 2011년 최고경영자 자리에서 물러났고 10월 5일 56세의 나이로 세상을 떠났다.

2. 양아버지 밑에서 자란 세계 최고의 부자 아마존 CEO 제프 베조스

아마존 CEO 제프 베조스

2018년 9월 미국 주식시장에서 세계 최고의 부자가 나왔다. 세계 최대 온라인 상거래 기업인 아마존이 시가총액 1조 달러를 돌파함에 따라 아마존 최고경영자(CEO) 제프 베조스(Jeff Bezos)의 개인재산도 1700억 달러(190조원)에 달했다. 2위인 빌 게이츠 마이크로소프트(MS) 창업자는 978억 달러, 워런 버핏 버크셔 해서웨이 회장이 870억 달러였다.

베조스는 1964년 인구 50만 명의 소도시인 미국 남서부 뉴멕시코 주의 앨버커키에서 태어났다. 그는 고등학생 부부에게서 태어났다. 아버지 테드 졸겐슨은 18세 어머니 재클린 자이스는 17살이었다. 그러나 1년 만에 이혼하고 어머니 자이스는 베조스가 4살 때 쿠바 출신 미겔 베조스와 재혼하면서 지금의 이름을 '제프 베조스'로 갖게 되었다. 이후 양아버지 밑에서 자랐다. 베조스는 4살 때 진짜 아버지가 서커스 공연단의 멤버인 브래드 스톤이라는 사실을 알았다. 브래드 스톤은 갓 태어난 아들과 당시 여자 친구였던 재키를 버렸고 제프 베조스가 크게 성공한 뒤에도 수년간 못 알아봤다고 한다. 베조스의 새아버지인 미겔은 무일푼의 10대 쿠바 이민자였지만 그야말로 악착같이 일해 세계적인 석유기업인 엑손(EXXON) 경영진에 오르는 등 제프 베조스의 롤 모델이 되었고, 베조스가 아마존을 창업할 때 첫 투자자가 되었다.

베조스에게 큰 영향을 미친 사람은 외할아버지 프레스톤 자이스로 미국 국방부 연구기관인 DARPA 우주공학 미사일 방어 시스템 분야의 전문가로 일했고 원자력위원회에서 활동하기도 했다. 베조스는 16살이 될 때까지 방학 때마다 텍사스에 있는 외할아버지의 농장에서 방학을 보냈는데 이때 나눈 경험이 기업가의 꿈을 키우는 데 중요한 영양분이 되었다. 유년시절 외할머니가 담배를 끊기 위한 아이디어를 낸 적이 있었는데 외할머니에게 "할머니 담배를 한 개비 피울 때 마다 수명이 2분씩 단축된대요. 계산해보면 할머니는 9년의 수명이 단축된 거네요"라고 말을 하였다고 한다. 이 말을 들은 외할머니는 그 자리에서 눈물을 펑펑 쏟았는데 옆에서 지켜보던 외할아버지는 "베조스, 언젠가 너도 알게 될 거야. 사람이 자기 재능을 남에게 보여주는 것보다 친절을 보여주는 게 훨씬 더 어렵다는 것을"이란 말을 했다고 한다. 베조스는 이 말에 큰 감명을 받았다고 한다. 실제로 베조스가 프린스턴대학 졸업연설 때 이 이야기를 소개하면서 자신의 삶을 바꾼 중요한 사건이라고 말했다고 한다.

베조스는 학창시절 뛰어난 평가를 받지는 못했다. 초등학교 선생님은 베조스에 대해 "대단히 총명하나 지도자의 자질은 없다"고 평가했다. 과학에 두각을 보였는데 고등학생 시절 플로리다 대학에서 주최한 과학교육 프로그램에 참여해 실버기사상을 수상했다. 이후 프린스턴대학교에 입학해 이론물리학과 컴퓨터공학, 전기공학 등을 공부했고 최종적으로 전기공학을 전공해 수석 졸업했다.

베조스의 능력은 직장 생활을 하면서 발휘되기 시작했다. 대학을 졸업한 베조스는 신생 벤처기업인 피텔(Fitel)에 입사해 통신 프로토콜 프로그래밍 업무를 했는데 입사 1년 뒤 기술 및 사업개발담당 부책임자가 됐고 2년 뒤 퇴사했다. 베조스는 당시 친구였던 할시 마이너(Halsey Minor)와 팩스로 뉴스를 받아보는 스타트업을 차리려고 했지만 사업을 시작도 못 하고 접었다. 할시 마이너는 나중에 그 유명한 CNET를 창업한 장본인이다. CNET은 전 세계의 기술 및 전자제품에 대한 리뷰, 뉴스, 기사, 블로그, 팟캐스트를 출판하는 미국의 기술 미디어 웹사이트이다. 이후 뱅커스 트러스트에 컴퓨터 관리자로 입사한 뒤 10개월 만에 최연소 부사장으로 승진하였다. 그리고 뉴욕의 헤지펀드 회사인 D.E. Shaw로 옮겨 기술 기반 트레이딩 전략팀을 이끌며 인터넷 기반 사업 구상을 담당한다. 이 회사에서도 입사 1년 후 26세에 최연소 부사장으로 이어 수석 부사장이 됐다. 여기서 사내 연애를 통해 맥킨지 터틀과 1993년 결혼했고 소설가로 활동하고 있다.

베조스는 이때 인터넷이 1년 만에 무려 2,300%가 성장했다는 자료를 접하고 온라인 판매가 가능한 제품군을 꼽은 끝에 책 판매가 가장 성공할 것이라고 확인하고 창업을 결심했다. 그리고 1994년 돌연 회사를 그만두고 아내와 함께 낡은 자동차 한 대를 몰고 시애틀로 향한다. 1995년 7월 아버지와 친척들, 친구들로부터 창업자금 200만 달러를 마련하여 애플의 스티브 잡스나 구글의 세르게이 브린과 같이 작은 실내 주차장을 월세 내어 아마존닷컴을 창업했다. 차고의 공간이 작아 미팅을 할 땐 주변에 있던 작은 서점인 'Barnes & Noble'에서 진행했다.

세계 최대 온라인 상거래업체로 성장한 아마존은 2013년에는 경영난에 허덕이던 미국 3대 일간지인 워싱턴 포스트를 개인 돈 2억5천만 달러에 인수했고 우주 개발 기업 블루 오리진(Blue Origin)을 만들어 일론 머스크의 스페이스X와 경쟁을 벌이고 있다. 제프 베조스는 2017년 7월 빌 게이츠를 넘어 세계 최고의 부자가 됐다. 그리고 현지시간 4일 뉴욕증시에서 장중 시가총액이 1조 달러(약 1천117조 5천억원)를 돌파하는 기록을 세웠다. 그리고 아마존 지분 16%를 보유한 베조스의 자산 가치는 1천660억 달러(약 185조 5천억원)에 달한다.

아마존닷컴의 로고 중 웃는 모양의 화살표는 A에서 Z로 끝나는데, 이는 세상의 모든 물건(A to Z)을 팔겠다는 의지가 담겨있다고 한다.

그는 직원들 중 회사나 고객에게 전혀 도움이 되지 않는 무능력함이나 게으름을 피우는 직원을 용납하지 않는다. 베조스는 자신이 80살이 되었을 때 후회 없는 삶을 살았다고 스스로 생각하고 싶어서 이른바 닷컴 열풍에 편승해 온라인 서적 거래 사이트를 만들었다고 회고했다.

그러면서 "나는 덜 안전한 길을 택한다. 그런 선택이 자랑스럽다"고 밝혔다. 그리고 이 같은 조언을 하고 있다. "우리는 3가지 생각으로 성공을 이룩했다. '고객 우선', '혁신적 개발' 그리고 '인내'이다. 선구자는 자신을 설레게 하는, 가치 넘치는 일을 해야 한다"

베조스는 세계최고 1위 부자가 된 지금도 그는 검소하기로 유명하다. 차고에서 아마존을 창업했을 때 식탁으로 차고의 문을 사용했다고 한다. 세계최고의 기업이 된 이후에도 이 정신을 기리기 위해 본사에서 사용하는 테이블을 모두 창업 때 사용했던 책상과 동일한 문짝 책상을 사용하고 있으며, 워싱턴과 캘리포니아 비버리 힐스의 대저택에 살지만 얼마 전까지도 1996년에 구입한 혼다 어코드를 직접 운전하고 출퇴근을 한다.

3. 최초의 흑인 한미연합사령관 빈센트 브룩스

빈센트 브룩스 한미연합사령관

빈센트 케이스 브룩스(Vincent Keith Brooks)는 1980년 미국 육군사관학교를 졸업하고 임관 후 한국과 코소보 등지에서 근무하고 2013년부터 한반도를 관할하는 미 태평양군 사령부에서 육군사령관으로 근무하고 2016년 4월 30일부터 2018년 11월 8일까지 주한미군 사령관 및 한미연합사 사령관을 맡았다. 최초의 흑인 주한미군 사령관이다. 미국 육군사관학교 웨스트포인트 사관후보생 시절 최초 흑인 생도대장을 한 바 있으며, 한국에서 대대장으로 근무한 적이 있다. 이라크전쟁 때는 전황 브리핑을 전담한 바 있으며 아버지와 형도 육군소장과 준장으로 예편한 전형적인 군인가정 출신이다.

브룩스 사령관은 2018년 11월 5일 판문점 선언의 군사 분야 신뢰구축 방안에 대해 합참이 발행한 '합참' 가을호에 『회남자(淮南子)』 병략훈(兵略訓)을 인용하여 같은 배를 타고 강을 건넌다는 뜻의 한자성어 '동주공제(同舟共濟) 정신으로 같이 갑시다'라는 제목의 기고를 했다. 기고문에 "현재 역사적인 판문점 선언에 담긴 군사 분야의 신뢰구축 방안들은 미국의 지지와 동의, 그리고 유엔군사령부의 지원 조치들과 함께 진행되고 있다.

이런 신뢰구축 방안은 공동경비구역과 비무장지대 일부 구역에서의 지뢰 제거와 전사자 유해 발굴 및 송환 계획을 포함하고 있다"고 발표했다. 아울러 "지뢰제거 작업은 한국과 북한의 공병부대 병력이 투입돼 이뤄지고 있으며, 양국이 희망하는 관광분야 확대를 목적으로 공동경비구역을 보다 안전하고 안정적인 장소로 만들기 위한 작업도 진행되고 있다"고 평가했다. 그는 "저는 현재 우리의 상황에 고무되어 있지만, 우리 앞에 놓인 과제가 만만치 않다는 것 또한 분명히 인식하고 있다"면서 "결국 동주공제 정신이 승리하리라 믿고 있다. 바로 한국인과 미국인들이 이 여정을 함께 하고 있기 때문"이라고 강조했다. 11월 8일 이임하는 브룩스 사령관은 이 기고에서 "남산의 소나무같이 뿌리 깊은 한미동맹" 등의 표현을 사용하며 한미동맹이 새 시대의 변화를 주도하고 있다고 강조했다. 한미연합사령관이 합참의 기관지에 실명으로 기고한 것은 브룩스 사령관이 처음이다.

2018년 9월 10일 한국관광대학교가 빈센트 브룩스 사령관을 초청하여 특강을 진행했는데 '우수함을 추구하고 쫓으라!'는 조언으로 강연을 시작했다.

브룩스 사령관은 학생들에게 우수해지기 위해서 "단 하나의 경쟁자 '나 자신'과 싸우며 나아가라! 내가 머릿속에 갈망하는 사람이 되어라! 3L(Listen, Learn, Lead)을 지켜라! 목적의식이 있다는 것에 감사함을 가져라! 사심 없는 사고로 주변에 선한 영향을 미쳐라! 팀플레이 정신으로 살아라!"라며 그가 살아오면서 우러나온 경험을 강조했다.

4. 할 수 있다는 메시지를 강력하게 전한 초원의 정복자 칭기즈칸

몽고(蒙古)는 '아둔한 옛 것'이라는 말이다. 평균 해발 고도가 1600미터이며, 9개월의 겨울이 있는 혹한의 땅이라 3개월의 여름 동안 겨울나기를 위한 준비를 한다. 몽고는 이상 기온에 따른 집중적 가뭄 현상인 '강'(Gan)과 가뭄 뒤에 때 이르게 들이 치는 강추위인 '쪼드'(Dzud)라는 두 재앙은 농경 정책사회가 겪는 태풍이나 지진보다도 무섭다. 강과 쪼드로 인해 1999년 12월부터 2000년 6월까지 몽골고원의 3,300만 가축 중 약 10%인 300만 마리가 죽었다는 기록도 있다. 이와 같이 기후 조건으로 인해 몽골의 농사는 아주 부적합하여 주린 배를 채우기 위해 곰,

사슴, 노루를 사냥해야 했다. 그래서 몽골인들은 여자, 어린이, 노인 등 누구나 말을 탈 줄 알고, 칼을 쓸 줄 알며, 활을 쏠 줄 알았다.

칭기즈칸

정주영

1162년 몽골에서는 세계의 정복자 칭기즈칸(成吉思汗)이라고 불리는 테무친이 바이칼 호 근처에서 몽골족의 족장 이수게이와 후엘른 사이에서 태어났다. 그는 메르키트족, 자무카족, 타타르족, 케레이트족, 나이만족을 차례로 격멸하고 1204년 몽골 초원을 통일하고 44세가 되는 1206년 부르칸 칼둔 성산(聖山) 근처 오논 강 원류 알난하(斡難河) 강변에서 쿠릴타이를 열고 새로운 나라의 이름은 예케 몽골 울루스(몽고제국(蒙古帝國)로 선포하고 통치자로 '칭기즈칸'이라는 칭했다. 그는 십호(십호장), 백호(백호장), 천호(천호장), 만호(만호장) 등 집단을 재편성하고 1210년부터 세계 정복 전쟁을 시작하여 아시아에서 유럽까지 최고의 영토를 갖기도 했다. 1218년 중앙아시아로 파견한 사신단이 몰살

하자 1219년부터 호레즘 왕국으로 서방 원정을 시작하였으나 1227년 탕구르 원정에서 불의의 사고로 사망하였다.

고난과 역경을 극복한 칭기즈칸의 진정한 리더십에는 오늘날 청년에게 줄 수 있는 몇 가지 메시지가 있다.

첫째, 집안이 나쁘다고 탓하지 말라. 어릴 때 칭기즈칸은 "나는 어려서 아버지를 잃고 고향에서 쫓겨났다. 어려서는 이복형제와 싸우면서 자랐고, 커서는 사촌과 육촌의 배신 속에서 두려워했다"

둘째, 가난하다고 말하지 말라. "나는 들쥐를 잡아먹으며 연명했다. 내가 살던 땅에서는 시든 나무마다 비린내 마른 나무마다 누린내만 났다"

셋째, 작은 나라에서 태어났다고 말하지 말라. "나는 그림자 말고는 친구도 없고, 꼬리 말고는 채찍도 없는 데서 자랐다 내가 세계를 정복하는 데 동원한 몽골인은 병사로는 고작 10만이고 백성으로는 어린 아이와 노인까지 합쳐 2백만도 되지 않았다"

넷째, 배운 게 없다고 힘이 약하다고 탓하지 말라. "나는 글이라고는 내 이름도 쓸 줄 몰랐고, 지혜로는 안다 자모카를 당할 수 없었으며, 힘으로는 내 동생 카사르한테도 졌다. 그 대신 나는 남의 말에 항상 귀를 기울였고, 힘이 없기 때문에 평생 동지와 친구들을 많이 사귀었다. 그들은 나를 위해 목숨을 바치고, 비오는 들판에서 밤새 비를 막아주고, 나를 위해 끼니를 굶었다. 나도 그들을 위해 목숨을 걸고 전쟁터를 누볐고, 그들을 위해 의리를 지켰다"

다섯째, 너무 막막하다고 그래서 포기해야겠다고 말하지 말라. "나는 목에 칼을 쓰고도 탈출했고, 더운 여름날 양털 속에 하루 종일 숨어 땀을

비가 오듯이 흘렸다. 뺨에 화살을 맞고 죽었다가 살아나기도 했고, 가슴에 화살을 맞고 도망친 적도 있었다. 적에게 포위되어 빗발치는 화살을 칼로 쳐내며, 어떤 것은 막지 못해 내 부하들이 대신 몸으로 맞으면서 탈출한 적도 있었다. 나는 전쟁을 할 때면 언제나 죽음을 무릎 쓰고 싸웠고 그래서 마지막에는 반드시 이겼다"

여섯째, 절망감과 공포로 포기하지 마라. "나는 사랑하는 아내가 납치되었을 때도, 아내가 남의 자식을 낳았을 때도 눈을 감지 않았다, 숨죽이는 분노가 더 무섭다는 것을 적 들은 알지 못했다. 군사 1백 명으로 적군 1만 명과 마주쳤을 때에도 바위처럼 꿈적하지 않았다. 숨이 끊어지기도 전에는 어떠한 악조건도 포기하지 않았다. 나는 죽기 전에 먼저 죽는 사람을 격멸했다. 나는 흘러가 버린 과거에 매달리지 않고 아직 결정되지 않은 미래를 향해 걸어갔다. 알고 보니 적은 밖에 있는 것이 아니라 내안에 있었다"

현대건설 정주영 회장이 간부들에게 입버릇처럼 했던 말이기도 하다. 짧지만 단호한 말투 "이봐, 해봤어?" 이 말투 속엔 열정, 패기, 자신감, 도전, 불가능에 대한 긍정적 태도가 느껴진다.

이 얼마나 멋진 말인가? 노력이 부족한 우리들에게 용기를 주는 명언이 아닌가?

5. 해군 제독 명문가 출신 미국 상원의원 존 매케인

2018년 8월 25일 CNN 등 미국 언론들은 베트남전의 영웅이자, 미국

보수의 양심으로 많은 존경을 받아온 존 매케인 상원의원(공화당, 애리조나)이 악성 뇌종양으로 투병하다 세상을 떠났다. 떠나기 전 CNN 방송 앵커가 매케인의원에게 "미국 국민이 당신을 어떻게 기억하기를 원하는가"라고 질문하자 "많은 실수를 했다"며 "그는 국가를 위해 봉사했다"라고 말했다.

매케인 미 상원의원

매케인 의원은 미국인에게 남기는 유언에서 미국에 "현재의 어려움에 절망하지 말자"는 메시지를 전했다. "자랑스러운 미국인으로 살았다. 미국은 현재의 시련을 거쳐 이전보다 더 강한 국가가 될 것"이라고 밝혔다. 그러면서 "현재의 어려움에 절망하지 말고 언제나 미국의 약속과 위대함을 믿으라. 미국인들은 절대 포기하거나 항복하지 않으며, 역사에서 숨지 않고 역사를 만들어간다"고 강조했다.

1967년 10월 26일 베트남 하노이 인근에 폭격에 나선 미 해군 조종사 매케인이 몰던 비행기가 미사일에 맞아 추락했다. 양 팔과 다리가 부러진 채 호수로 추락한 조종사를 적군들이 끌어내어 구타를 했고 매케인은 수용소에 갇혔다. 망가진 무릎이 축구공만큼 부어올랐지만 치료는 커녕 고문과 구타가 이어졌다. 두 차례나 자살을 시도할 만큼 고통스러운 나날이었다. 이듬해 그의 아버지가 미 태평양사령관에 취임하자 북베트남은 선전 차원에서 매케인을 석방하려 했다. 매케인은 "다른 포로보다 먼저 나갈 수 없다"며 거절했다. 5년 반을 견딘 매케인은

1973년 풀려났지만 두 팔을 제대로 쓸 수 없을 만큼 장애가 남아 단 한 번도 자기 머리를 제 손으로 빗지 못했다. 평생을 시달린 부상 후유증 탓이다. 그가 바로 뇌종양으로 투병하다 타계한 매케인 공화당 상원의원이다.

그는 할아버지도 아버지도 해군 제독을 지낸 명문가 출신의 '금수저'가 후방에 머물지 않고 전투의 최전선에서 싸웠다. 포로로 붙잡혔을 때 그의 아버지는 태평양사령관이었다. 북베트남이 협상 카드로 그의 조기 석방을 제안했을 때 부자는 의연하게 거부했다. 당시 매케인은 석방 거절 이유를 이렇게 말했다. "자신보다 앞서 붙잡힌 포로들이 먼저 석방된 뒤 나가겠다"고. 매케인의 아들 역시 해군으로 복무하면서 이라크전에 참전해 가문의 전통을 이어갔다. 1981년 대령으로 예편한 후 정치에 뛰어들어 1986년 당선된 이래 30년 넘게 공화당 상원의원을 지냈다. 할아버지와 아버지에 비해 빛나는 경력은 아니지만, 미국인들은 그를 '전쟁 영웅'으로 기억한다. '노블레스 오블리주'(noblesse oblige: 프랑스어로 '귀족은 의무를 갖는다'는 의미)를 지킨 군인이었기 때문이다.

매케인은 1982년 공화당 하원의원으로 정계에 입문하면서 전쟁영웅에서 정치인으로 변신했다. 6선 상원의원을 지내는 동안 대선에 두 번 도전장을 냈으나 모두 쓴잔을 마셨다. 2000년 당내 경선에서 조지 W 부시에게 패했고 2008년 대선에서 오바마에게 패했다. 그가 오바마 민주당 후보와 맞붙었을 때였다. 한 지지자가 "오바마가 아랍 출신이라고 들었다. 그가 대통령이 될까 두렵다"고 하자 매케인은 정색했다. "오바마는 품위 있는 사람이다. 당신이 걱정할 필요 없다" 그는 지지자 잘못을 지적하는 걸 두려워하지 않았다. 워싱턴포스트는 '매케인의 가장 용기 있는 정치적 순간 5가지'에 이 장면을 넣었다. 2017년 7월 뇌종양 수술의 상처가 아물기도 전 상원에 출석해 동료들로부터 기립 박수를 받았다. 이때도 그는 도널드 트럼프 대통령이 추진해온 오바마 케어 폐지방안에 당론과 어긋나게 반대표를 던졌다.

오바마와 매케인

뇌종양 치료 부작용으로 재입원하기 전인 2017년 12월 매케인 의원이 휠체어를 타고 이동하는 모습

2018년에 출간한 회고록 『쉼 없는 파도』에 "요즘 정치에는 겸손이 부족하다. 이러다가 우리 사회는 갈가리 찢길 것이다"라는 내용이 나온다. 매케인은 품격이 뭔지를 아는 정치인이었다. 당에 얽매이지 않고 자신이 옳다고 믿는 신념대로 행동했다. 2013년 이민제도 개혁을 둘러싸고 공화·민주 상원의원들이 의기투합한 '8인의 갱'(Gang of Eight) 멤버였다. 국민 통합을 위해 당파는 뛰어넘어야 한다고 믿었기 때문이다.

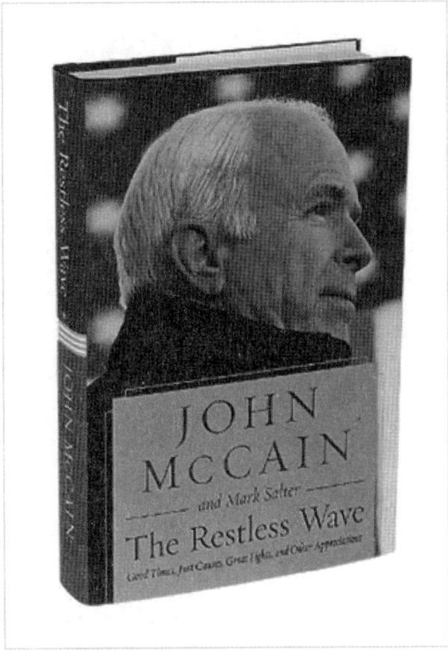

2018년 발간한 『쉼 없는 파도』

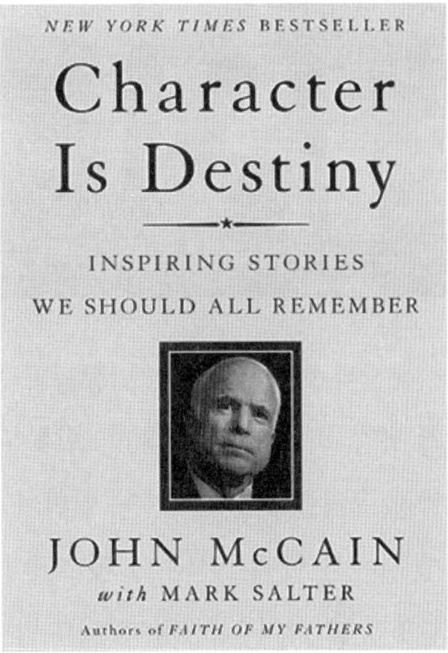

2005년 발간된 『사람의 품격』

인간이 본디 갖춰야 할 덕목을 제시한 자신의 저서 『사람의 품격』의 제목처럼 매케인은 인간으로서 정치인으로서 올곧은 태도와 균형감각을 견지하고자 노력했다. 그는 여야를 넘어 원로 정객으로 진정한 영웅, 진정한 보수의 가치를 일깨워준 초당적 존경을 받았던 위대한 미국인이었다.

6. 전교 435등에서 서울대에 합격한 학생 송시복

2018년 11월 11일 SBS '생활의 달인'에서는 전교 꼴등에서 사교육 하나 없이 전국 상위권 성적을 받아 당당하게 서울대학교에 입학한 송시복 학생이 소개됐다.

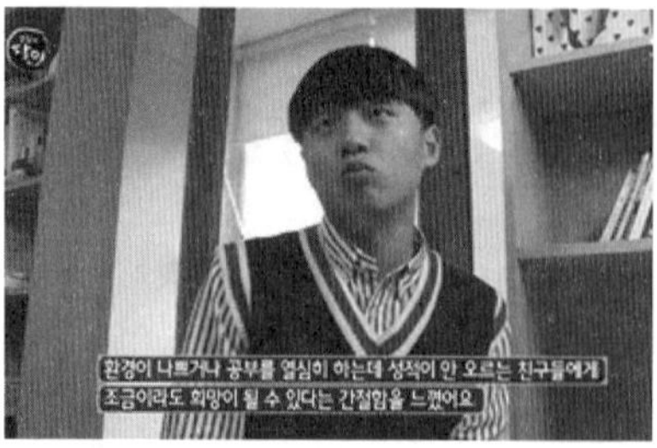

송시복 학생은 "엄마, 여동생과 은행을 갔었다. 그런데 여동생이 엄마의 통장을 보고 '오빠 우리 집에 돈이 하나도 없더라'고 말하더라. 그때 엄청 충격을 받았다. 가정 형편이 그 정도인 줄은 몰랐다. 장남인 제가 제 선에서 할 수 있는 게 공부였다"고 공부를 간절하게 하게 된 계기를 설명했다. 이어 "열등감이 저를 많이 키웠다고 생각한다"며 덤덤하게 이야기했다.

중학교 때 알파벳만 겨우 뗐다는 달인은 성적을 올리고 싶어 자신만의 공부 방법을 찾아냈다고 한다. 기초가 부족한 만큼 제일 먼저 공략한 과목은 바로 암기 과목인 국사는 똑같은 내용을 50번이나 필사하며 달달 외우는가 하면, 수학이나 영어는 기초가 없었기 때문에 일주일 동안 똑같은 단어를 5번이나 시험을 보며 자신만의 것으로 만들었다. 특히 "영어 듣기가 제일 힘들어서 단어는 외우고 지문은 그냥 보면 되는데 듣는 건 계속 들어도 실력이 늘지 않더라. 번역기를 옆에 두고 어떻게 발음이 되는지 모두 찾아봤다. 휴대폰에 녹음 파일을 넣고 계속 들었던 것 같다"고 말했다. 하지만 어려운 형편에 공부 여건이 되지 않아 좌절하기도 여러 번 했다는 달인은 그때마다 본인을 다잡으며 편의점부터 교무실까지 직접 발로 뛰어다니며 공부했다.

전교 435등에서 전교 1등까지 기적과도 같은 수능 대박 뒤에는 송시복 학생의 끊임없는 노력이 담겨있었는데 "고3때 수업시간 빼고 11시간 공부했다. 밥도 이틀에 한 번씩 먹었다"며 간절하게 공부에 매달렸다고 털어놨다. 수능에서 수학 두 문제, 사회문화 1문제를 틀려 300점 만점에 290점을 받고 서울대 국어교육과에 들어갔다. 송시복 학생은 진로 고민에 한창인 후배들에게 "저는 전교 꼴찌도 해보고 1등도 해봤다. 어떤 걸 하든지 그 분야에서 최선을 다하는 게 중요하다"고 말했다.

뜻이 있으면 길이 있다. 마음이 절실하면 무엇이든 이룰 수 있다. 형설지공(螢雪之功)은 반딧불·눈과 함께 하는 노력이라는 뜻으로 고생을 하면서 부지런하고 꾸준하게 공부하는 자세를 이르는 말이다. 중국『진서』(晉書)의 차윤전(車胤傳), 손강전(孫康傳)에 나오는 말로, 진나라 차윤(車胤)이 반딧불을 모아 그 불빛으로 글을 읽고 손강(孫康)이 가난하여 겨울밤에는 눈빛에 비추어 글을 읽었다는 고사에서 유래한다.

7. 베트남 축구를 매직으로 만든 국가대표팀 감독 박항서

2018년 자카르타·팔렘방 아시안게임을 가장 뜨겁게 즐기고 있는 나라는 단연 베트남이다. 거리를 가득 메운 인파와 뜨거운 응원 소리는 2002년의 우리나라의 열광적인 분위기와 비슷할 정도다. '축구 변방'으로 불리던 베트남이 아시아축구연맹 U-23 챔피언십 준우승, 자카르나 팔렘방 아시안게임 4강, 동남아 월드컵이라고 불리는 스즈키컵 우승까지 할 수 있었던 데는 박항서 감독이 있었다.

박항서 감독

축구에 열광하는 베트남 국민들

2017년 10월 베트남 대표 팀 감독을 맡은 박 감독은 그해 12월 M-150컵에서 10년 만에 라이벌 태국에 2:1로 승리하고, 2018년 1월 아시아 23세 이하 축구선수권대회에선 준우승했다. 이어 아시안게임 4강에 진출을 하고 12월 15일 베트남에서 개최된 스즈키컵 결승에서 말레이시아를 1:0으로 이기며 2002년 한일 월드컵에서 우리나라의 온 국민을 태극기 물결로 만들며 국민 축제로 승화시킨 4강 신화를 일으킨 거스 히딩크 감독과 같이 베트남을 온 국민의 열정의 도가미로 몰아넣은 영웅이며 베트남 최고 스타가 됐다.

베트남 하노이 베트남축구협회에서 열린 박 감독이 이영진 수석코치와 함께 우승 기자회견을 하면서 박 감독은 "우리가 오고 난 뒤 특별히 달라진 것은 없다. 다만 자존심은 높은 데 반해 자신감이 떨어져 있었던 것을 보완했을 뿐이다"며 "투쟁력이 강하고 목표의식이 뚜렷한 베트남 선수들의 장점을 극대화했다"고 말했다. 베트남 국민의 전폭적인 사랑을 받고 있는 현지 분위기와 관련해서는 "나는 영웅이 아니다. 단지 축구 지도자일 뿐이다. 처음 이 코치와 베트남에 왔을 때 '열심히 노력해서 우리가 무언가를 보여준다면 후배(지도자)에게도 길을 열어주지 않겠나'라는 생각으로 의기투합했다"고 말했다.

박 감독의 매니지먼트를 맡은 이동준 DJ매니지먼트 대표는 박 감독이 베트남 대표 팀 감독을 맡게 될 당시 부정적인 반응이 많았다고 전했다. 그는 "협회 내에서도 갈등이 있었고, '더 좋은 유럽 감독을 모셔올 줄 알았는데 왜 한국 감독을 모셔왔냐' 등의 목소리가 많았다"고 설명했다. 그는 베트남 측이 "박 감독이 한국 프로팀에서도 퇴출당해 창원으로 내려간 사실을 놓고도 찜찜해 했다"고도 했다.

이 대표는 박 감독이 베트남 '국민 아빠'가 된 사연이 공개했는데, 박 감독이 낙점을 받은 결정적 요인으로 "키가 작은 것이 큰 포인트였다"고 말했다. 면접 때 박 감독이 "베트남 선수들 키가 작기 때문에 플레이 스타일을 좀 적용하고 이용하는 데 키 작은 선수 출신의 감독이 잘한다"라는 점을 강하게 어필했다는 것이다. 베트남 성인 남성 평균키는 164~165㎝ 정도다. 박 감독은 "내가 키가 작으니까 키 작은 선수들의 비애를 잘 안다"고 강조했다.

베트남 축구의 신세계를 열고 있는 박항서 감독의 리더십을 분석한 『박항서-한국 기업 성공의 비밀』이라는 책을 베트남 '징'이 베트남 U-23 축구 국가대표팀 어시스턴트 르 후이가 베트남 U-23 감독 박항서를 오랫동안 곁에서 관찰해 쓴 책이다. 이 책에 박 감독은 한 경기 준비로 밤을 지새우는 '워크 홀릭'이며 이에 대해 분석한 문구가 눈길을 끈다. 한국에서 1940~1960년 사이에 태어난 사람들은 한국의 경제 발전에 핵심적 역할을 했던 세대이며 희생하고 열심히 일하는 자세가 몸에 배어 있다는 것이다. 르 후이는 "박항서는 그런 사람이다. 축구에 모든 걸 바쳤다"라고 박 감독을 분석했다.

박항서는 2002년 한일 월드컵 당시 히딩크 감독을 도왔던 수석 코치였다. 그러나 머리카락 없는 사람이 제일 싫어하는 것이 머리카락 얘기라고 한다. 무골호인도 화를 낸다고 할 정도다. 박항서도 일찍부터 머리카락이 없었다. 2001년 히딩크가 이끌던 월드컵 대표 팀 코치 박항서는 40대 초반이었다. 그의 지인 몇 명과 함께 밥을 먹으로 간 자리였다. 자리가 이어지면서 누군가 그만 '보름달 코치'라고 머리카락 얘기를 하고 말았다. 좌중에 약간의 긴장감이 감도는 순간 그는 "괜찮아요. 뭐, 머리 일찍 빠지는 사람도 있는 거지" 하고 넘겼다. 그러고는 곧바로 "한국 축구는 체력은 좋은데 기술이 부족하다고 생각했는데 히딩크 감독님이 정반대로 얘기해서 정말 놀랐다"고 했다. 한국에서 내쫓기듯 밀려날 때 그는 "한국만 아니면 된다"며 영문 이력서를 꾸려 베트남으로 갔다. 박항서는 축구에 대한 열의가 정말 큰 사람이었다.

8. 과일 팔아 평생 모은 재산을 기탁한 노부부

2018년 10월 노부부 김영석씨(91)와 양영애씨(83) 부부가 과일 장사를 하며 모은 전 재산 400억원을 고려대학교에 기부했다.

서울 동대문구 청량리동에 사는 부부는 30여 년간 서울 종로5가에서 과일을 팔았다. 1960년 손수레 노점으로 시작했다. 교통비를 아끼려 매일 새벽 한 시간씩 걸어 도매시장에서 과일을 떼 왔다. 밥은 노점 근처 식당 일을 도와주고 얻어먹는 해장국으로 해결했다. 두 사람은 초등학교 졸업장도 없다. 북한 강원도 평강 출신인 김 씨는 광복 후 혼자 월남해 남의 집 머슴살이를 했다. 경북 상주 출신인 아내 양씨도 6·25로 피란 다니며 떨어진 사과를 주워다 팔았다. 부부는 과일 장사로 번 종자돈에 대출을 보태 1976년 청량리 상가 건물을 한 채 샀다. 주변 건물을 하나씩 사들일 때도 부부는 남들이 내놓은 옷을 얻어다 입었다. 환갑, 칠순, 팔순 잔치도 마다했다.

김영석, 양영애 부부

김씨는 강원도 평강군 남면에서 태어난 실향민으로 15세에 부모를 여의고 17세에 월남했다. "돈을 벌어 오겠다"며 고향에 2명의 형제를 두고 떠나온 김 씨는 끝내 고향에 돌아가지 못했다. 양씨는 경북 상주에서 6남매 중 둘째로 태어나 초등학교도 마치지 못하고 23세에 김 씨와 결혼했다. 결혼 후 식모살이, 식당 일 등 궂은일을 하며 생계를 꾸렸다. 부부는 매일 자정쯤 종로 5가 시장에 도착해 과일 납품 트럭으로부터 과일을 떼어다 팔았다. 좋은 과일을 고르기 위해 같은 트럭에서 과일을 사들이는 다른 상인들보다 4시간은 일찍 움직였다. 청량리부터 서대문까지 다니는 전차 값을 아끼기 위해 1시간 거리를 매일 걷기도 했다. 통행금지가 있던 시절이라 파출소 순경에게 붙잡히는 일도 다반사였다. 또 과일 장사가 끝나면 늦은 밤까지 식당 일을 하는 대신 밥을 얻어먹고, 번 돈은 모두 은행에 저금하고, 옷이나 신발도 얻어 쓰는 등 검소하게 생활했다. 부부의 성실한 노력은 빛을 발해, 이들이 파는 과일의 질이 좋다는 소문이 알음알음 퍼지기 시작했다. 몇 년 후에는 시장

상인들의 도움을 얻어 가게도 낼 수 있었다. 개점 후 3~4시간만 지나면 과일이 전부 팔려 나갈 정도로 장사도 잘 됐다. 이렇게 모은 돈을 종자돈으로 대출을 얻은 부부는 1976년 처음으로 청량리에 상가 건물을 매입했고, 과일 장사를 계속해 빚을 갚아 나가며 주변 건물들을 하나 둘씩 사들였다. 그러면서도 입주 업체들이 오랫동안 장사를 할 수 있도록 임대료는 가급적 올리지 않고 저렴하게 유지했다.

아내 양씨는 "평생 돈을 쓰고 살아본 적이 없어서 어디에다 써야 할지 몰랐다"고 했다. "큰돈이니 큰 데다 써야겠다고 생각해 대학에다 기부하기로 했다"는 것이다. 고령으로 이야기하기 힘든 남편을 대신해 아내가 설명했다. 부부는 지금까지 어디에 기부를 해 본 적이 없다. "장사하고 땅 사고 건물 사느라 벌인 빚 갚느라 현금을 쥐고 있을 새가 없었다"고 했다. 전 재산을 대학에 주자고 이야기한 것은 두 사람 모두 아픈 곳이 늘면서 부터였다고 한다. 양씨는 "남편 정신도 흐릿해져 가고 나도 뇌경색 진단을 받아 더 망설여선 안 될 것 같았다"고 했다. "정신이 있을 때 기부를 해야 할 것 같아서 몇 달 전에 남편과 필담(筆談)으로 합의했어요. 저이가 귀가 잘 안 들려서"

알뜰하고 소중하게 모은 전 재산을 통 크게 기부하게 된 배경에 대해 부부는 "오래 전 두 아들이 미국에 이민을 가 자리를 잡고 살고 있기 때문에 재산을 물려주기보다는 좋은 곳에 쓰고 싶었다"고 말했다. 양씨는 "나같이 초등학교도 나오지 못한 사람이 학교에 기부할 수 있어서 몹시 기쁘다"며 "기부한 재산이 어려운 학생들이 공부하는 데 힘이 되고 훌륭한 인재를 길러 내는 데 소중히 쓰이길 바란다"는 소감을 전했다. 고려대에 기부하기로 한 데는 아들 영향도 있다. 큰아들 김경덕씨는 고려대

토목공학과 출신이다. 부부의 미국 캘리포니아에 사는 두 아들도 부모 결정에 동의했다고 한다. 아들들은 20대에 미국으로 건너갔다. 양씨는 “다들 쉰 살이 넘었고, 집도 한 채씩 장만했으니 부모 도움 없이도 살 만한 수준이 됐다”고 했다. 부부 거실에는 가족사진이 걸려 있었다. TV 옆에는 큰손자의 미국 예일대 법대 졸업식 사진이 놓여 있었다. 미국 뉴욕에서 변호사로 일하고 있다고 했다. “그래도 자녀가 아쉬워하지 않겠느냐”고 하자 양씨는 한참 자녀 자랑을 했다. “우리 큰며느리는 이화여대를 나왔는데 생활력이 정말 강해요. 마음씨도 고와서 애들도 얼마나 잘 키웠다고요. 큰손자는 키가 180㎝가 넘는데 인물도 얼마나 좋은지…”

부부의 아파트에 있는 소파와 장롱은 색이 바라 있었다. 소파는 40년 전 양씨가 언니에게서 얻은 것이고, 장롱은 부부가 40년 전 서울 종로 파고다가구점에서 장만한 ‘생애 첫 옷장’이라고 했다. 그 전까지는 옷을 종이 상자에 넣어 보관했다. 두 사람은 차도 없다. 6년째 부부의 집에서 집안일을 돕는 이옥희씨는 “두 분 모두 쓰고 난 비닐봉지 한 장도 함부로 버리지 못하게 하신다”고 했다. 양씨가 입은 라운드 티셔츠는 30년 바지는 20년 된 것이라고 했다. 거실에는 옷이든 종이 상자도 있었다. 나중에 입으려고 다른 사람에게 얻어 온 것이다.

노부부 소유 건물에는 카페와 식당 등 점포 20여개가 입주해 있다. 임대료를 크게 올리지 않아 대부분 20년 이상 장사를 하고 있다고 한다. 1977년부터 건물에서 족발 가게를 운영해 온 이준희씨는 “40년 넘게 봐 왔지만 화려하게 옷을 입거나 화장한 모습을 단 한 번도 본 적이 없다”고 했다. 이씨는 “청량리에서 임대료 갈등 없이 상인들이 한자리에서 이렇게 오래 장사한 건물은 여기밖에 없다. 존경스러운 건물주”라고 했다.

400억원 재산을 기부하러 서울 안암동 고려대에 가기 전 부부는 집에서 점심을 먹었다. 반찬은 김치, 콩나물무침과 고추장아찌 세 가지였다.

9. 불행을 극복한 여성 최초 노벨상 수상자 마담 퀴리

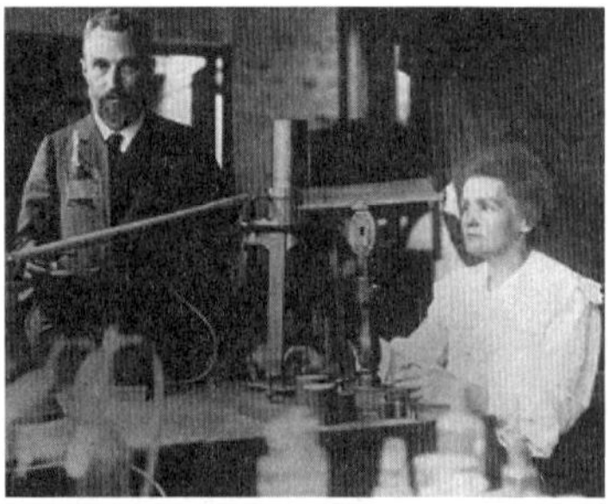

퀴리 부부

마리아 스크워도프스카 퀴리(Maria Sklodowska-Curie, 1867~1934)는 폴란드 출신의 프랑스 과학자로 본명은 마리아 살로메아 스크워도프스카(Maria Salomea Skłodowska)이고, 프랑스식 이름은 마리 퀴리(Marie Curie)이다. 그녀는 방사능 분야의 선구자이며 여성 최초의 노벨상 수상자로서 물리학상과 화학상을 동시에 받은 유일한 인물이다.

1867년 마리아가 태어나던 당시 러시아와 오스트리아의 지배하에 처했던 그녀의 고향 폴란드의 바르샤바는 그 지명마저 사라졌다. 어린 마리아는 일본 식민지에 우리의 부모 세대가 그랬듯이 러시아 점령국의 감시 속에서 러시아어를 강요당하며 자랐다.

어렸을 때 집안이 어려웠지만, 공부를 열심히 해서 2살이나 일찍 학교에 들어갔고 전 과목에서 1등을 차지했다. 게다가 기억력도 뛰어났다. 그러나 아무걱정 없이 공부만 하던 마리에게 불행의 그림자가 찾아왔다. 당시 폴란드는 러시아의 지배를 받고 있었는데 학교에선 폴란드 말

대신 러시아 말을 배우고 있었는데 마리의 아버지는 학생들이 폴란드어를 배우는 것은 눈감아 주었다. 그러나 러시아출신인 교장이 이를 눈치를 채고 러시아 정부에 고발했다. 이 일로 마리의 가족은 관사에서 쫓겨났고 아버지도 학교에서 해고되고 말았다. 또 얼마 후 그녀가 7살이 되었을 때 의지하던 언니를 잃고 4년 후 엄마도 잃었다. 10살 때 폐결핵을 앓던 어머니와 사별하였고, 장학사로 일하던 아버지가 실직하기도 했으며, 큰 언니 조피아가 요절하기도 하여 혼란한 어린 시절을 보냈다. 게다가 어머니마저 돌아가시는 큰 불행이 찾아왔다.

아버지도 일자리를 구하지 못해 가정형편은 더욱 안 좋아졌다. 하지만 16살이 되기 전에 고등학교에 졸업할 수 있었고, 대학에도 가고 싶었지만 폴란드에서는 여성이 대학에 가는 것을 금지했다. 대학에 들어가려면 다른 나라로 유학을 가야 했으므로 마리의 집안형편상 꿈을 포기해야만 했다. 그러나 마리는 유학자금을 조금씩 모으기 시작했고 결국 1891년 프랑스소르본 대학 이과학부에 입학할 수 있었다. 처음엔 경제적으로 쪼들리는 생활을 보냈지만 곧 뛰어난 성적으로 장학금을 받아 생활할 수 있었다. 그리고 마리는 피에르퀴리의 청혼을 받고 결혼을 한 후 행복한 삶을 살고 있었다. 그러던 중 1896년 프랑스 물리학자 앙리 베퀴렐(Becquerel)의 방사능 발견에 더욱 힘을 얻어 부부는 방사능에서 라듐을 추출하는데 성공했다. 1903년 남편과 함께 라듐 발견으로 노벨 물리학상을 받았을 때 주위의 권유대로 라듐 특허를 냈었다면 엄청난 부자가 될 수도 있었지만 재물에는 무관심하여 항상 연구비 조달에 어려움을 겪었다. 방사능 접촉과 과로에 시달리던 남편은 단순한 마차 사고로 급사했다. 그녀의 나이 38세였다.

남편의 비극적인 죽음으로 1906년 그의 교수직을 이어받아 물리학 교수가 된 마담 퀴리는 1911년 금속라듐을 제련해 내는 방법을 찾은 방사능 역할에 대한 연구로 노벨 화학상을 수상했다. 재정적 어려움을 겪을 때 미국 후버 대통령이 5만 불의 성금을 모아 연구비를 지원하며 그녀는 소원대로 고향인 바르샤바에 라듐 연구소를 세울 수 있었다.

번쩍이는 라듐은 대단한 요술을 부리는 원소였다. 암세포를 죽이는 유일한 치료제뿐만 아니라 치약, 피부 수렴제(토닉), 심지어 마시는 차에까지 라듐을 사용하며 야광의 효과로 페인트, 시계, 장난감, 화장품 등 일상생활에 끼치는 혜택은 헤아릴 수 없다. 정작 더 큰 공헌은 라듐 발견 자체보다 방사능의 효력을 알아내어 응용한 점이다. 원자력의 이론을 정립하여 훗날 원자폭탄의 길잡이 역할을 하게 된 것은 안타깝지만 원자력 사용을 가능케 하여 인류역사에 크게 공헌했다.

그러나 방사능과 라듐 응용의 개척자인 이들은 그 무시무시한 해독은 등한시했다. 남편이 그랬듯이 그녀 자신과 엄마를 돕던 화학자인 딸 아이린도, 또 그밖에 많은 과학자들이 방사능 과다 노출로 차례대로 희생되어갔다.

마담 퀴리의 방대한 연구서들과 개인 편지 등은 방사능 오염을 염려하여 봉해져 방치되었다가 역시 물리학자인 그녀의 손녀가 노력 끝에 오염을 제거하여 반세기만에 햇빛을 보게 되었다. 과학자들은 메디컬 릴리즈에 서명해야만 그 서류들을 볼 수 있다. 그녀의 연구소는 벽돌 하나하나, 그녀의 작업복 등을 방사능 오염으로 깡그리 소멸시키고 지금은 기념 전시용으로 재건해 놓았다.

인류 역사상 엄청난 발견을 한 이 강인하고 조용한 성품의 물리학자도 딸의 짙은 화장을 못마땅해 하며 둘째 사위를 바람둥이라고 걱정하는 평범한 엄마였다. 사위도 훗날 노벨 화학상을 탔다. 1934년 방사능 과다 접촉에 의한 백혈병(Leukemia)으로 67세에 세상을 뜬 그녀의 생존 시에는 우표와 동전에 얼굴이 새겨지며 칭송을 받았으나 사후에는 학계 이외에는 거의 잊힌 여인이 되어 있었다.

1차 대전 당시 몸에 박힌 총탄을 투시하는데 X레이 사용을 착안하여 여성들을 훈련시켜 밴으로 움직일 수 없는 부상병들을 치료하도록 배려한 따듯한 여인이었다.

10. 국민들에게 희망을 준 박찬호와 박세리

2019년 1월 '휴먼다큐 사람이 좋다'라는 프로그램에서 박찬호 선수의 성공에 대한 이야기가 소개되었다.

박찬호는 가난한 유년시절 초등학교 6학년에 좁은 길목에 사는 골목길에 위치한 작은 집에서 야구를 시작하였다. 공주중학교 시절에 어느 날 야구를 하고 와서 운동복을 벗어 놓았는데 땀과 슬라이딩으로 누렇게 변한 자신의 운동복을 깨끗하게 빨래하기 위해 어머니가 누런 부분을 수차례 손으로 힘들게 비벼 빠는 모습을 보고 "프로야구선수가 되어 돈을 벌어 세탁기를 사드려야겠다"는 마음을 갖게 되었다고 했다.

사람들은 살다보면 힘들고 극복해야하는 시간이 있기 마련이다. 자신을 돌아보며 생각하기도 하지만 박찬호 선수처럼 평범한 일상에서 자신의 운동복을 깨끗하게 빨래하시는 어머니의 정성을 보고 동기부여를 받기도 한다.

NY Yangkees 시절 박찬호 선수 투구 폼

LA Dodgers 시절 투구 폼

그는 미국 메이저리그에서 124승을 올리면서 주전으로 활약한 최초의 한국인이다. 공주 중동초등학교 4학년 때 야구를 시작했다. 초등학교 시절 전국규모 대회 우승 경험을 안고 공주중학교에 진학했고 공주고등학교를 거쳐 한양대에 입학했다. 이 과정에서 박찬호는 청소년대표, 대학선발 국가대표로 뽑혀 국제무대에서 이름을 날릴 수 있는 기회를 잡았다. 특히 고등학교 3학년 때인 1991년 한·미·일청소년야구선수권대회에 출전하기 위해 미국 로스앤젤레스로 간 것이 그의 운명을 바꾸어놓았다. 1993년에는 미국 버펄로에서 벌어진 하계 유니버시아드대회에 다시 태극 마크를 달고 출전했다. 이 대회에서 한국은 쿠바에 이어 준우승을 차지했다. 이때 메이저리그 스카우트 담당자들이 박찬호의 강속구에 주목하기 시작했다.

1994년 박찬호는 한양대학교를 중퇴하고 미국으로 건너가서 LA 다저스 구단에 입단했다. 그는 메이저리그로 직행했지만 입단 직후 마이너리그로 강등되었고, 1996 시즌 메이저리그로 복귀해서 5승 5패의 성적을 올렸다. 다음해인 1997시즌 미국 프로야구 메이저리그에서 그는 14승 8패라는 팀내 최다승 기록으로 10승대 투수로 발돋움했다. 이후 1998년 15승 9패, 1999년 13승 11패를 기록했으며, 2000년에는 18승 10패 평균 자책 3.27, 삼진 217로 최고의 성적을 올렸다. 2001년에는 15승 11패의 성적을 올리고 자유계약 선수가 되었다. 2002년 박찬호는 6년 동안 5년 연속 13승 이상을 거둔 최고의 투수로 인정받아, 5년 계약에 6,500만 달러의 엄청난 액수의 계약조건으로 텍사스 레인저스로 팀을 옮겼다. 하지만 이적 후 부상으로 성적이 저조했다. 그는 2005년 캔자스시티 로열스를 상대로 메이저리그 통산 100승의 기록을 세웠으며, 같은 해 샌디에이고 파드레스로 트레이드 되었다. 이후 뉴욕 메츠, 휴스턴 애스트로스로 팀을 옮긴 후, 2007년 LA 다저스로 다시 돌아왔다. 2009년에는 필라델피아 필리스의 5번째 선발 투수로 이적했고, 2010년에는 뉴욕 양키스와 피츠버그 파이러츠로 옮겼다. 2010년 10월 2일 플로리다 말린스와의 경기에서 구원투수로 등판, 승리투수가 되면서 개인 통산 124승을 기록했고, 노모 히데오가 2005년 기록했던 아시아 투수 역대 최다승 기록을 갱신했다.

2010년 말에 일본 프로야구 오릭스 버펄로스로 이적하여 2011년 시즌은 일본에서 보냈으나 10월에 햄스트링 부상을 입으면서 버펄로스를 떠났다. 2012년 박찬호는 고향 연고인 한화 이글스에 입단했으나 결국 11월에 은퇴를 선언했다. 2013년 이후에는 야구 해설가로 활동하고 있다. 1973년생인 그는 48세의 나이로 자신이 좋아하는 제 2의 인생을 위해 대한골프협회에서 주관하는 프로골퍼 도전을 준비 중이다.

박세리는 1998년 우리나라가 경제위기에 빠져 국민들이 고초를 겪고 있을 때 LPGA(미국여자프로골프협회)에서 주관하는 대회에 우승을 하며 국민들에게 희망을 선사했다.

1998년 LPGA US OPEN 우승

1998년 US OPEN 18홀 연못

그녀는 1989년 유성초등학교 6학년 때 처음으로 아버지의 권유로 골프채를 잡았다. 그때까지 투포환을 하며 다져진 기초체력 덕분에 박세리는 골프를 배운 지 1년도 채 안 되어 싱글골퍼가 되었다. 박세리는 공주 금성여고 3학년 때인 1995년 프로와 아마추어가 함께 출전하는 오픈대회를 4개나 석권하고 프로로 데뷔했다. 동일레나운 레이디스 클래식 골프대회에서 18세 10개월 26일의 최연소 기록으로 프로 데뷔 신고식을 치렀고, 연달아 필라 오픈 골프선수권대회와 SBS프로골프 최강전마저 석권해 국내 골프 사상 첫 3주 연속 우승이라는 기록을 수립했다. 1998년엔 메이저 대회인 LPGA 챔피언십에서 우승했으며, US 오픈 골프대회에서 맨발 투혼으로 우승을 거머쥐며 국민 영웅으로 떠올랐다.

아버지 박준철씨는 주먹세계에 몸담고 있었다는 과거와 백그라운드가 없었는데 딸이 무한한 기량을 펼쳐 보일 수 있는 기회를 만들기 위해 스폰서를 구하던 중 동아제분을 운영하는 동향 출신인 운산그룹 이희상 회장을 만나 "저는 지금까지 좋은 배경에서 살지 못했습니다. 밥도 5분이면 먹는 사람입니다. 주먹 하나로 자존심을 지키며 살아왔는데 자식 키우면서 한계를 느꼈습니다. 저는 경기고등학교나 서울대를 나온 사람도 아니고 빵빵한 집안이 있는 것도 아닙니다. 세리가 국제무대에 서려면 저 혼자 감당이 안 됩니다. 형님! 도와주십시오. 만약 절 도와주신다면 물과 기름이 섞일 수 있다는 것을 보여드리겠습니다. 국가에 반드시 이바지 할 겁니다"라고 하자 이 회장은 서로의 진심을 이해하고 '형'과 '아우'라고 부르며 의기투합을 했다고 한다. 이 후 이 회장은 그룹회장들이 모인자리에 박씨를 데려가 '박 교수'라 호칭하며 박세리의 존재를 부각시키고 인맥관계가 형성되어 박세리를 미국여자프로골프에 진출시켰다고 한다. 박세리는 이회장과 '큰아빠'와 '막내딸'같은 사이로 지내고 있다고 한다.

1998년에 미국여자프로골프협회(Ladies Professional Golf Association/LPGA) 투어에 참가했다. 그녀는 첫 해에 맥도널드 LPGA 챔피언십과 U.S. 여자 오픈에서 우승하면서 신인상을 수상했다. 이 대회에서 연못가에 얹힌 공을 퍼 올리기 위해 양말을 벗고 연못에 들어간 장면은 역경을 극복하는 상징적인 장면으로 온 국민에게 회자되면서 IMF로부터 경제위기를 겪고 있는 국민들의 국민적인 영웅이 되었다. 2001년에는 브리티시 여자 오픈 우승, 2002년 LPGA 챔피언십에서 우승함으로써 최연소 메이저 4승을 기록했다. 그 후 2007년까지 LPGA 투어에서 20회

이상을 우승하는 활약을 펼쳤다. 2003년에는 베어 트로피, 2006년에는 헤더 파 어워드를 수상했다. 또한 2007년 6월에는 LPGA 명예의 전당에 입성했으며, 같은 해 한국여자프로골프협회(KLPGA) 명예의 전당에도 입성하였다. 박세리의 뒤를 따라 많은 한국 여자 골프 선수들이 배출되었다. 이들은 2010년 이후 급격하게 성장하여 LPGA 무대에서 우승 경쟁을 벌였는데, 박세리를 보고 자신들도 국제무대에서 활동할 수 있다는 자신감을 얻었다고 하는 이들을 흔히 '세리 키즈'라고 부르기도 한다.

그녀는 2010년 벨 마이크로 LPGA 클래식에서 우승하면서 LPGA 통산 25승(메이저 대회 5승)을 기록했다. 골프 종목이 신설된 2016년 리우데자네이루 올림픽에서 여자 국가대표팀의 감독을 맡아 박인비가 금메달을 획득하는 데 기여했다. 박세리는 2016년 10월 13일 인천 영종도 스카이 72 오션코스에서 열린 LPGA KEB하나은행 챔피언십 대회에서 공식 은퇴식을 가졌다.

11. 가난한 다 빈치와 지적 장애인 아인슈타인

2019년은 레오나르도 다 빈치의 500주기(週忌)가 되는 해다. '르네상스의 완성자'로 불리는 그는 1452년 이탈리아 피렌체 근교에서 태어나 1519년 프랑스 앙부아즈에서 삶을 마감했다. 67년간 그가 쌓은 예술·과학의 금자탑은 인류 문명의 시간표를 앞당겼다. 시골뜨기 사생아에 변변한 교육도 받지 못한 그가 '위대한 발견자'와 '르네상스맨'으로 성공할 수 있었던 비결은 무엇일까?

레오나르도 다 빈치

레오나르도 다 빈치 역시 서른이 될 대까지 그는 실패한 예술가였다. 당시 피렌체는 르네상스를 대표하는 문화와 예술의 도시로 자리매김하고 있었다. 그런 도시의 지배계층에게 삼류에 준하는 취급을 받는다는 것은 예술가로서 사형선고를 받은 것이나 마찬가지였다. 우울증과 무기력증에 시달리는 그는 밀라노로 이주하여 36세에 라틴어를 독학하여 이탈리아어로 번역되지 않은 문학, 철학, 역사 고전을 읽고 자신의 두뇌를 완벽하게 바꾸려고 노력했다. 그의 좌우명 중 하나는 "어떤 장애물이든 고된 노력으로 극복할 수 있다."라고 생각했다. 그는 특히 고대 그리스 철학에 심취하여 플라톤이 아카데메이아 정문 위에 "기하학을 모르는 사람은 들어오지 말라"고 써놓은 것을 본받아, 자신의 사고 및 연구결과를 기록한 노트에 "수학자가 아닌 사람은 내 작품을 읽지 말라"고 적어 놓을 정도였다. 이후 그는 회화, 조각, 공기역학, 광학, 해부학, 식물학, 건축학, 지리학, 물리학 등 다양한 분야에서 천재적인 업적을 남기게 되었다.

'르네상스맨'으로 성공할 수 있었던 그 비밀 중 하나가 방대한 분량의 '다 빈치 노트'에 담겨 있다. 그의 노트는 유품으로 확인된 것만 1만 3000여 쪽에 이른다. 이후 뿔뿔이 흩어져 지금 남은 것은 7200쪽 정도다. 이 가운데 72쪽짜리 노트는 1994년 빌 게이츠가 뉴욕 크리스티 경매에서 3080만 달러(약 345억원)에 구입해 화제를 모았다. 다 빈치 노트에는 그가 젊을 때부터 구상한 세계 최초의 자동차와 헬리콥터, 낙하산, 잠수함, 장갑차 등의 제작 개념도가 생생하게 묘사돼 있다. 그는 호기심이 생기면 의문이 다 풀릴 때까지 관찰과 탐구를 계속했다. 인물을 그릴 때는 그 사람의 본성을 파악하는 데 오랜 시간을 들였다. 비슷한 사람들이 모인 장소를 찾아 그들의 습관과 행동을 살폈다. 특이한 점을 찾아내면 곧바로 노트에 적고 스케치했다. 이렇게 충분한 자료를 수집한 뒤에야 붓을 들었다. 그의 관찰 방식은 남달랐다. 평면적인 모습 외에 옆면과 뒷면을 함께 아우르는 입체적 시각으로 대상을 보았다. '다르게 보기' 방식의 입체형 관찰법은 그에게 새로운 상상력을 선사하곤 했다. 이런 노력 덕분에 회화에서 원근법의 이론을 정립해냈다. 사물의 윤곽을 없애거나 연하게 처리하는 스푸마토 기법의 '공기 효과' 역시 남다른 관찰법에서 얻은 결실이다.

그의 별명인 '르네상스맨'은 좌뇌(이성)와 우뇌(감성)를 통합한 '전뇌형 인간'을 의미한다. 사물의 본질을 꿰뚫는 과학적 사고(좌뇌)와 풍부한 상상력의 예술적 감각(우뇌)을 가장 효과적으로 활용한 인물이 그였다. 이 때문에 그의 관심은 한곳에 머물지 않았다. 인체의 신비를 풀기 위해 해부에 몰두한 그는 1500여 편의 해부도를 그렸다. 이를 통해 의사들이 450년 뒤에 밝혀낸 대동맥 판막의 작동 원리를 먼저 알아냈다. 모나리자의 신비스러운 미소도 해부학에 심취했던 그의 관찰력 덕분에 가능했다. 그는 지칠 줄 모르는 열정으로 하루 20시간씩 연구와 작업에 몰두했다. 그러고도 "나는 내게 주어진 시간을 허비했다"며 한탄했다. 실패를 반복하면서도 창의와 상상의 날갯짓을 멈추지 않았던 그는 이렇게 덧붙였다. "아는 것만으로는 충분하지 않다. 활용할 수 있어야 한다. 하려는 마음만으론 충분치 않다. 해야만 한다"

아인슈타인과 스티브 잡스의 전기를 쓴 월터 아이작슨은『레오나르도 다 빈치 평전』에서 "다 빈치의 끊임없는 호기심이야말로 창의성의 원천"이라고 분석했다. 그의 작품 중 미완성인 게 많은 이유도 이 원리로 설명한다. 시작만 해놓고 마무리를 짓지 못한 것은 병적인 완벽주의 탓이 아니라 새로운 기법을 탐색하고 실험하는 과정의 희열이 작품 완성보다 더 컸기 때문이라는 것이다.

알버트 아인슈타인

이마누엘 칸트

알버트 아이슈타인은 초등학교 시절 지적장애가 아닌가 의심스러울 정도로 나쁜 기억력, 산만함 그리고 불성실한 수업태도로 유명하였다. 이후 고등학교에서 퇴학을 대학입학시험에서 낙방하고 다시 고등학교에 들어가 대학교에서도 초라한 학점으로 졸업하고 생계를 위해 초라하기 그지없는 여러 일자리를 전전하였다. 그러나 10대 시절에 막스 탈무트라는 의대생을 가정교사를 통하여 유클리드의『기하학』, 이마누엘 칸트의『순수이성비판』등 인문 고전을 읽음으로써 자신의 인생을 완전히 바꾸기로 결심하고 17세에 "나는 술 대신 철학고전에 취하겠다!"고 선언하였다. 대학에서는 전공보다 철학 강의를 즐겨 듣고 직장에서는 상사로부터 아리스토텔레스 논리학에 근거한 사고 훈련을 받았으며, 퇴근 후에는 자신이 만든 인문고전독서 모임인 '올림피아 아카데미' 회원들과 플라톤의 『대화편』, 존 스튜어트 밀의 『논리학 체계』, 데이비드 흄의 『인간 본성론』, 칼 피어슨의 『과학과 문법』, 앙리푸앵카레의 『과학과 가설』 같은 책을 읽고 토론을 한 것이 '특수 상대성 이론'을 발표하는 계기가 되었다.

12. 서민출신 한나라 고조 유방

오늘날 중국인의 뿌리인 한족은 기원전 209년 초나라의 항우를 패배시키고 한나라(漢)를 세운 고조 유방(高祖 劉邦)에서 유래되었다.

유방과 항우

기원전 221년에 춘추전국시대를 거쳐 중국을 통일한 진나라는 진시

황제 영정(嬴政)이 사망하고 대를 이은 아들 호혜의 무능으로 불과 15년 만인 기원전 206년에 나이 어린 자영이 유방에게 국새를 손으로 바치면서 한나라가 건국되었다.

진시황제는 재임 동안 전쟁을 통해 통치지역을 넓히고 국방을 튼튼히 했지만 끝없는 전쟁과 법가 사상으로 엄격한 정책을 펴자 이를 비판하는 유가 등 비판하는 학자들이 나서자 유학자 460명을 생매장하고 책을 불태우는 분서갱유와 아방궁, 만리장성, 여산능 건설처럼 대규모 공사로 인해 백성들은 고통에 시달렸다. 진시황이 죽자 영원하리라 장담하던 제국은 곧바로 불안과 혼란에 휩싸였다. 아들 호해는 승상 이사와 환관 조고의 도움으로 형 부소를 없애고 2세 황제가 된다. 이후 조고는 이사마저 없애고 황제를 허수아비로 만든 채 사실상 나라를 마음대로 다스렸는데, 그 폐단과 부패로 인해 겨우 십여 년에 불과한 중국 대륙은 여기저기서 들끓기 시작했다.

천하대란의 방아쇠를 당긴 사람은 머슴 출신인 진승(陳勝)이 병력 소집에 따라 집결지로 가고 있었는데, 갑자기 내린 비로 기한에 맞춰 도착하기 불가능해지고, 진나라의 법에 따르면 그것은 곧 죽음이므로 "어차피 죽을 바에는 되던 안 되든 한 번 일어서 보자! 왕후장상에 어찌 따로 씨가 있겠는가?" 하며 중국 최초의 농민반란이라는 '진승-오광의 난'을 일으켰다. 그는 비록 6개월 만에 패망했으나, 전국 각지에서 진나라에 반기를 들고 일어나면서 진시황의 통일대업은 허무하게 사라졌다.

왕후장상의 야심을 품은 군웅들 중 가장 두드러진 인물은 항우(項羽)였다. 초나라 귀족의 혈통인 그는 스스로 "힘은 산을 잡아 뽑는다"(역

발산:力拔山)고 했을 만큼 초인적인 무력을 갖추었을 뿐 아니라, 진나라가 몰살시킨 초나라 왕실의 후예로 살아남은 미심(芈心)을 찾아내 그를 '초회왕'으로 받들고 반군 지도자로 앞섰다. 항우는 교만하고 포악한 기질을 숨기지 않았기에 주변 사람들이 받들면서도 두려워했다. 그는 10만 대군을 이끌고 초회왕을 다른 진나라 타도 세력의 맹주로 내세워 진시황 이후 중국에서 가장 유력한 인물이 되었다.

한편 패현 출신의 유방은 전혀 보잘것없는 출신의 백수건달이었다. 그러나 술 마시고 싸움질하는 나날 속에서도 왕도와 패도를 논하는 등 남다른 데가 있어서, 믿고 따르는 자들이 많았다. 진승이 봉기했을 때 그는 이미 마흔이 가까웠으며, 고향 패현의 장관을 죽이고 봉기하여 패공(沛公)이라 불렸다. 그는 수천 명의 병력을 모은 뒤 항우에게 찾아가 합류했다.

초회왕은 유방을 은근히 중용하며 항우를 견제했다. 그리하여 "누구든 먼저 진나라의 수도 함양에 입성하는 자에게 그 땅을 준다"는 선언에 따라 먼저 함양을 차지한 쪽은 유방이었다. 반면 항우는 거록에서 진나라 최후의 저항을 분쇄하느라 늦었는데, 뒤늦게 도착해 보니 유방은 "살인죄는 사형, 상해죄와 절도죄는 징역이다"는 '약법삼장'을 내세워 통치를 행하고 있었다. 항우는 초회왕의 선언을 무시하고 그 땅을 차지하고는 진나라에서 내세운 3세 황제 자영을 죽이고, 궁궐을 불태우며, 황릉을 파헤치는 등 만행을 저질렀다. 유방은 부드러움으로, 항우는 폭정으로 민심을 장악하려 한 셈이다. 이로써 진나라가 망하자 항우는 스스로 초패왕(楚霸王)이라 칭하고 여러 동료들에게 제후를 봉했는데, 유방은 서쪽 변방지대인 촉 땅을 주며 한왕(漢王)이라 했다. 그리고 얼마 후 자신이 받들었던 의제(초회왕)를 죽이고 사실상 천하의 주인이 되었다.

유방은 촉 땅에 들어가며 중원과의 통로인 잔도를 불살라 결코 항우의 중원을 넘보지 않겠다는 뜻을 보였다. 그러나 기원전 206년 예전에 사용했던 잔도를 보수하고서 중원 침공을 개시했는데 '초-한 대전'의 시작이었다. 항우는 유방의 기습에 당황했으나 곧 반격에 나서 한동안 연전연승했다. 형양에서는 포위 끝에 유방을 사로잡을 뻔 했으나 유방이 가짜를 남겨 두고 간신히 달아나기도 했다. 하지만 유방은 나중에 스스로 평한 대로 장량(張良), 소하(蕭何), 한신(韓信)을 적절히 기용해 전투에서의 부진을 만회했을 뿐 아니라 항우에게 불만을 품고 있던 영포, 팽월 등을 자기편으로 끌어들였다. 반면 항우는 진작 유방을 없애자는 범증(范增)의 계책을 듣지 않았을 뿐더러 한나라의 간계에 속아 그를 내쫓아 버렸다. 이런 실책이 거듭되던 끝에 기원전 202년 해하 싸움에서 항우는 유방에게 결정적으로 패하고 자살해 버렸다. 천하는 비로소 한고조 유방에게 돌아간 것이다.

난세에 영웅이 난다지만, 왕족이나 귀족이 아닌 서민 출신이 황제나 왕이 되는 일은 좀처럼 없는 일이었다. 한고조 유방은 그 스스로는 황제의 자리에 올라 축하연을 벌이는 자리에서 자신의 역량에 대해 이렇게 말했다. "나는 장량처럼 교묘한 책략을 쓸 줄 모른다. 소하처럼 행정을 잘 살피고 군량을 제 때 보급할 줄도 모른다. 그렇다고 병사들을 이끌고 싸움에서 이기는 일을 잘 하느냐 하면, 한신을 따를 수 없다. 하지만 나는 이 세 사람을 제대로 기용할 줄 안다. 반면 항우는 단 한 사람, 범증조차 제대로 기용하지 못했다. 그래서 내가 천하를 얻고, 항우는 얻지 못한 것이다"

그러나 유방도 자신을 황제로 만들어준 3대 장수 한신을 토사구팽시키고, 팽월은 이를 분개해 반란을 준비하자 소하와 여태후의 계략에 말려 죽고, 영포 또한 두 장수의 죽음에 투항하다가 생을 마감했다. 이런 유방의 포악한 면을 보아온 책사 장량은 스스로 제후의 자리를 마다하고 천하제일 풍경구로 불리는 장자제에서 생을 마감했다.

유방은 젊은 시절 유방과 혼인하여 옆에서 죽을 때까지 자신을 지킨 황후 여태후로 얻은 자신의 아들 태자 영과 수수대전에서 아름다운 척부인을 얻고 척부인이 아들 여의를 낳고 태자자리를 여의에게 물려주라는 요구를 하자 받아 유방이 우유부단한 성격으로 여의를 태자로 바꾸려하자 이로 인해 여태후와 척부인의 갈등으로 유방 사후에 여태후는 척부인을 돼지우리에 가두고 귀를 자르고 여의를 죽이며 참혹한 죽음에 이르게 한다.

그를 도와 대업을 이룬 공신들도 별 볼일 없는 출신들도 많았다. 주발은 나팔수, 관영은 옷감장수였으며 하후영은 마부였다. 번쾌는 백정 중에서도 가장 천한 개백정이었고, 한신은 백수였다. 소하나 조참 역시 지방의 최하급 관리에 불과했다. 이처럼 출신이 비천했기에, 이들은 종종 무례한 행동도 했다. 한나라의 통일 후 한동안은 궁중 연회를 하면 저마다 취해서 옥좌 밑에 드러누워 자거나, 궁전 기둥을 칼로 치거나, 오줌을 갈기는 일도 있었다고 한다. 유방 스스로도 한때는 글줄 깨나 읽은 지식인을 공연히 미워해서 그들을 모욕하기를 즐겼다. 하지만 역시 오만했던 항우와는 달리 진짜 인재는 깍듯이 모실 줄 알았다는 점이 달랐다. 서민 출신이기에 서민의 어려움을 간파하고, 진나라의 가혹한 통치가 통일제국을 겨우 2대 만에 붕괴시킨 것을 보면서 한고조는 통일 후 기원전 195년에 숨지기까지 7년 동안 관대하고 온화한 정치로 백성의 고달픈 심신을 어루만졌다.

13. 2019년을 빛낸 프로골퍼 고진영과 이정은6

프로골퍼 고진영

프로골퍼 이정은6

2019년 미국 여자프로골프(LPGA) 투어를 석권한 여자골프 세계랭킹 1위 고진영(24)이 LPGA투어 '올해의 선수상'을 확정했다. 고진영은 "롤렉스 올해의 선수상을 받게 되어 너무 감사하다"며 "내 선수 생활 최고의 해 중 하나였고 이 상의 수상은 내가 받을 수 있는 최고의 영예 중 하나이다. 내 골프 영웅들 중 몇 명만이 이 상을 탔는데 나는 내 이름이 지금 같은 명단에 올라 있다는 것을 믿을 수 없다"고 했다. 이어 "나를 믿고 이 목표를 달성하도록 도와주신 하나님, 가족, 친구, 후원자들에게 감사하다. 앞으로 펼쳐질 내 미래가 기다려진다"고 이야기했다.

고진영이 프로골퍼가 된 지는 6년이 조금 넘었다. 그녀는 2013년 9월

KLPGA에 입회해 프로골퍼의 길을 걸었다. 6년여 만에 LPGA 올해의 선수상까지 오르기까지 과정을 돌아본 그는 남모를 사연도 털어놨다. 고진영은 "열 살 때 골프를 시작했는데 집안 사정이 어려웠다. 부모님이 맞벌이를 하시면서 뒷바라지를 해주셨고, 재정적으로 어려워 골프를 그만 둬야할 지 할 때마다 주변의 도움을 받았다"면서 "스무 살 때 프로가 됐을 때 부모님께서 진 빚이 많았다. 그래서 그걸 내가 갚아야한다고 마음을 먹었다"고 말했다. 프로골퍼가 된 뒤엔 늘 누군가에 가려져있기도 했다. 그는 "한국에서 뛸 때 한번도 1인자였던 적이 없었다. 신인 땐 친구인 백규정과 김효주, 2년차엔 전인지 언니, 3년차엔 박성현 언니에 밀렸다. 신인 때 내게 안 좋은 이야기, 오해도 많았지만 한 번도 그걸 의식할 틈이 없었다. 빚을 갚아야겠단 생각밖에 없었다"고 말했다. 그랬던 과정들이 고진영 스스로를 더 강하게 만들었다. 고진영은 "5, 6승을 했을 때도 빚을 다 갚지 못했다. 지금 생각하면 그렇게 가려졌던 시간이 날 더 단련시키기 위한 하늘의 뜻이었던 것 같다"고 말했다.

2019년 10월 11일 미국 여자프로골프(LPGA) 투어는 "이정은6가 남은 대회 결과와 관계없이 '올해의 신인상' 수상자로 확정됐다"고 공식 발표했다. 이정은6의 수상으로 한국 선수는 2015년 김세영(26), 2016년 전인지(25), 2017년 박성현(26), 2018년 고진영(24)에 이어 5년 연속 LPGA 투어 신인상을 차지했다. 이정은6는 "5년 연속 한국 선수가 LPGA 신인상을 수상할 수 있게 돼 영광이고 신인 시즌 잘 적응할 수 있게 도움 준 한국 선배들의 조언 덕분이라고 생각한다"며 소감을 밝혔다.

이정은6는 2019년 6월 2일 미국 사우스캐롤라이나 주 찰스턴의 컨트리클럽 오브 찰스턴(파71·6천535야드)에서 끝난 제74회 US여자오픈에서 최종합계 6언더파 278타로 우승했다. 신인으로서 US여자오픈을 제패한 데 대해 이정은6는 "루키 선수로서 우승하기까지 오래 걸릴 것으로 생각했다. 큰 메이저대회에서 우승하리라고는 생각지 못했다. 큰 행운 같아서 놀랍고 믿을 수 없다"고 말했다. 우승을 확정하고 눈물을 흘린 이유는 '힘든 시절'의 기억 때문이었다. 이정은6는 "집안이 부유하지 못해서 빠듯하게 골프를 했다. 돈을 꼭 벌어야 한다는 생각에 굉장히 힘들었다"고 털어놨다. 이어 "한국 투어에서 3년간 뛰고 LPGA 투어에서 뛰면서는 골프를 즐기고 있다. 아마추어 시절이 생각나서 눈물이 났다"고 말했다.

고진영과 이정은6 모두 선수로서 어린 시절부터 가난한 시절을 회상했다. 프로로 데뷔하여 우승을 하면서도 남이 모르는 빚을 갚기 위해 기뻐할 여유도 없이 돈을 벌기 위해 소녀 가장으로서 절박한 심정으로 힘든 시간을 감내해왔다. 우승의 원동력은 아마 가난과 빚이라는 굴레를 벗어나기 위한 처절한 몸부림이었을 것이다. 운동선수는 모두 다 그런 것은 아니지만 이렇게 절실해야 우승할 수 있다. 그녀들의 눈물은 참으로 아름답다. 우리의 삶도 마찬 가지다. 자신이 절실하게 느껴야 성취동기를 유발하여 끊임없는 노력을 통해 달성할 수 있는 것이다. 나는 인일기백(人一己百), 일체유심조(一切唯心造)와 일신우일신(日新又日新)이라는 사자성어를 좋아한다. 인일기백은 '남이 한 번 할 때, 나는 백번을 한다'는 노력의 결실을 의미하는 글이 의미심장하기 때문이다.

제 3 장

감동을 주는 사람들

사람에게 감동을 준다는 것은
내가 감히 도전하거나 할 수 없는 사람들이
용기와 인내와 노력의 결실로 이루어진 것이다.

감동을 주는 사람들

1. "나보다 더 땀을 흘린 자, 금메달 가져가도 좋다"는 레슬링 선수 김현우

런던 올림픽 레슬링 종목
금메달리스트 김현우 선수

레슬링 국가대표
김현우 선수의 연습 모습

2012년 8월 8일 영국 런던올림픽 엑셀 런던 노스 아레나에서 열린 남자 레슬링 그레코로만형 66kg급 결승전에서 국가대표 레슬링선수 김현우는 오른쪽 눈이 시퍼렇게 멍이든 부상에도 불구하고, 헝가리의 로린츠 선수를 상대로 투혼을 펼쳐 세트스코어 2대 0으로 승리하며 금메달을 땄다. 우승 소감을 묻는 언론과의 인터뷰에서 김현우는 "나보다 더 땀 흘린 자, 금메달 가져가도 좋다!"라고 명언을 했다. 그동안 그가 흘린 땀의 가치를 일깨워 주는 심금을 울리는 한 마디였다. 그의 말은 언제 들어도 가슴 뭉클하게 만들며 나 자신을 다시 한 번 돌이켜 보게 한다.

세계적인 관심을 받는 올림픽이나 월드컵을 준비하는 과정에 선수들은 각자의 처해진 위치에서 최선을 다한다. 일부 종목은 예산 지원이 미흡하여 아주 열악한 환경에서 절취부심하며 피나는 노력을 하여 성공을 이룬다. 세상을 살면서 모든 것이 다 주어진다면 세상살 맛이 나겠는가? 최선을 다하고 하늘의 뜻을 기다리는 진인사대천명(盡人事待天命)의 자세로 세상을 산다면 짧은 인생을 더 보람차게 살 수 있지 않을까? 김현우 선수를 비롯한 많은 도전을 하는 선수들과 사람들이 있기에 세상은 살맛이 나고 아름답지 아니한가?

2. 아름다운 손과 발

미국에서 2008년 출간되자마자 베스트셀러에 오른 말콤 글래드웰의 '아웃라이어'에 '1만 시간의 법칙'은 하루 3시간, 주 20시간씩 10년, 1만 시간을 투자해야 한 분야에서 성공할 수 있다는 말이다.

과거 JTBC '비정상회담' 프로그램에 세계적인 발레리나 강수진이 출연해 자신의 발 사진을 공개했다. 강수진은 1978년 발레를 시작하여 1982년 모나코 왕립발레학교를 입학하고 1986년 독일 슈투트가르트 발레단에 최연소로 입단하여 1997년 프리마 발레리나로 발탁되었다. 발레리나로 토슈즈를 가장 많이 소비한 그녀의 발 모습은 최고 무용수로서 단련된 가장 아름다운 발이었다.

발레리나 강수진

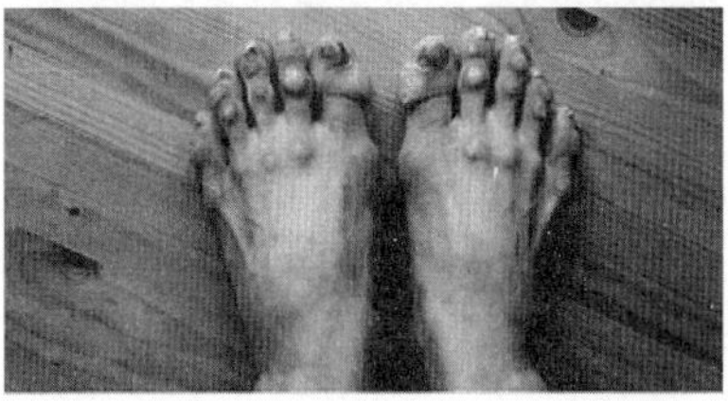

강수진의 발

2018년 평창 동계 올림픽에서 여자 500m 스피드 스케이트 경기가 열렸다. 과연 이상화 선수가 선수로서 자신의 주력 종목에서 마지막 올림픽 참가가 될지 모르는 이 경기에서 금메달이 유력시되었기 때문이다. 그녀가 밴쿠버 올림픽에서 금메달을 땄을 때가 22살이었다. 이상화 선수는 평창 동계 올림픽 스피드스케이팅 여자 500m 은메달을 목에 걸었다. 금메달은 일본의 고다이라 나오 선수에게 돌아갔다. 그녀는 인터뷰에서 "전 안 봤다. 듣지도 않고 들리지도 않았다. 나한테 집중하고 있었다. 올림픽 신기록 세운지 몰랐다"며 "평창으로 가는 길은 불안했다. 이상한 생각들이 나를 힘들게 했다. 되게 힘들었다. 우리나라 열리는 올림픽이라 부담이 더 많이 됐다"고 밝혔다. 그날 경기에 대해서는 "서두른 거다. 이 친구만 이기면 1등인데 나도 금메달인데, 나도 오랜만에 금메달을 따는 건데 서두른 거다. 여유 갖고 내 스케이팅 가는 길로 가야 하는데 이상한 길로 간 거다. 그 길이 중간에서 엇갈리면서 속도를 잃었다"고 털어놨다.

이상화 선수는 경기 끝난 후 눈물을 흘렸다. "2등을 해서 내가 고개를 못 들었다. 아 이제 금메달은 아니구나 했다. 관중석에서 내 이름을 불러주시고 괜찮다고 다독여 주시는 게 들리더라. 경기 끝나니까 관중석 소리가 들리더라. 그래서 그거 때문에 울었다"고 전했다. 이어 "통틀어서 이번 올림픽을 가장 서럽게 운 것 같다. 이미 두 개 올림픽 금메달이 있는데 다시 도전한다는 자체가 심적으로 부담됐다. 내 이미지가 1등만 하는 이미지였나 보다. 내가 2등 하면 하락하는 이미지였다. 내가 2, 3등 하면 죄 짓는 기분이었고 고개를 숙일 수밖에 없었다. 그런 것들이 힘들었다"고 덧붙였다. 그녀는 아무도 해내지 못한 올림픽 3연속 메달의 쾌거를 만들었다. 그녀가 퇴장하면서 카메라에 잡힌 발 모습은 그 무엇보다도 아름다웠다.

스케이트 선수 이상화

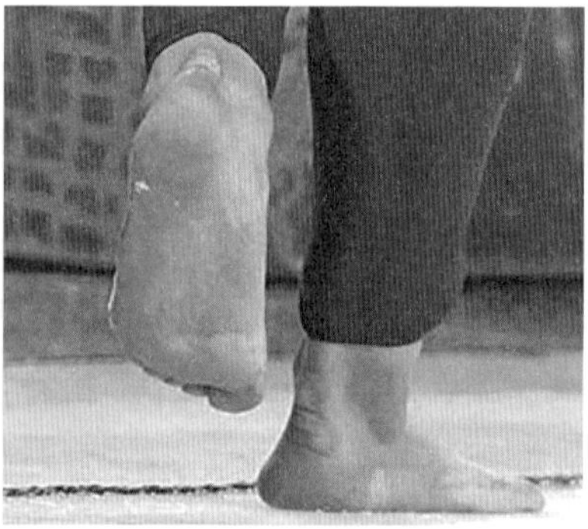

이상화의 발

축구 선수 박지성은 'FIFA선정 가장 아름다운 골'로 선정된바 있는 2002년 한일 월드컵 조별리그에서 포르투갈과의 경기 중 가슴으로 트래핑하고 오른발로 수비 한명을 따돌리고 왼발 슛을 날려 골을 기록했다. 박지성은 2002년 월드컵 대표 팀에 발탁되어 활약하면서 차세대 축구스타로 주목을 받게 되었고, 경기 90분 내내 쉬지 않고 뛰어 다닌다 하여 '산소탱크'라는 별명을 얻기도 했다. 월드컵 당시 한국 팀 감독이었던 거스 히딩크의 주목을 받아 2003년 히딩크 감독 소속팀인 네덜란드 프로축구 PSV 에인트호벤에 입단하였다. 2005년 7월, 프리미어리그인 맨체스터 유나이티드로 이적했으며 2012년 6월까지 재계약하였다.

2002 월드컵 국가대표 축구선수 박지성

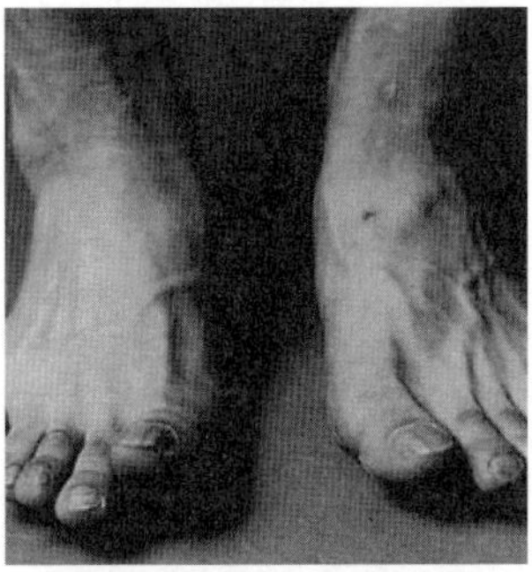

박지성의 발

박지성은 2007~2008 UEFA 챔피언스 리그에서 세계 축구팬들이 주목할 만한 플레이를 펼쳤으며, 특히 UEFA 챔피언스 리그 우승컵을 들어 올린 최초의 아시아 출신 선수가 되기도 했다. 여기에 2008년 10월 우즈베키스탄과의 친선 경기(3-0)를 시작으로 A매치 은퇴 경기였던 일본과의 2011 아시안컵 본선 준결승까지 주장 완장을 차고 대표 팀을 이끌면서 '캡틴 박'이라는 별명으로 불렸다.

이 세상에서 가장 아름다운 손은 어머니의 손이라고 해도 과언이 아니다. 아무런 조건 없이 사랑하는 가족들을 위해 헌신한 수십만 시간의 손이다. 소녀시절 아름답고 매끄러운 손이 가정을 이루면서 평생을 바친 모든 어머니들에게 항상 감사드려야한다.

3. 하루 8끼 먹는 봅슬레이 윤성빈 선수의 금메달 가치

2018년 2월 16일 설날, 봅슬레이 윤성빈선수가 국민들에게 '스켈레톤 금메달'을 선물했다. 이날 평창올림픽 슬라이딩 센터에서 열린 2018 평창 동계올림픽 스켈레톤 남자 4차 주행에서 윤성빈은 50초02의 기록으로 1~4차 합계 3분20초55로 금메달을 목에 걸었다.

아이언맨 헬멧 윤성빈 선수

윤성빈 선수가 스켈레톤에 대해 가졌던 생각의 변화를 언급한 것이 새삼 눈길을 끌고 있다. 그는 한 매체와의 인터뷰에서 스켈레톤에 대한 솔직한 생각을 밝혔다. "처음 썰매를 타고 대회에 나간 날을 잊을 수 없다. 조종은 커녕 꼼짝도 못 하고 그냥 썰매에 끌려 내려왔다. 그냥 판자 타고 내려오면 되는 종목인 줄 알았다. 막상 타 보니 죽을 만큼 무서웠다"고 처음 썰매를 탄 날을 회상했다. 이어 윤성빈 선수는 "고민할 것도 없이 '해선 안 되는 스포츠'란 생각이 들었다. 일단 두 달만 버텨보고 한국 가면 관둘 생각이었다"고 털어놓았다. 윤성빈 선수에 자극이 된 시점은 2014 소치올림픽에서였다. 그는 당시 16위에 올랐던 것을 두고 "내가 이 정도밖에 안되나 싶어서 분통이 터졌다. 스스로에 실망했고 끊임없이 다그쳤다. 그래서 지금 이만큼 성장할 수 있었다"고 말했다.

남다른 그의 허벅지 두께에 대한 관심이 높아지고 있다. 앞서 SBS 특집 다큐멘터리 '꿈을 넘어 별이 되다'에서는 2018년 평창 동계올림픽에 스켈레톤 국가대표로 출전한 윤성빈 선수의 이야기가 방송됐다. 이날 방송에서 윤성빈은 썰매 불모지인 한국에서 유망주로 떠오른 사연을 밝히며 남다른 허벅지 두께를 자랑했다. 키 178cm의 윤성빈의 허벅지 둘레는 무려 63cm에 달했다. 날씬한 여성 허리보다도 두껍다. 그는 기록 향상을 위해선 실험도 마다하지 않았다. 얼음 트랙을 빠르게 내려오기 위해 75kg이던 몸무게를 경기하기에 가장 편한 몸무게를 찾기 위해 체중 조절을 하면서 여러 가지 실험을 해봤다. 그 결과 기록 단축을 위해선 몸무게 86kg일 때가 가장 좋다는 결론을 내렸다. 지난 2012년 당시 윤성빈이 스켈레톤을 시작했을 때 그의 몸무게는 70kg 초반이었다. 스켈레톤과 봅슬레이 루지 등 '썰매 3형제'는 선수의 몸무게가 매우 중요한 종목이다. 그는 강도 높은 근력 운동을 소화하면서 하루 8끼씩 폭식했다. 그는 매일 팔굽혀펴기 1000개 이상 하면서 허벅지 근육을 단련하기 위해 240kg의 스쿼트 역기를 들었던 것으로 알려졌다.

4. 맞수 책사 제갈량과 사마의

227년 중국의 삼국시대는 두 명의 책사가 역사를 바꿔놓았다. 한 명은 촉나라 유비의 책사 제갈량이고, 다른 한 명은 위나라 조조의 사마의이다. 두 책사의 출사과정을 살펴보면서 발탁 경위와 제갈량의 출사표로 인해 시작된 위나라와 촉나라간의 승리를 위해 치열한 전투를 한 것은 삼국시대의 주인공으로도 손색이 없다.

제갈량

사마의

제갈량(諸葛亮, 181~234)의 자(子)는 공명(孔明)이다. 그는 지금의 산둥성(山東省) 낭야군 양도현(瑯琊郡 陽都縣)에서 태어났다. 호족(豪族) 출신이었으나 어릴 때 아버지를 여의고 17세가 되던 시기에 형주(荊州: 湖北省)에서 숙부 제갈현(諸葛玄)의 손에서 자랐다. 와룡(臥龍)선생이라고 불리기도 한다.

제갈량을 알아본 이는 서서, 사마휘, 황승언인데, 서서는 하남성 우주 사람으로 서서를 신임하던 유비가 제갈량에 대해 묻자 자신보다 백 배

낫다고 말하고 유비를 떠나기 전 제갈량을 추천하였다. 인재를 찾아 나선 유비가 형주의 저명한 인력 자원 전문가 사마휘를 찾아가 묻자 "유생 속사가 어찌 시무를 알겠습니까? 시무를 아는 자가 바로 준걸인데, 이런 준걸에는 복룡(伏龍)과 봉추(鳳雛)가 있습니다"라며 복룡이 제갈량이고 봉추가 방통이다. 황승언은 형주의 저명인사로 제갈량의 혼처에 대해 "그대가 부인을 고른다고 들었소. 내게 못생긴 딸(황소저)이 있는데, 노란 머리에 얼굴은 검지만, 그 재주는 서로 배필이 될 만하오"라고 했고 황승언의 부인 채 씨는 형주의 대장군 채모도 채 씨 집안의 아들로 형주의 행정장관인 유표가 군대 지휘권을 맡겼다. 부인 채 씨의 여동생이 유표에게 시집을 갔고 제갈량은 결혼하자마자 유표와 친척이 되었다. 결국 명문호족인 황가, 채가, 유표와의 특수 관계는 제갈량이 형주에 발을 붙이고 안정을 받고 영향력을 확대할 수 있는 매우 유리한 조건을 만들어 준 것이다.

삼고초려(三顧草廬)는 비록 유비가 제갈공명을 얻기 위해 노력한 일화이다. 조조가 순욱의 말을 듣고 현무지라는 큰 호수를 만들어 수군을 조련하기 시작할 즈음 유비가 인재를 찾기 위하여 준비를 하던 중 수경선생(水鏡先生) 사마휘(司馬徽)를 찾아간다. 그는 "공명은 모든 학문에 대략을 터득하고 있으며 법가와 병가를 깊이 파고들어 춘추전국시대의 관중과 악의에 비견할만하다"라는 말을 남기고 떠났다. 유비는 관우, 장비와 함께 제갈량의 집이 있는 와룡 강으로 간다. 그 때가 12월 엄동설한이기 때문에 장비가 유비에게 성으로 공명을 불러드리자고 하였으나 유비는 "찾아가서 맞이하는 것이 맞다!"고 하며, 장비에게 호통을 치고 같이 공명의 집으로 방문하였다. 그러나 공명의 소재를 파악하기 어려워 두 번째 다시 봄이 되어 관우마저 말렸으나 다시 꾸짖고 목욕재계를 하고 공명의 집을 찾아 유비가 말에서 내려 걸어가서 공명에게 더욱 무겁게 예를 표하였다. 그러나 공명이 때마침 낮잠을 자고 있자 유비가 반나절이나 서서 기다리던 중 장비가 관우에게 '집 뒤에다 불을 질러 그래도 저자가 일어나나 안 일어나나 한번 봐야겠소'라고 하자 관우가 장비를 제지하고 조금 더 기다리자 공명이 잠에서 일어나 문득 인기척을 느꼈음인지 동자를 불러 "손님이 오셨으면 왜 진작 깨우지 않았느냐?"하며 머리에 윤건(綸巾, 굵은 실로 짠 두건)을 쓰고 물빛 학창의(鶴氅衣, 학의 깃털로 짠 옷)를 입고 유비를 맞았다. 공명의 '천하 삼분법(天下三分法)의 계(計)'를 유비가 듣고 한동안 감격하여 유비가 다시 "선생께서 저를 비천하게 버리지 마시고 산을 떠나 가르침을 주십시오. 이 유비는 마땅히 선생의 밝으신 가르침을 따르겠습니다"라고 간곡히 말하자 공명이 수락을 하였다고 한다. 공명의 나이는 27세였다.

제갈량은 유비의 삼고초려를 통해 의기투합하여 죽기까지 인연을 맺었다. 유비가 죽으면서 자신의 아들, 유선(劉禪)을 보좌하되, 아들이 무능하면 몰아내고 황제의 자리를 취하여도 좋다고 유언을 하고 고명대신으로 제갈량과 이엄을 지명할 정도였다. 제갈량은 유선을 끝까지 보필하였다. 공명의 철학은 '무릇 장수는 반드시 심복(心腹), 이목(耳目), 그리고 수족(手足)이 있어야 한다' 즉, 지도자는 마음 놓고 믿을 수 있는 부하, 자신의 눈과 귀가 되어주는 부하, 손발처럼 움직일 수 있는 부하가 있어야 한다는 말이다. 뛰어난 부하는 지도자의 필수요건이라는 말이다.

사마의(司馬懿, 179~251)의 자는 중달(仲達)이다. 하남성 온현 출신으로 할아버지 사마준이 영천태수를 지냈고, 아버지 사마방은 낙양령(149~219)으로 귀족 출신으로 8명의 아들을 두었는데 아들들이 모두 훌륭하여 사마팔달(司馬八達)로 불렸다고 한다. 사마의는 둘째로 조조가 사마의의 출중함을 알고 중용코자 하였으나 당시 20세인 사마의는 중병을 가장하여 거절하다가, 조조가 관도대전에서 승리한 이후 이번에도 나오지 않으면 장형을 친다고 협박하자 마지못해 30세에 출사한다. 조조는 의심이 많아 사마의가 낭고상(狼顧相, 이리가 뒤를 돌아보는 상으로 반역을 할 상)임을 우려하여 조비에게도 조심할 것을 권고하였다. 조조는 조비에게 양위를 하며 고명대신으로 사마의, 진군, 조진, 조휴를 지명하였고, 조비는 조예의 고명대신으로 사마의와 조상을 지명하였다.

제갈량은 촉나라 황제 유선이 즉위하자 유비의 유조를 받들어 한나라 왕실을 부흥시키고자 건강이 좋지 않은데도 불구하고 천하통일의 대업을 달성하기 위해 227년 출사표를 올리고 북벌을 감행했다.

제1차 북방 정벌은 228년 5월의 일이었다. 한중에 주둔하며 기산에서 가정으로 가는 기산으로 전략이었다. 출병하기 전에 촉나라 위연이 자오곡의 계책을 진언했지만, 제갈량은 이것을 위험한 계책이라고 하여 채택하지 않고 군사를 둘로 나누었다. 즉 조운, 등지가 의병을 이끌고 미성을 공격하는 척하고, 제갈량은 주력 병을 이끌고 서북의 기산으로 진격했다. 이에 출병한지 얼마 지나지 않아 한직으로 밀려났던 위의 사마의가 돌연 평서도독으로 임명되어 병권을 쥐었다는 보고가 들어왔고 제갈량은 촉으로 들어오는 길목인 가정(街亭)의 수비를 위해 가장 친한 친구인 마량의 동생 마속을 파견하였다. 출발에 즈음하여 제갈량은 가정 부근의 지도를 펼쳐놓고 지형 및 포진 법을 자세히 가르쳤다. 그리고 적을 한명도 통과시키지 않는 것이 마속이 해야 할 일이라고 덧붙였다. 그렇게 하고도 불안이 남은 공명은 부장 왕평을 딸려 보내고 가정 동북쪽의 열류성에 병사 1만을 주어 고상을 또다시 파견하였다. 제갈량 자신은 강유를 선진으로 하여 야곡에서 미성으로 진군하였다. 가정에 도착한 마속은 승상이 이런 땅을 왜 그리 중요하게 여기는지 알 수 없었다. 산길만이 여러 갈래로 교차하고 있는 곳에 위나라의 대군이 올 리가 없다고 생각하였다. 그리고는 서둘러 산 위에다 진을 치도록 명령을 내렸다. 당황한 부장 왕평이 승상의 충고를 일깨우며 만류하였다. 그러나 마속은 '죽을 곳에 선 뒤에야 살 길이 생긴다'는 병법의 한 구절을 들어가며 왕평의 경고를 묵살하고 대장의 위엄에 도전한다며 오히려 왕평을 크게 꾸짖었다. 결국 왕평은 간신히 오천의 병사를 나누어 받아 산 아래에 따로 진을 쳤다. 그리고 제갈량의 명령에 따라 가정이 포진한 모습을 그림으로 그려 본진에 보냈다. 포진도를 본 제갈량이 크게 놀라며 낙담하였다. "큰일 났다. 마속이 어리석어 우리 촉병이 모두 함정에 빠지겠구나" "승상께서는 무슨 까닭으로 그렇게 놀라시며 탄식하십니까?" 제갈량이 왕평에게서 온 지도를 펴놓고 설명했다. "내가 지도를 보니 요긴한 곳은 다 버리고 산상에다 진을 쳤으니 만일 위병이 와서 포위하고 물줄기를 끊으면 불과 이틀도 버티지 못할 것이 분명하다. 만일 가정을 잃으면 전체적으로 우리 작전에 차질이 생겨 후퇴할 수밖에 없다" 그러나 제갈량도 서둘러 진을 물리라는 명령을 내리는 것 외에는 달리 방도가 없었다. 하지만 제갈량의 명령이 왕평에게 전달되기도 전에 맹장 장합을 선봉으로 한 위나라의 대군은 이미 가정으로 들어가 있었다. 연도는 위나라의 병사로 가득 찼다. 마속군을 완전히 무시해 버린 위나라 군은 산 아래에서 함성만 지를 뿐, 산 위의 마속군을 공격하려 하지 않았다. 그러한 와중에도 왕평, 고상, 위연이 이끄는 장병들은 선전하였다. 그리되자 얼마 동안은 전군을 투입한 혼전이 계속되어 우열을 가리기가 어려웠다. 그렇지만 주력인 마속군은 수십 중으로 포위당해 물의 보급이 차단되어 있었다. 마속군의 고전은 말할 것도 없었다. 전의를 상실한 병사들은 명령을 받고는 어쩔 수 없이 공격하는 체하다가 도망가는 경우가 허다하였다. 촉나라 군은 마침내 뿔뿔이 흩어졌다. 고상, 왕평, 위연의 남은 병사도 진영을 재정비하려고 양평관으로 들어갔다. 제갈량은 이때 한중으로 병사를 물리기 위해 요소요소에 병사를 파견하고 있었다. 때문에 주변에는 오천여 명의 병사밖에 남아있지 않았다. 그때 중달의 주력 십오만이 그들을 추격해 왔다. 제갈량은 성이 비어있는 것처럼 꾸며 위나라 군의 공격을 가까스로 피할 수 있었다. 그만큼 마속의 실수는 전군을 파탄으로 몰아넣었다. 패퇴한 공명은 선제 유비의 말을 떠올리고 스스로 가슴을 쳤다. "마속은 말만 그럴듯하고 실속은 없으니 크게 쓸 인물이 아니다" 이리하여 제갈량은 눈물을 머금고 군율에 따라 마속을 참하게 되었는데 여기서 읍참마속(泣斬馬謖)이 유래되었다. 이렇게 제갈량의 제1차 북벌은 막을 내렸다.

2차 북벌은 229년 한중에서 진창으로 가는 기곡도 전략이었다. 제갈량(諸葛亮)은 마속(馬謖)의 실수로 1차 북벌에서 패하고 한중(漢中)으로 돌아와 전열을 재정비하였다. 그리고 다시 북벌기회를 노렸다. 그 기회가 생각보다 빨리 왔다. 오나라의 주방(周魴)이 위나라 조휴(曹休)에게 여러 번의 서신을 보내 투항의지를 비쳤다. 조휴는 주방의 투항을 믿고 수춘에서 대군을 이끌고 완현으로 왔다. 조휴가 완현에 이르자 미리 매복해 있던 육손(陸遜)군이 공격하였다. 주환(朱桓)과 전종(全琮)도 군사를 이끌고 협공하였다. 주방의 계략에 빠져 위험에 빠진 조휴는 가규(賈逵)가 구원병을 이끌고 와서 완현을 빠져나올 수 있었다. 조휴는 1만 명의 군사와 많은 물자를 빼앗기는 수모를 당하였다. 제갈량은 조휴가 육손 등에게 패했다는 소식을 듣자, 유선(劉禪)에게 후출사표를 올리고 곧바로 2차 북벌을 단행하였다. 그는 군사를 이끌고 산관(散關)으로 나아가 진창(陳倉)을 포위하였다. 위나라도 제갈량의 북벌에 대비하여 학소(郝昭)에게 방비를 철저히 시켰다. 제갈량의 대군을 맞이한 학소는 지원병이 올 때까지 천여 명의 군사로 성을 사수하여야만 하였다. 제갈량은 각종 공성병기를 이용하여 총공격하였지만 진창성을 함락시키기 어려웠다. 사자를 보내 학소에게 항복하라고 으름장도 놓았으나 학소는 움직이지 않았다. 2차 북벌은 위나라가 오나라에게 패했다는 소식을 듣고 급히 출정한 것이어서 제갈량에게 지구전은 불리하였다. 제갈량은 군량도 부족하였지만 위나라의 지원병이 진창으로 오자 다시 한중으로 퇴각할 수밖에 없었다. 퇴각도중 위나라 장합의 부장 왕쌍이 퇴각하는 촉나라 군을 쫓다가 매복에 걸려 죽었다.

3차 북벌은 무도 북부의 건위전투이다. 촉나라 조운 장군이 죽자 무도와 음평을 공략하기로 하고 장군 진식을 파견하였다. 상규에 주둔 중이던 곽회가 진식을 견제하려 했으나 제갈량이 무도 북부의 건위로 향한다는 소식을 듣자 퇴각한다. 곽회는 퇴각하면서도 천수에 방어선을 구축해 놓았고, 건위에 도착한 제갈량은 군사를 멈추고 상황을 살피면서 장기주둔하기로 한다. 그러나 위나라는 무도와 음평에 구원 군을 보내지 않았고, 이 2개 군은 촉에 귀속된다. 무도와 음평을 획득한 것을 이유로 제갈량은 다시 2계급 상승해 승상 직에 복귀했지만 그 전략적 가치는 크지 않았다. 위나라가 퇴각하면서 일대의 주민과 가축을 몽땅 데려가 버렸기 때문에 무도 음평에 주둔한 촉군은 인력과 식량의 부족에 시달렸고 제갈량은 다시 한중으로 돌아갔다. 229년 겨울부터 230년 봄에 걸쳐, 위나라의 설욕전이 시작되었다. 조진이 얼마 전에 죽은 조휴를 대신해 대사마로 승진했고, 조진이 맡고 있던 대장군직에는 사마의가 올랐다. 위나라는 수세적 태세를 전환하여 공세에 나섰고, 조진이 야곡토를 통해, 장합이 자오도를 통해, 곽회가 기산로를 통해 한중을 공격했다. 형주 완성에 주둔 중이던 사마의도 서진하면서 산을 넘었다. 촉나라도 이를 좌시하지 않고 한중 평야에 방어선을 구축하고 병력을 배치했다 위나라는 230년 가을 병력을 몰고 쳐들어간다. 이에 위연과 오의가 위나라 영토의 비한족 이민족들을 선동, 포섭하기 위해 기보병 혼성부대를 이끌고 방어선을 넘어갔다. 그러나 심각한 호우가 30일 이상 계속되어 진령산맥의 좁은 계곡들 대부분이 건널 수 없는 상태가 되었고, 한 달 하고 반 달 동안 진격이 지지부진해지자 위나라는 공격을 포기하고 퇴각한다. 한편 방어선 너머로 갔던 위연이 복귀하다가 곽회와 마주쳤고, 장합의 지원군이 오기 전에 곽회를 쳐부수고 한중으로 개선했다.

4차 북벌은 231년 제갈량은 위나라를 치기 위해 실시한 기산전투이다. 위나라는 조진이 병사하고 사마의가 대사마직을 이어 받으며 장합이 촉나라 군을 막기 위해 군대를 이끌고 기산으로 나왔다. 제갈량은 일부 군사는 기산에 남겨두고, 자신이 직접 주력부대를 거느리고 사마의를 공격했다. 제갈량의 군대가 홀로 깊이 들어와 있는데다가 식량까지 부족하다는 것을 알고 있는 사마의는 험요한 곳에 영채와 보루들을 세우고는 나와 싸우지를 않았다. 나중에 부하 장수들이 재삼 싸우기를 요구하고 심지어는 그를 비웃기까지 해서 하는 수 없이 나가 서 싸워봤는데 형편없이 지고 말았다. 제갈량에게는 군량 공급이 가장 큰 난제였다. 여러 차례의 북벌에서 매번 군량이 제대로 공급되지 못해 철수를 했던 것이다. 그래서 이번에는 '목우(木牛)'와 '유마(流馬)'라는 새로운 운송 도구를 만들었다. 제갈량은 이 작은 수레들을 이용해서 식량을 야곡(斜谷, 섬서성 미현 서남쪽)에 쌓아놓았다. 사마의와 격전을 거둔 뒤 대승을 거둬 중원 정벌이 눈앞에 있었으나 뜻밖에도 부하가 배신하여 어이없는 헛소문으로 제갈량은 결국 성도로 돌아갔다.

5차 북벌은 제갈량이 마지막으로 중원을 점령하겠다는 마음으로 중원을 침략했다. 결국 호로곡에서 대승을 거두며 사마의를 잡으려고 펼친 제갈량의 매복 계책으로 조예가 보낸 장수 장합이 목문도에서 죽음을 맞았다.

6차 북벌 오장원 전투이다. 제갈량과 사마의는 일전일퇴를 하며 위수에서 100일을 대처하고 장기전에 돌입하는데 제갈량이 오장원에서 군대의 식량이 부족하여 속전속결을 원해 아무리 제갈량의 군사들이 성 밖에서 욕설을 해도 사마의가 꿈쩍도 하지 않자 조바심이 난 제갈량이 사마의에게 여자 옷과 패물을 선물로 보낸다. "사마의! 자네는 일개 아녀자보다 못한 허접한 자로구만!" 비웃음과 조롱이 담긴 선물이었다. 사마의는 들은 척도 안한다. 이에 사마의 군대가 동요하자 사마의가 조예에게 자세한 내막의 편지를 써서 보내자 조예가 신비를 시켜 싸움을 하지 못하게 한다는 성지를 들고 온다. 이에 사마의는 통분해 하며 부하들 앞에서 분통을 터트려 부하들의 사기를 삭인다. 사마의는 본래 싸울 의도가 없었다. 제갈량이 철군을 결정하고 격장법(激將法)을 써서 우울감과 흥분과 피로를 하게 하여 상대가 평정심을 잃도록 하는 법으로 사마의는 스스로를 자제해 위험에 내몰리지 않았다. 결국 제갈량이 53세의 나이 234년 오장원에서 장기간 출병으로 인한 과로사로 사망하자 촉군은 제갈량의 지시를 받아 단계적으로 철수하고 매복을 하는데 사마의가 촉군이 철수하자 오장원으로 들어오고 기병을 시켜 선두에서서 추격을 하는데 복병이 나와 '한승상 무향후 제갈량'이라는 깃발과 윤건(綸巾)을 쓴 제갈량에 놀라 철군을 하면서 많은 수의 병사가 말에 깔려 죽었다. 후에 "죽은 공명이 산 중달을 놀라 달아나게 하다"라는 민요가 유행하였다. 7년간의 북벌 전투에서 제갈량은 창, 사마의는 방패였다. 251년 사마의는 73세의 나이로 죽고, 사마의의 둘째아들 사마소가 죽자 그의 아들 사마염이 위나라 황제 조환을 겁박하여 이는 한나라 헌제가 피눈물을 흘리며 조비에게 했던 것처럼 조환이 사마염에게 황제자리를 넘기고 진나라를 개국하게 된다. 280년 오나라의 항복을 받아 천하를 통일하고 진(晉)을 세웠으나 너무 짧은 316년에 망하였다.

역사는 아버지의 업적이 너무 뛰어나면 그 아들이나 후손들이 후대에 망쳐먹는데 이는 최근 아버지의 후광으로 기업을 승계한 2세나 3세들에 의해 기업이 망하는 사례를 보는 것과 다를 것이 없다. 그러므로 모든 일을 성취함에 있어 자신의 노력과 실패를 통해서 이루어져야 한다는 역사의 진리는 우리에게 고귀한 삶의 교훈을 준다.

5. 절약이 몸에 밴 인터불고 권영호 회장 부부

2015년 KBS 글로벌 성공시대에 대구에 있는 인터불고 호텔 권영호 회장 부부의 살아가는 이야기가 방영되었다. 가난한 어부의 아들로 태어나 아버지가 바다에서 돌아가시고 원양어선에서 일을 하다가 폐선을 하나 구입하여 스페인에서 사업을 시작한 후 사양 산업이라고 판단하고 내전 중인 앙골라로 진출하여 수산물 시장을 장악하여 성공했다.

그는 현재 1조원의 매출을 가진 대구 인터불고 호텔 회장이지만 절약 정신이 몸에 배어 국산 소형차인 프라이드를 몰고 다니며 일손이 부족하다고 연회장에서 정리하기도 했다. 그의 아내 역시 고무장갑을 끼고 직원들과 같이 설거지를 하며 국내에는 집도 없고 호텔의 일반 객실을 하나 쓰고 있을 정도다. 화면에 잡힌 그의 구두에는 흙먼지로 가득했다. 사랑은 넘쳐도 재물은 넘치게 쓰면 안 된다고 믿고 살아가며 외국에 출장 시에도 수행인도 없이 이코노미석을 타고 다닌다.

기아 프라이드를 운전하는 권영호 회장

권영호 회장 부인

"행운은 긴 불행을 겪고도 다시 시작하기를 결코 포기하지 않은 사람에게만 찾아온다"는 헤밍웨이의 『노인과 바다』에 나오는 글이자 그가 가장 좋아 하는 글이라고 했다. 현대 그룹의 정주영 회장의 구두도 평소 그의 근검절약 정신을 보여 준다.

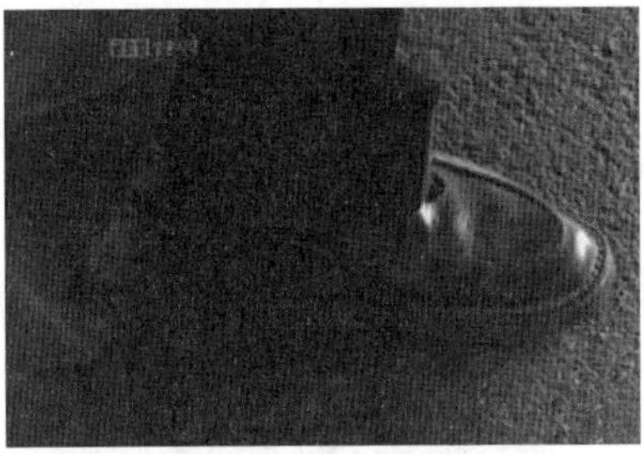

권영호 회장의 구두

현대그룹 정주영 회장의 구두

스스로를 "바보"라고 칭한 김수한 추기경, 검소와 청빈함을 사신 영락 교회 한경직 목사, 무소유를 행하며 사신 법정 스님처럼 종교인은 아니지만 자본주의 시대에 돈이 만능인 사회에서 우리가 어떻게 사는 것이 올바르게 사는 것인지 일깨워 준다. 아담 스미스는『도덕감정론』에서 삶이란 "마음의 평온을 얻기 위해서는 최저 수준 이상의 수입을 갖고, 건강하고, 빚이 없고, 양심에 부끄러움이 없는 생활을 해야 한다. 그러나 그 이상의 재산을 추가하는 것은 행복을 크게 증진시키지 못한다"며 사람들이 지혜로운 사람이 되기를 권했다.

6. 사생아로 태어난 토크쇼의 여왕 오프라 윈프리

오프라 윈프리(Oprah Gail Winfrey)는 토크쇼의 여왕으로 미국을 움직이는 하나의 힘이자 브랜드다.

그녀는 미국의 미시시피 주에서 미혼모의 사생아로 태어났다. 6세 때 위스콘신 주 밀워키로 이주하여 자라온 그녀는 어린 시절 상당한 고난을 겪어야 했다. 그녀는 9살에 사촌오빠로부터 성폭행을 당하고 14살에 미혼모가 되었다. 그녀는 아들이 2주 후에 죽는 고통을 겪었다. 그녀는 테네시 주에 이발사인 아버지와 함께 살기 위해 보내졌다.

그녀는 고교 시절 라디오 프로에서 일을 얻었고 19살에 지역의 저녁 뉴스의 공동뉴스캐스터를 시작했다. 그녀의 즉흥적 감정 전달 덕분에 그녀의 활동무대는 낮 시간대의 토크쇼로 옮겨졌다. 그 이름은 '오프라 윈프리쇼'였다. 1983년 오프라 윈프리는 시카고에서 낮은 시청률을 가진 30분짜리 아침 토크쇼인 에이엠 시카고(AM Chicago)의 진행자가 되었다. 오프라 윈프리가 맡게 된 지 한 달 후 그녀는 시카고에서 가장 인기 있는 토크쇼, '도나휴'를 능가하게 만들었다. 그 쇼는 전국적으로 방영되는 '오프라 윈프리 쇼'로 바뀌었다. 그녀가 시카고의 삼류 지역 토크 쇼를 최고의 자리로 끌어올리자 그녀는 자신의 제작 회사 하포(Harpo)를 설립했다. 친숙한 고백적 형태의 미디어 커뮤니케이션을 만들어내며 토크쇼 장르를 대중화시키고 큰 변화를 일으켰다. 본인의 이름을 내건 '오프라 윈프리 쇼'는 세계적으로 유명한 프로그램이었다. 하지만 2011년 5월 17일 그녀의 유명한 토크쇼의 고별 방송을 했다.

어려운 환경에도 불구하고 그녀가 성공할 수 있었던 비결은 뭘까? 그것은 끊임없는 지적 탐구이다. 윈프리는 어린 시절 아버지가 꼭 일주일에 책 한권을 읽게 할 정도로

독서를 중요시 했다. 오늘날 그녀는 '출판업계의 마이다스'로 불리며, 그녀가 추천하는 책은 순식간에 베스트셀러가 되었다. 이를 두고 '오프라 현상'이라고 할 정도로 오프라 윈프리의 책에 대한 독자들에 대해 미치는 영향은 어마어마하다. 윈프리는 2006년부터 '오프라의 북클럽'을 진행하면서 책을 소개하고 있다. 윈프리는 "미국이 다시 책을 읽게 만들겠다"라고 다짐했고 실천하고 있다. "독서가 내 인생을 바꿨습니다"라는 그녀의 말로 수백만명이 책에 관심을 갖고 팬들은 그녀가 추천한 책에 열광했다.

그녀는 토크쇼로 성공했다. 자신의 프로그램에 초청하는 게스트로 유명인사와 스타는 사양한다. 스포트라이트를 평범한 시청자들에게 비추는 것이다. 세계적으로 인기가 있는 오프라 쇼의 인기비결은 한마디로 그녀의 아픈 과거와 이에 대한 그녀의 진솔한 고백이다.

오프라 윈프리의 십계명은 '남들의 호감을 얻으려 애쓰지 말라, 앞으로 나아가기 위해 외적인 것에 의존하지 말라, 일과 삶이 최대한 조화를 이루도록 노력하라, 주변에 험담하는 사람들을 멀리하라, 다른 사람들에게 친절하라, 중독된 것들을 끊어라, 당신에 버금가는 혹은 당신보다 나은 사람들로 주위를 채워라, 돈 때문에 하는 일이 아니라면 돈 생각은 아예 잊어라. 당신의 권한을 다른 사람에게 넘겨주지 말라, 포기하지 말라'이다.

7. 오스카 여우조연상 노년이 아름다운 배우 윤여정

2021년 4월 26일 74세의 여배우 윤여정은 미국 최대 영화상인 제93회 아카데미 시상식에서 영화 '미나리'로 여우조연상을 수상했다. 영화 '미나리'는 1980년대를 무대로 한 한인가족의 아메리칸 드림을 소재로 했다. 인종차별적 경험보다 바퀴 달린 집에 살면서 미국 땅에 뿌리내리려고 고군분투하는 한 가족의 이야기에 초점을 맞추면서 미국 이민자들의 마음을 사로잡았다.

영화배우 윤여정

그녀는 수상 소감으로 "스티븐, 정이삭 감독님, 한예리, 노엘 우리 모두 영화를 찍으며 가족이 됐다. 무엇보다 정이삭 감독님이 없었다면 제가 이 자리에 설 수 조차 없었을 것이다. 감독님은 우리의 캡틴이자, 제 감독이셨다. 너무 감사드린다"고 강조했다. 그러고는 "나는 경쟁을 믿지 않는다"고 소감을 이어갔다. 그는 "어떻게 내가 함께 여우조연상 후보에 오른 글렌 클로즈와 같은 대배우와 경쟁해 이기겠는가. 다섯 후보는 다 각자의 영화에서 다른 역할을 했다. 또 다른 경쟁 후보들을 향해 "내가 이긴 게 아니라 아마 다른 배우보다 조금 더 운이 더 좋아 오늘밤 이 자리에 선 것이다. 아마도 한국 배우에 대한 미국식 환대일지도 모르겠다"라는 소감에 '겸손'과 '의미'를 담은 그의 말에 배우들은 아낌없는 큰 박수를 보냈다. 마지막으로 "김기영 감독님에게 감사하다. 나의 첫 번째 영화를 연출한 첫 감독님이다. 여전히 살아계신다면 수상을 기뻐해 주셨을 것"이라면서 "모두에게 다시 한 번 감사하다"라고 말했다.

윤여정은 희망을 찾아 낯선 미국으로 떠나온 한국 가족의 아주 특별한 여정을 담은 영화 '미나리'에서 할머니 순자 역을 맡아 생생한 연기를 펼쳤다. 아카데미 시상식에 앞서 미국 내 각종 지역 비평가상을 휩쓸었을 뿐만 아니라 한국 배우 최초로 미국배우조합상(SAG), 영국 아카데미(BAFTA)에서도 여우조연상을 수상한 바 있다. '영국 아카데미상' 시상식에서는 "우아 떠는(snobbish)" 영국인들로부터 받은 상이라 더욱 뜻깊다는 소감으로 화제를 모았었다.

윤여정은 우연한 기회로 배우가 됐다. 이화여고를 졸업하고 한양대 국문학과를 다니던 때였다. 방학을 맞아 등록금을 벌 요량으로 TBC에서 아르바이트를 했다. 당시 김동건 TBC 아나운서가 윤여정에게 공채 탤런트 응시를 권해 시험을 봐서 합격했다. 1967년 드라마 '미스터 곰'으로 정식 데뷔했다. 1969년 MBC로 옮겨 1971년 드라마 '장희빈'에서 표독한 장희빈을 연기해 세간의 눈길을 사로잡았다. 카랑카랑한 목소리와 빠른 말투, 청순한 외모가 개성 있다는 평가를 받았다. 같은 해 김기영(1919~1998) 감독의 영화 '화녀'로 스크린에 데뷔했다. 시골에서 서울에 와 식모살이를 하는 명자를 연기했다. 집주인 남자에게 겁탈을 당하고 강제로 유산까지 했다가 복수에 나서는 역할이었다. 김 감독은 개성 있는 영화세계와 기이한 연출 방법으로 유명했다. 배우 캐스팅이 까다로웠던 김 감독은 곧바로 '충녀'(1972)에도 윤여정을 주연으로 기용할 정도로 신뢰했다. 윤여정은 "김 감독님이 예고도 없이 위에서 쥐를 떨어뜨리는 식의 연출을 해 힘들었다"고 당시를 회고하고 했다.

그녀는 LA 한국 총영사관에서 언론들과 인터뷰를 하면서 그녀의 소탈하고 진실한 마음을 전달하여 사람들의 심금을 울리며 다시 한 번 찬사를 받았다. 그녀는 "자신의 연기 철학이 무엇이라고 생각하느냐"에 대해 "열등의식에서 시작됐을 것이다. 연극영화과 출신도 아니고 아르바이트하다가 연기를 하게 됐다. 내 약점을 아니까 열심히 대사를 외워서 남에게 피해를 주지 말자는 게 내 철학이었다. 절실해야 한다는 것을 알았다. 좋아도 해야겠지만 나는 먹고 살려고 했다. 나에게는 대본이 성경 같았다. 많이 노력했다. 브로드웨이 명언도 있다. 누가 길을 물었다고 한다. '브로드웨이로 가려면?(How to get to the Broadway?) 답변은 연습(practice)'. 연습이라는 것은 무시할 수 없다.

입담이 좋은 이유는 내가 오래 살았다는 데 있다. 좋은 친구들과 수다를 잘 떤다"라고 하고, 아울러 "주목받은 이유와 오늘 이후 배우로서 인간으로서 윤여정의 계획은 무엇인가"라는 질문에 "대본이 좋았기 때문에 주목을 받았다. 인터뷰하다가 알았다. 할머니, 부모가 희생하는 것은 세계적으로 보편적인 얘기다. 그것이 사람들을 움직였다. 부모는 희생하고, 할머니는 손자를 무조건 사랑한다. 감독이 진심으로 썼다. 주목받은 이유 같은 건 평론가한테 물어보라. 향후 계획은 없다. 살던 대로 살겠다. 오스카상을 탔다고 윤여정이 김여정이 되는 것은 아니다.

옛날부터 결심한 게 있는데, 민폐가 되지 않을 때까지 이 일을 하다가 죽으면 좋을 것 같다 생각했다"라며 겸손과 진심을 이야기했다.

수상 소감 때 언급한 정이삭 감독과 김기영 감독은 어떤 의미인가라는 질문에 대해 "영화는 감독이다. 60세 넘어서 알았다. 감독이 매우 중요하다. 감독의 역할은 정말 많다. 영화는 종합 예술이다. 바닥까지 아울러야 한다. 그걸 할 수 있는 것은 대단한 힘이다. 김기영 감독님은 21세 정도 때 사고로 우연히 만났다. 정말 죄송한 것은, 그분에게 감사한 게 60세가 넘어서였다. 그분이 돌아가신 뒤에야 고마웠다. 그 전에는 이상한 사람으로, 나를 힘들게 하는 사람으로만 생각했다. 정이삭 감독은 늙어서 만났는데 나보다 너무 어리고 아들보다 어리지만 어떻게 이렇게 차분한지 모르겠다. 현장에서는 수십 명을 통제하려면 미치는데 차분하게 통제하는데 아무도 누구를 업신여기지 않고 존중하더라. 내가 흉 안 보는 감독은 정이삭 감독이 처음이다. 미국에서 굉장히 세련된 한국인이 나왔구나 하는 생각이 들어서 좋았다. 43세 먹은 정이삭 감독에게 존경한다고 했다"라며 칭찬을 아끼지 않았다. "기사를 쓰면 댓글들이 많다. 좋은 댓글도 나쁜 댓글도 있는데, 미나리는 좋은 댓글들이 많았다.

국민이 성원을 많이 했다. 국민들에게 한마디 하신다면"라는 질문에 대해서는 "내가 상을 타서 보답할 수 있어서 정말 너무 감사드린다. 축구 선수들의 심정을 알겠다. 여기까지 올 일도 없었는데 여기까지 오게 됐다. 사람들이 너무 응원하니 너무 힘들어서 눈에 실핏줄이 터졌다. 그 사람들은 성원을 보내는데 내가 상을 못 받으면 어쩌나 싶었다. 후보에 오른 것만으로도 영광이라고 생각했는데 성원을 너무 많이 하니까 힘들었다. 선수들의 심정을 알겠더라. 2002년 축구 월드컵 때 선수들의 발을 보고 온 국민이 난리를 칠 때 선수들이 얼마나 힘들었을까. 피겨 스케이팅 선수 김연아는 얼마나 힘들었을까. 태어나서 처음 받는 스트레스였다. 그런 것은 즐겁지 않았다"라며 유명인들이 받는 댓글 스트레스에 대해 위로하는 메시지를 전달했다.

배우 윤여정이 비록 노년의 배우지만 그녀가 사람들에게 전달한 '진실', '겸손', '타인에 대한 이해와 배려'는 아무나 할 수 없는 멋진 인터뷰였다. 우리가 사는 이유도 배우 윤여정의 삶과 다를 게 없다. 내가 들은 가장 감동 받은 그녀의 말은 "오스카상을 탔다고 윤여정이 김여정이 되는 것은 아니다. 옛날부터 결심한 게 있는데, 민폐가 되지 않을 때까지 이 일을 하다가 죽으면 좋을 것 같다 생각했다"라는 말이었다.

8. 해피바이러스 가수 션

가수 션과 정혜영 부부의 가족

2018년 5월 시사 교양 프로그램 '휴먼다큐 사람이 좋다'에서 힙합 가

수 션의 이야기가 소개되었다. 평소 션은 대중에 못 말리는 사랑꾼으로 유명하다. 늘 정혜영과 만난 지, 결혼한 지 며칠인지 인지하고 있는 그는 공식 석상에서도 이에 대해 여러 차례 밝힌 바 있다. 이날 방송에서도 션은 결혼한 지 얼마나 됐느냐는 질문에 잠시의 머뭇거림 없이 "결혼한 지는 4134일, 만난 지는 5517일 됐다"고 밝혀 좌중의 감탄을 자아냈다. 또한 션은 '처음 프러포즈할 때 가졌던 마음'이라면서 "이 여자의 평생 행복을 책임져 주겠다는 마음으로 결혼했다. 저의 가장 큰 행복은 혜영이의 행복"이라고 고백해 미소를 짓게 했다. 그는 "살면서 모두가 항상 행복할 수는 없다. 저는 남편으로서 혜영 이를 행복하게 해 주는 게 제 몫이라고 생각한다"고 말했다.

션-정혜영 부부는 4명의 아이를 낳았다. 션과 정혜영 부부는 출산에 대해 "계획한 일이 아니었다"라고 이야기를 한 바 있다. 정혜영은 "사실 나는 아이를 1명만 낳을 계획이었다. 그런데 남편이 4명을 원했고, 뜻하지 않게 낳다보니 이렇게 됐다"며 앞으로 다섯째 계획에 대해서도 밝혀 이목을 끌었다. 요즈음 세대들이 결혼을 해도 자식을 한 명이나 무자식에 대한 이야기를 너무 자연스럽게 합의하지만 션-정혜영 부부는 둘 만의 방식으로 사랑의 결실을 너무 자연스럽게 받아드리고 있다. 사랑이란 바로 사라하는 사람에 대한 무조건의 배려인 것을 몸소 실천하는 부부인 것이다.

이날 션은 헬스장에서 운동에 몰두했다. 션은 "평소 운동을 열심히 하는 편이다. 운동하는 모습을 보고 혜영이가 사랑을 느꼈다더라! 고 말했다. 션은 10년간 꾸준히 운동한 이유에 대해 "운동도 좋아하고 이걸 통해서 하고자 하는 일도 있다. 혜영이에게도 멋진 남자로 보이고 싶다"면서 아내 정혜영을 향한 애정을 고백했다. 17년 전 첫 만나고 14년의 결혼생활을 통해서 션은 "세상이 혜영이 중심이었다. 세상 모든 것이"라는 고백으로 지극한 '혜영사랑'을 전했다.

션이 90년대를 풍미했던 힙합뮤지션에서 기부천사로 인생의 전환점을 맞은 배경에도 정혜영이 있었다. 션은 "결혼식 다음 날 우리가 가진 행복을 단지 우리의 것으로 누리지 말고 누군가와 나누며 극대화하자고 했다. 그렇게 시작한 게 하루 만원 기부였고 그 나눔이 이렇게 커졌다"라며 첫 기부 비화를 밝혔다. 션은 선행으로 유명하다. 국내 최초 어린이 재활병원을 세웠을 정도이다. 그는 이제 900명이 넘는 빈곤아동의 아버지가 되었고, 아픈 어린이 '은총이'의 삼촌이자, 루게릭을 앓는 전 농구선수 박승일 선수의 친구가 되었다. 션은 자신의 힙합 인생의 한 부분인 20년 동안 모은 300켤레 희귀 신발을 공개하면서 "당시에 웃돈을 주고 사야 하는 원래 가격의 10배 정도로 지금은 정확히 모르겠지만 한 때는 가장 비싸게 팔렸을 때가 200만원 정도까지 팔렸다"고 덧붙였다. 이어 션은 "1집 때 데뷔하고 나서 다른 가수들이나 댄서들이 부러워할 정도로 새로 나오거나 최신 상품으로 구하기 힘든 신발만 신고 그랬다"고 설명했다. 션은 이 신발들 중 일부를 정혜영과 함께하는 바자회에 내놓을 예정이다.

최근 션이 공동 대표를 맡고 있는 승일희망재단에서는 9년 만에 그는 행복이란 그와 나눔의 뜻을 같이하는 팬들과 1만원씩 같이 기부하며 모은 기부금 20억을 들여 루게릭 요양병원을 건립할 부지를 매입했다. 그 현장에서 션은 자신의 외숙모가 얼마 전에 루게릭으로 사망했다는 아픈 가족사를 밝히기도 했는데, 그와 함께 2018년 6월 다시 시작하는 루게릭 환우들을 위해 션은 자신의 인스타그램을 통해 “한명으로 시작한 아이스버킷챌린지가 10일 동안 지속되면 총 88,573명이 동참하게 됩니다. 한명이 만원씩만 기부하면 8억8573만원이 모입니다. 한명이 100달러인 10만원씩만 기부하면 천원, 만원이란 금액보다 더 중요한건 우리가 함께하면 기적을 만들 수 있다는 겁니다”라고 아이스버킷 챌린지를 독려하며 다음 주자로 박보검, 소녀시대 수영, 다니엘 헤니를 지목했다. 이에 소녀시대 수영과 박보검이 기꺼이 동참해 국내 최초 루게릭 요양병원 건립에 힘을 보태며 루게릭 환자들과 가족들에게 희망을 선사하고 있다. 아이스버킷 챌린지는 션을 시작으로 10일 만에 100여명의 스타들이 참여하게 되면서 큰 챌린지로 자리를 잡았다. 승일희망재단은 2018년 6월 30일 “올해 아이스버킷 챌린지가 재개된 지 약 한 달 만에 기부금 9억원을 돌파했다”고 발표했다. 빌보드 차트를 장악하여 핫이슈로 떠오른 방탄소년단(BTS)도 참여하여 열기를 더했다.

그를 움직이게 하는 건, 결국 한 사람을 위한 마음이다. 아내와의 결혼이 너무 행복해, 그것을 나누고 살겠다는 다짐이 그를 사회복지사 션으로 만들었다. 우리는 션을 통해서 아내에 대한 무한한 사랑은 결국 자신을 사랑하는 것이라는 배운다. 션의 이러한 아름다운 정신은 여러 사람의 자발적으로 유도하는 기폭제가 되고 있다. 젊은 시절 션은 2015년 1월 SBS 파워FM ‘최화정의 파워타임’에서 지누션으로 활동 당시 거칠었던 과거와 현재의 부드러운 자신의 모습에 대해 설명했다. 션은 “두 모습 다 공존했다. 한창 힙합을 할 때만 해도 잘못된 것, 나쁜 것만 보면서 그걸 바꾸고 싶어 했다. 지금은 좋은 것과 행복한 것을 바라보면서 내가 변화하려고 한다. 세상을 바라보는 내 관점이 달라진 것이다. 내가 먼저 바뀌니 세상이 바뀌더라"고 말했다. 이어 그는 "행복은 선택할 수 있다고 생각한다. 힘든 것만 바라보게 되면 자신을 불행하게 여기지만, 99개의 불행에도 하나의 행복을 크게 보면 난 더없이 행복할 수 있다"고 자신의 행복론을 펼친 바 있다.

9. 스티브 잡스와 윈스턴 처칠의 졸업축사

스티브 잡스 스탠포드 대학교 졸업식 축사

스티브 잡스가 행한 2005년 '스탠포드 대학교 졸업식 연설'은 전 세계 젊은이에게 감동을 주기에 충분했다. 왜냐하면 그는 어린 시절 버려져서 입양아로 지냈고, 오리건 주 포틀랜드에 있는 리드대학교를 1학년에 중퇴하였으며, 친척의 차고에서 애플사를 창립하여 매킨토시 컴퓨터를 만들고, 금세기 최고의 아이폰(iPhone)을 만들어 세계 최고의 기업으로 만들었다. 그는 축사에서 첫째, 대학에서 청강으로 캘리그래피(calligraphy, 글자를 다루는 시각 디자인의 한 분야)를 듣고 매킨토시 컴퓨터에 글자체를 도입하는 계기를 만들면서 자신이 가진 소중한 경험들을 성공적으로 연결시키는 것이 중요하다고 역설했고 둘째, 자신 만의 독선적인 카리스마로 자신이 창립한 애플사로부터 쫓겨난 적이 있으나 절취 부심하여 다시 돌아와 아이맥(iMac)을 출시하여 이 제품이 인기를 끌며 애플사는 다시 확고한 기술적, 재정적 기반을 확보하였고 제품 개발을 통해 아이폰이라는 금세기의 가장 뛰어난 혁신 제품으로 전 세계인으로부터 사랑을 받았으며 셋째, 사망률이 가장 높은 췌장암 발병에도 불구하고 죽음이라는 위협 앞에서 굴복하지 않고 노력을 했다는 것이다. 애플사의 사훈은 'Think Different!'(다르게 생각하라!)이다. 그가 마지막으로 남긴 "Stay Hungry, Stay Foolish!" 는 졸업을 하는 '젊은 그대들이여, 미래를 위하여 지금 당장은 배고프고 힘들겠지만 꿈을 이루기 위해서는 시간이 너무 부족하기에 바보처럼 열심히 노력하라'는 메시지를 전하고 싶었을 것이라 생각한다. 그는 열일곱 살 때 "만일 당신이 매일을 삶을 마지막 날처럼 산다면 언젠가 당신은 대부분 옳은 삶을 살았을 것이다"라는 글을 읽은 뒤 33년 동안 매일 아침에 일어나면 거울을 보며 "만일 오늘이 내 인생의 마지막 날이라면 지금 하려는 일을 할 것인가?"라는 질문을 했다고 한다. 참으로 의미심장한 말이다.

처칠 옥스퍼드 대학 졸업식 축사

제2차 세계대전 중 1941년 영국의 옥스퍼드 대학에서 영국 총리인 윈스턴 처칠에게 졸업식 축사를 요청했다 30초간 연설은 대단했다. 그는 평상시처럼 위엄이 있는 차림으로 담배를 입에 물고 식장에 나타났다. 그는 한참동안을 아무 말 없이 청중들을 바라보았습니다. 모든 사람들이 그의 입에서 나올 근사한 축사를 기대하며 숨을 죽이고 있었다. 한참을 그러고 난 후에 드디어 처칠이 입을 열었습니다. 그의 힘 있는 첫 목소리가 온 식장에 울려 퍼졌습니다. "포기하지 마라!"(Never give up!) 그러고는 다시 한 번 청중들을 천천히 둘러보았습니다. 청중들은 그 말 뒤에 무슨 감명 깊은 말이 떨어질까 기다렸습니다. 그 때였습니다. "절대로, 포기하지 마라!"(Never give up!) 처칠은 다시 한 번 큰 소리로 온 힘을 다해 아주 큰 소리로 이렇게 외쳤습니다. "절대로, 절대로 포기하지 마라!"(Never, Never, Never. Never give up! Thank you!) 근엄하고 신중한 표정으로 이 마지막 말을 했습니다. 그리고는 모자를 챙겨 들고 연단을 걸어 내려 왔습니다. 그것이 영국의 가장 뛰어난 두뇌들이 모여 있는 곳에서 그가 가장 해주고 싶었던 말이었던 것입니다. 그는 1953년에 『제2차 세계대전』이라는 산문집으로 노벨문학상을 수상하기도 했다.

10. 프리 솔로

미국인 알렉스 호놀드(Alex Honnold)가 2017년 6월 3일 미국의 요세미티 국립공원에 위치한 914m의 화강암 절벽인 엘 캐피탄(El Capitan)을 3시간 56분 만에 프리 솔로로 등반했다. '프리 솔로'(free solo)란 '어떤 장비도 갖추지 않은 채 등반하는 것'을 말하는데 로프에 의지하는 것도 끔찍할 정도로 깎아지른 듯한 암벽을 맨몸으로 작은 틈과 작은 돌기에 의지하고 초크가루를 묻힌 손가락 끝으로 암벽을 오르는 클라이밍 방법이다.

미국 요세미티 국립공원 엘 캐피탄

캘리포니아 출신 알렉스 호놀드는 11살 때부터 등반을 시작했고 고교 졸업 후 UC 버클리 대학에서 토목공학을 전공하지만 부모가 이혼하고 아껴주던 외할아버지가 돌아가시고 등반에 대한 의욕을 키워주던 아버지마저 이혼한 후 심장마비로 사망하자 학업을 중퇴하고 한동안 방황하다 집에 있던 밴을 끌고 길바닥생활을 하며 어릴 적부터 즐겼던 클라이밍을 시작하여 세계의 기록적인 사나이가 되었다.

알렉스 호놀드

그가 맨몸으로 두 손가락과 두 발에 의지해 절벽을 올라가면서 언제든지 죽을 수 있다는 생각을 가지고 등반하는데 그가 요세미티 엘 캐피탄을 오르지 바로 몇 달 전에 친하게 지냈던 율리 스텍(Ueli Steck)이 에베레스트 등반 중 사망했다는 사실에 충격을 받기도 했다. 엘 캐피탄을 오르고 그는 "저한테 정말 중요했던 부분들을 하나도 포기하지 않았다. 엄청난 짐을 내려놓은 것 같아 정말 기분 좋아요"라고 소감을 말했다.

인간은 왜 죽음을 불사하고 한계에 도전할까? 그 답은 등반가들은 왜 등산을 하냐고 물어보면 "산이 거기에 있으니까"라고 말하듯이 "내가 올라야할 절벽이 있으니까"라고 대답한다. 우리의 삶도 마찬가지인 것 같다. 우리가 사는 이유는 "자신에게 중요하다고 생각하는 것은 철저한 준비와 도전을 통해 성취를 하고 싶고 그리고 내가 살아있으니까"라고 말이다.

11. 사모곡

어머니는 성정이 바르고 곧은 분이시다. 특히 자기관리를 철저히 하시며 남에게 신세라는 것을 진 적이 없다. 나는 그런 어머니의 무한한 사랑을 받고 자라났다. 어머니가 1930년생이니 91세이다. 우리나라의 생존 나이 통계를 보면 5천만 인구 중에 90세가 넘어가시는 분이 26,000명 정도이니 생명줄 복은 받고 태어나신 듯하다.

그런 어머니가 2020년 10월 중순 오전에 집에서 계단에 발을 헛디뎌 낙상하여 응급실로 후송되어 좌측 뇌출혈 진단을 받고 바로 중환자실로 입원하셨다. 나는 그날따라 강원도에서 골프 실기시험 중이었다. 그렇게 완벽하게 치던 골프가 마지막 홀에서 갑자기 무너졌다. 기분이 참으로 이상하여 끝나고 휴대폰을 켜니 문자와 전화로 불이 나 있었다. 여동생으로부터 어머니가 위중하다는 긴박한 소식이었다. 여동생에게 전화로 상태를 파악하고 집으로 와서 아내와 서둘러 준비하여 밤 11시55분에 을지병원 중환자실에 도착하니 주치의가 골반 골절과 뇌출혈로 오는 부종으로 오늘 밤을 넘기지 못할 수도 있다는 조심스런 의견을 듣고 절망했다. 동생과 상의를 한 후 어머니의 나이가 고령이고 수술이 너무 위험하여 편안하게 임종을 맞을 수 있도록 연명치료는 안하겠다는 구두 서약을 하고 다음날 10시에 중환자실 면회가 가능해 밤을 뜬눈으로 보내며 어머니와의 지난 시간들을 회상하며 호전되시기를 두 손을 모아 기도했다. 다음날 10시에 중환자실 앞에서 마음을 차분하게 먹고 어머니를 만나러 가보니 주치의 말씀이 밤사이 강력한 지혈제 효과로 더 이상 출혈은 없는 것으로 보이니 하루 더 지켜보자고 하여 가슴을 쓸어내리며 나왔다. 다행스럽게 안정이 되면서 사투에서 벗어나 일반 병실로 옮기고 뇌출혈 시술을 하였다.

나는 간호사 출신인 여동생의 권유로 요양보호사 자격을 취득한 이래 어머니의 정서적인 안정을 위해 EVD 카테터를 뇌에 삽입한 뇌출혈 시술 환자의 돌보미가 되고자 자청했고 처음 겪는 공포스러운 밤을 보내야만 했다. 수술 후 수시로 나타나는 섬망(의식장애 상태로 과다행동과 환각상태)으로 당황하며 거의 뜬 눈으로 보냈다. 시간이 흘러 어머니는 호전이 되시고 한 달간의 재활을 거치며 집으로 다시 귀환하셨다. 모든 게 꿈속 같았다. 이렇게 다시 살아오시다니 감격스러웠다. 난생 처음 어머니 옆에서 간병을 하며 부끄러워하시는 어머니의 대소변 수발을 받아내며 사랑하는 어머니에게 효도했다는 생각에 뿌듯했다. 사실 이번이 어머니에게는 두 번째 귀환이었다. 첫 번째는 성당에서 위벽에 출혈이 발생해 정신을 잃고 쓰러져 을지병원으로 후송이 되어 수술을 받고 기적적으로 회생하셨다.

며칠이 지나 어머니를 뵈러 갔는데 어머니는 많이 쇠약하시고 말에는 힘이 없고 머리에 자주 손이 가서 물어보니 어디서 다쳤는지 기억이 없다고 하여 다시 구급차로 후송하여 CT를 찍어 보니 이번에는 우측 뇌출혈로 지난번 좌측 뇌출혈 시보다도 더 범위가 넓게 펴져서 중환자실로 입원하였다.

어머니 사모곡

다시 돌아올 수 있을까요?
어머니는 어머니 당신답게 삶을 사셨습니다.
인간은 누구나 자신의 삶을 삽니다.
같은 부모로부터 태어난 쌍둥이도 다르다고 합니다.
그러므로 그 누구도 나와 같지 않고 비슷하지도 않고 다릅니다.
이제 당신은 타인을 이해할 수 있을 거라 생각합니다.
그 삶을 거역할 때 모든 일이 틀어지기 마련입니다.
다른 사람을 존중한다는 생각 하에 사는 것을 인식한다면
전혀 다른 삶을 살 수 있습니다.
며칠이나 남았을까?
어머니 너무 보고 싶네요.
잠을 도저히 이룰 수가 없어 이 사간에 잘 마시지 못하는 맥주를
하고 있습니다.

사랑해요. 어머니! 아니 엄마!
"엄마라고 부를 수 있을 때 효도하라고 자식은 낳으면 되지!"라고
동생한테 넋두리 하실 때 그 말이 너무 마음에 다가와서
한동안 망치로 얻어맞은 듯 멍했습니다.
사랑해요. 어머니! 올 곧은 분이 여사!
이번에도 잘 버텨주세요.
나와 이별하는 시간은 가장 좋은 방법으로 이별해야죠.
당신과 나에게 주어진 시간이 너무 없어 같이 있어서
당신을 편하게 가실 수 있도록 하면 좋겠습니다.
나 아닌 다른 사람에게 이래라 저래라 하는 것은 옳지 않습니다.
다만 미련이 있다면 한번쯤 물어본다면 그만하면 됐다.
어머니! 사랑해요. 오늘 밤은 잠을 안자고 어머니하고 같이 있겠습니다.

- 2021년 2월 1일 11:50 PM.

하루가 지나고 일반병실로 와서 어머니 머리를 만져보며 가만히 생각해보니 어머니는 본인의 의지와 상관없이 집에서 혼자 생활하시면서 수차례 머리를 부딪친 것 같았다. 이번에도 나는 어머니의 정서적인 안정을 위하여 돌보미를 자처했다. 입원 첫날 여동생이 인수인계하면서 잦은 이뇨 현상을 이야기 해 주었다. 나는 오전에 회진을 도는 주치의의 이야기를 듣고 잘 관리하면 수술은 피할 수 있겠다는 한줄기 희망을 가졌다. 새벽에 어머니가 담요를 다 차내고 불편해 하시고 또 소변 사태로 시트를 갈면서 어떻게 하면 어머니가 소변을 편하게 가리실 수 있도록 할까 고민하였다. 새벽시간이지만 어머니 소변용 기저귀를 사러 편의점과 약국을 다녔지만 그 시간에 구입을 할 수가 없었다. 돌아와서

고민 끝에 1시간 30분 단위로 어머니를 깨워 소변을 보게 하는 생각이 떠올라 그렇게 조치를 하니 어머니는 안정을 찾으시고 주기적으로 편하게 소변을 보셨다. 그리고 집으로 돌아와 잠시 안정되는 듯 했지만 갑자기 어머니 말씀이 어눌해지고 의식도 약해 다시 을지병원으로 후송하여 CT를 찍어보니 당일 수술을 권고하여 휴일임에도 불구하고 주치의 신경외과 과장님이 직접 시술을 시행하였다. 수술이 끝나고 이틀 동안 중환자실에서 계시다가 호전되어 일반병실로 오셨다.

이번에도 나는 어머니를 간병했다. 주변에 간병을 하시는 분들이 여성 간병인이나 며느리들이고 오직 나만 남자였지만 전혀 창피하지 않았고 나는 어머니를 위해 최선을 다했다. 여동생이 잠시 오면 교대를 하면서 어머니에게 “오빠 간병 잘해요?”라고 물어보면 “잘해”라면서 만족해하셨다.

어머니는 그 와중에도 나에게 농담으로 “내가 너희들을 수십 년 키웠는데 갚으려면 아직도 멀었다”고 하시며 웃음을 지으셨다. 독실한 천주교 신자인 어머니는 비록 6.25 전쟁 중이라 초등학교도 못나왔지만 늘 원칙을 중요시하셨고 남에게 조금이라도 받은 정이나 경제적인 지원을 받은 것은 반드시 두 배 이상으로 갚았다. 이번에는 구약성경의 ‘지혜서’를 언급하시면서 세상을 바르게 살려면 반드시 수십 번을 읽고 내 것으로 만들어야 된다고 말씀하셨다.

이번 일로 나는 어머니를 세 번 잃을 뻔 했다. 시대가 바뀌어 연로하신 부모님들이 자녀와 같이 살려고 하지 않고 혼자 되셔도 눈치 안보고 홀로 사는 가구가 많은 게 현실이다. 부모님이 연로하여 병원에 입원을 하시면 일단 가족이 먼저 돌보다가 안 되면 요양원이나 요양병원으로 이송하여 대처하는 세상이다. 과거 부모님 세대는 대가족 제도로 부모님을 돌보는 일이 가족들의 공동 일이었고 그 것이 효의 기본이었다. 지금의 세상은 핵가족 시대로 부부가 직업을 갖고 아이도 많아야 1명 정도를 낳고 있는 실정이다. 앞으로 우리 세대는 자식에게 돌봄을 기대하기 어려울 것으로 생각하면서 이런 생각을 해본다. '앞으로도 부모에 대한 사모곡이 있을까?'

제 4 장

정의를 만든 사람들

정의란 무엇인가?
과연 세상에 정의가 존재하는가?
모두 자기 패거리에 줄을 서서
그들이 하는 행동에 동참하지 않거나 배반하면
비록 과거에 수십 년 동안 같이 했어도
오늘의 동지가 내일의 배신자가 되는 참혹한 세상이다.

정의를 만든 사람들

1. 그때는 맞고 지금은 틀리다

'지금은 맞고 그때는 틀리다'는 홍상수 감독의 영화가 있다. 참으로 아이러니 한 말이다. 상황에 따라 선택의 결과가 달라지는 관점의 차이일까? 아니면 혼돈일까?

2008년 4월 18일 정부는 광우병 위험 부위의 수입을 허용하는 내용이 포함된 한미 쇠고기 협상 결과를 발표로 시작된 MBC PD수첩이나 촛불집회 선동도 그 당시에는 많은 국민들이 우려했다. 6.10 민주화 항쟁 21주년을 맞아 2008년 6월 10일 '대한민국 촛불 시위'의 일환으로 도심에서 100만 촛불 대행진이 계획되자 경찰이 시위대의 청와대 난입과 전경과의 충돌을 원천 차단하기 위해 도심 곳곳에 설치한 컨테이너 박스 바리케이트를 뜻하는 말로써 이명박(李明博)과 산성(山城)을 본 따 만든 명박산성이 광화문에 세워졌다.

지금은 미국산 쇠고기의 수입으로 한우보다 저렴하게 많은 국민들의 먹거리가 되었다. 국민을 향한 정부의 정책 소통이 완벽하게 실패한 사례로 볼 수 있다.

명박산성

2018 평창올림픽 아이스하키 남북단일팀

여자아이스하키는 한국 스포츠 사상 처음으로 2018년 평창올림픽에서 단일팀을 구성해 대회에 출전했다. 우여곡절 끝에 구성된 단일팀은 평창올림픽에서 남북이 하나가 되는 모습을 보였다. 단일팀 구성과 함께 평창올림픽 개막식에선 남북공동입장도 성사됐다. 지난 2007년 열린 창춘동계아시안게임 이후 각종 국제대회에서 남북이 공동입장을 한 것은 11년 만이었다. 남북단일팀은 1월 25일 북한 선수들이 합류하며 팀이 구성됐다. 올림픽 개막을 열흘 남짓 앞두고 팀이 구성된 탓에 경기력에 대한 우려의 목소리도 있었다. 남북 선수들은 팀 구성 초기 사용하는 단어가 달라 훈련에 어려움을 겪기도 했다. 이후 선수들이 함께 하는 시간이 길어지면서 서로에 대한 이해도가 높아지기도 했다. 남북단일팀은 평창올림픽 경기에선 실력 차를 극복하지 못했다. 조별리그 1차전과 2차전에서 스위스와 스웨덴을 상대로 잇달아 0-8 대패를 당했다. 이후 단일팀은 일본을 상대로 역사적인 올림픽 첫 골을 터트렸다.

단일팀의 랜디 희수 그리핀이 일본전에서 득점으로 연결한 퍽(PUCK, 아이스하키에서 공처럼 치는 고무원반)은 '국제아이스하키연맹 명예의 전당'에 전시될 예정이다. 남북단일팀 구성을 앞두고 엔트리에 대한 논란도 있었다. 북한 선수 합류로 인해 그 동안 올림픽만 바라봤던 한국 선수들의 기회가 박탈될 수 있다는 비난의 목소리도 있었다. 결국 단일팀은 기존 한국선수 23명에 북한선수 12명이 합류해 35명의 엔트리로 올림픽 무대에 나서게 됐다. 토마스 바흐 위원장은 2월 25일 기자회견에서 "단일팀과 공동입장은 스포츠를 넘어서는 강력한 평화 메시지를 전 세계에 전달했다. 다른 곳이 아닌 한국에서 벌어진 것이 중요하다"고 말했다.

한국 경제에 대한 진단에 대해서 『그때는 맞고 지금은 틀리다』(2018. 1, 송인창, 원더박스)를 보더라도 이 책을 쓰게 된 동기는 단순하다. 지금까지 배운 경제 지식이 오늘의 현실에도 여전히 맞는지 확인하고 싶었다고 한다. 당연히 맞는다고만 여기던 경제 지식이 그때는 맞았을지 몰라도, 지금은 더 이상 맞지 않을 수도 있다. 이런 의구심을 풀 실마리를 '경제학자들의 생각'에서 구하고자 했다. 경제 이론은 시간이 지나고 상황이 바뀌면 달라질 수 있다. 경제가 과거와는 전혀 다른 모습으로 진화하고 있다. 개발 성장 시기에 통용되던 성공 방정식이 더는 유효하지 않은 시대를 맞았다. 그간 당연하게 생각했던 것들이 이제 더는 당연하지 않게 되었다. 과거에는 연 5% 이상의 고도성장이 지속되었으나, 이제는 연 3% 내외의 성장에 만족해야 한다. 산업화 과정에서 고도성장의 주역으로 칭송받던 재벌은 이제는 경제의 활력을 떨어뜨리고 경제민주화를 저해하는 주범으로 비난받는 신세가 되었다. 건전한 재정은 우리 경제의 든든한 버팀목이었는데, 복지 지출 증가와 고령화라는 복병을 만나더니 쌓이는 국가 부채를 걱정할 처지에 놓였다. 이 무쌍한 변화들이 한 세대도 지나가기 전에 일어났다는 사실이 놀라울 따름이다. 이렇게 변화한 상황에서 과거의 성공 방정식은 아무런 해답을 주지 못한다. 그러나 앞선 경제학자가 당대의 문제를 풀기 위해 고심했던 문제의식과 사고방식만큼은 시간이 지나도 유효하다.

'왜 대한민국이 헬 조선으로 인식되는가'에 대한 문제 제기로 시작하는 『그때는 맞고 지금은 틀리다』(2016. 8, 허경, 길 밖의 길)를 보자. 저자는 헬 조선으로 인식되는 이유를 산업화와 민주화에 모두 성공했으며, 이제 더 이상 국민은 바보가 아니기 때문이라고 답한다. 대한민국을 뒤흔드는 사건들은 계속되어 왔고 앞으로도 계속될 가능성이 크다. 하지만 이들 사태에서 국민들의 반응은 더 이상 다르다는 것이다. 저자는 이에 대한 이유로 합리성의 기본적인 인식 틀이 바뀌었기 때문이라고 말한다. 이어서 현재 대한민국은 실로 거대한 인식론적, 정치적 변형의 시기를 관통하고 있는 중이라고 책에 서술했다.

한 시대의 역사적인 사건은 묘한 잣대를 가지고 있다. 그때는 귀신에 홀린 듯이 그것이 맞아 보이고 시간이 지나면 다시 재평가되어 아무런 일이 아닌 듯 되어 버린다. '무엇이 옳고 무엇이 그른지' 판단의 관점은 안타깝게도 보는 이의 시각차이일뿐이다. 앞서 인용한 정치, 경제, 사회, 스포츠전반에 걸친 '그때는 맞고 지금은 틀리다. 지금은 맞고 그때는 틀리다'라는 말을 다시 한 번 생각해보자.

2. 대통령 탄핵으로 이어진 촛불

2016년 10월 JTBC의 최순실씨 태블릿 PC 보도를 시작으로 박근혜 전 대통령에게 보고된 청와대와 정부 부처 보고 문건들이 비선 실세로 주목받던 최순실씨에게 유출됐다는 결정적 증거가 공개되고 온 국민이 현직 대통령이 연루된 국정농단 사태라는 충격적인 사건에 직면하게 됐다.

2017년 3월 10일 오전 11시 헌법재판소는 대심판정에서 박근혜 전 대통령 탄핵심판사건 선고기일을 열고 재판관 8명 전원일치 의견으로 파면 결정을 내렸다. 이정미 헌법재판소장 권한대행은 이날 대통령 탄핵심판 선고에서 "피청구인 대통령 박근혜를 파면한다"는 주문을 확정했다. 헌재는 '비선실세' 최서원(최순실)의 이권 및 특혜 지원과 미르·K스포츠재단 출연금 강제 모금 등을 둘러싼 대통령직 권한남용, 청와대 기밀 자료 유출 등이 헌법 및 국가공무원법, 공직자윤리법 등의 실정법을 위배했다고 판단하고 이러한 행위가 대통령을 파면할 만큼 중대하다고 밝혔다.

박근혜 탄핵을 외치는 광화문
100만의 촛불 인파

탄핵가결을 선포하는 정세균 국회의장

국정 농단의 비선실세였던 최순실은 1심에서 20년 중형을 선고받았다. 이어 박 전 대통령은 미르·K스포츠 재단 모금 강요 등 18가지 혐의를 받고 4월17일 재판에 넘겨졌다. 2018년 4월 6일 법원은 박 전 대통령에게 적용된 18개 혐의 중 16개를 유죄로 판단하고 국정농단 사건 1심에서 징역 24년에 벌금 180억원을 선고했다. 재판부는 "(박 전 대통령으로 인해) 국정 질서는 큰 혼란에 빠졌고, 대통령 파면 사태까지 이르렀다. 그 책임은 책무를 방기하고 국민에게 부여된 지위와 권한을 사인에게 나눠준 박 전 대통령과 국정을 농단하고 사익을 추구한 최 씨에게 있다고 봐야 한다고 판단했다. 그럼에도 박 전 대통령은 범행을 모두 부인하며 반성을 하지 않고 있다. 오히려 최 씨에게 속았다거나, 자신의 의사와 무관하게 비서실장 등이 행한 일이라는 등 납득하기 어려운 변명으로 책임을 주변에 전가했다. 대통령이 나라의 주인인 국민에게 받은 권한을 함부로 남용해 국정을 혼란에 빠트리는 불행한 일이 반복되지 않게 하기 위해서라도 엄중한 책임을 묻지 않을 수 없다"며 재판부는 "박 전 대통령은 국민에 의해 선출된 국가원수이자 행정부 수반인 대통령으로서 헌법과 법률에 따라 국민 전체의 자유와 행복, 복리증진을 위해 행사할 의무가 있었다"고 전제했다.

영국출신 마이클 브린(Michael Breen) 전 외신기자클럽회장은 1982년부터 서울에서 37년간 살고 있는 '한국통'이다. '가디언' '더 타임스' '워싱턴타임스' 등에서 한국과 북한 담당 기자로 활약한 바 있으며 지금은 인사이트 커뮤니케이션즈 회장으로 글로벌 홍보컨설팅 회사를 운영중이다. 한국에 대한 책은 1999년 낸『한국인을 말한다』에 이어 2018년에 12월 두 번째로 출간한 책『한국, 한국인』에서 "문재인 대통령은 거리

시위에 의해 의사 결정이 이뤄지는 형태의 민주주의에 강력하게 맞설 만한 위치에 있지만 그럴 가능성은 낮아 보인다. 국민 정서에 힘입어 일거에 청와대의 주인이 되었을 뿐 아니라 독재에 저항하면서 최루가스 속에서 성장한 세대에 속하기 때문이다"라고 자신의 생각을 썼다.

광화문에서 만난 마이클 브린은 "한국인은 남의 눈을 지나치게 신경 쓰며, 남들이 자기 삶에 너무 많이 개입하도록 한다"고 했다. 박상훈 조선일보 기자

'한국사회와 민주주의'에 대해 "이 나라의 가장 큰 문제는 민주주의가 민심에 기반을 둔다는 아주 강한 믿음"이라고 했다. 그는 "한국에서는 어떤 쟁점에 대한 대중의 정서가 특정한 임계질량에 이르면 앞으로 뛰쳐나와 모든 의사 결정 과정에 압도적인 영향력을 행사하는 야수로 변모한다. 한국인들은 이 야수를 '민심'이라고 부른다"고 하였다. 브린이 한국 민주주의에 대해 문제의식을 갖게 된 것은 박근혜 전 대통령의 탄핵 과정을 지켜보면서다. "수백만 명이 거리에 쏟아져 나와 시위했고 시스템은 그에 응답했다. '공화국'(republic)이란 제도에 의한 통치를 뜻하는데, 한국식 사고에서는 민중이 통치자다. 그건 혼돈이다. 예수 그리스도는 '민심'에 의해 살해당했다. '민심'이라는 아이디어는 굉장히 위험

하다" 그는 박근혜 전 대통령의 형량을 언급하면서 "스위스 은행에 수십억 달러가 있거나, 청와대에 시체가 숨겨져 있다면 30년 넘게 감옥에 가는 게 가능하겠지만 나는 박 전 대통령이 뭘 잘못했는지 모르겠다"고 했다. "나뿐 아니라 외교관 등 수많은 한국 거주 외국인이 아리송해했다. 내가 볼 때 박 전 대통령에 대한 혐의 중 증명된 것은 아무것도 없다. 사람들이 나더러 박근혜 지지자라고 하는데 나는 '정의(Justice) 지지자' 일 뿐이다. 내가 만일 판사라면 거리에 수백만 명이 나오든 말든 상관없이 내 할 일을 하겠다. 현 대통령 또한 어떤 시점에 민심이 발현하면 탄핵당할 수 있다" 브린은 "2004년 노무현 전 대통령 탄핵 가결에 대해서도 터무니없다"고 했다. 책의 대부분은 한국에 대해 비판적이다.

브린의 눈에 비친 한국인은 '타인에 대한 배려가 부족하고, 천박할 정도로 신체적 아름다움에 집착하며, 토론할 줄을 모른다'고 하였다. 그는 "많은 외국인이 한국에 대해 긍정적으로 쓰고 말하면서 한국인들이 자기를 좋아해주기를 바란다. 그렇지만 나는 그렇지 않다. 내 비판은 사실 내부자로서의 비판이다. 애정이 바탕이 돼 있다"고 했다. 그는 또 "한국인이야말로 스스로에 대해 부정적"이라고 했다. "내가 한국에서 산 이래 사람들은 항상 '경제 위기가 올 것'이라고 말했다. 초고속으로 성장하고 있을 때조차 그랬다. 한국인은 스스로를 믿지 못한다. 존경받을 만한 중앙 리더십이 없어서인 것 같다. 아직 많이 젊은 나라라 그렇겠지?"

브린의 생각은 우리에게 시사 한 바가 크다. 우리는 불행한 현대사를 보고 있다. 측근들을 통한 연이은 지도자의 비리를 통해 안타까운 시간을 갖고 있다. 무엇이 이런 정치를 하게 만들었는지 되돌아보아야 한다. 이러한 역사 또한 국민이 만든 것이다. 제대로 된 지도자를 길러내지 못한 우리의 책임이다. 다시 이런 일이 반복된다면 대만민국은 더 이상 미래가 없다. 지금부터라도 국민들은 뉘우치고 깨어야 한다. 무엇이 국민을 위한 바른 정의를 세우는 일인지?

3. 대한민국에서의 정의

2018년 3월은 이명박 전 대통령이 전두환, 노태우, 노무현, 박근혜에 이어 피의자 신분으로 검찰에서 조사를 받는 헌정 사상 다섯 번째 전직 대통령으로 기록된 순간이었다.

노태우 전두환 노무현 박근혜 이명박

노무현 전 대통령은 2014년 3월 12일 국회에서 탄핵되었다. 탄핵소추 사유로 '첫째, 노무현 대통령은 줄곧 헌법과 법률을 위반하여 국법질서를 문란케 하고 있습니다. 둘째, 자신과 측근들, 그리고 참모들이 국정을 정상적으로 수행할 수 있는 최소한의 도덕적, 법적 정당성 상실했습니다. 셋째, 낮은 성장률에 머물러 있는 점에서 드러나듯이 국민경제와 국정을 파탄시켜 민생을 도탄에 빠뜨렸다'는 것이었다. 퇴임 후 1년여가 지난 2009년 4월 30일 '박연차 게이트' 관련 뇌물수수 혐의로 대검찰청에 출석했다. 노 전 대통령은 "면목 없는 일이죠. 다음에 하시죠"라는 짧은 말을 남기고 청사로 들어갔다. 그리고 노 전 대통령은 고향인 김해에서 2009년 5월 23일 부엉이 바위에서 뛰어내려 자살했다.

노 전 대통령의 죽음은 국민들에게 애통함과 충격을 주었다. 그가 남긴 유서는 다음과 같다.

"너무 많은 사람들에게 신세를 졌다
나로 말미암아 여러 사람이 받은 고통이 너무 크다.
앞으로 받을 고통도 헤아릴 수가 없다.
여생도 남에게 짐이 될 일 밖에 없다.
건강이 좋지 않아서 아무 것도 할 수가 없다.
책을 읽을 수도 글을 쓸 수도 없다.

너무 슬퍼하지 마라.
삶과 죽음이 모두 자연의 한 조각 아니겠는가?
미안해하지 마라.
누구도 원망하지 마라.
운명이다.

화장해라.
그리고 집 가까운 곳에 아주 작은 비석 하나만 남겨라
오래된 생각이다"

노무현 대통령 국회탄핵

김해 봉하마을 노무현 대통령 묘비

박근혜 전 대통령은 2017년 3월 21일 국정농단 사건(최순실 공범)의 피의자로 서울중앙지검 포토라인에 섰다. 박 전 대통령은 "국민 여러분께 송구스럽게 생각한다. 성실하게 조사에 임하겠다"는 말을 남겼다.

2016년 10월 24일 JTBC가 입수한 최순실이 사용한 태블릿 PC의 내용이 공개되고 박근혜 대통령은 오랜 세월을 같이 지내 온 최순실과의 어긋난 인연에 대한 대통령의 사과 성명이 발표하였다. 연이은 언론사의 국정관여 및 이권 개입이 보도되면서 대기업과의 뒷거래와 블랙리스트사건, 측근들의 비리가 밝혀지면서 현직 대통령으로서 탄핵되고 구속되는 결과를 초래했다. 박근혜 전 대통령이 국정농단 사건 1심 재판에서 총 21개에 달하는 혐의에 대해 총 형량 32년을 선고받았다.

이명박 전 대통령이 2018년 3월 14일 뇌물수수, 횡령, 조세포탈 등의 혐의에 대한 조사를 받기 위해 검찰에 출석했다. 이 전 대통령은 "민생경제가 어렵고 한반도를 둘러싼 안보 환경이 매우 엄중할 때 저와 관련된 일로 국민 여러분께 심려를 끼쳐 드려 대단히 죄송하다. 저를 믿고 지지해주신 많은 분들과 이와 관련해서 어려움을 겪고 있는 많은 분들에게도 진심으로 미안하다는 말을 드린다. 전직 대통령으로서 하고 싶은 이야기도 많지만 말을 아껴야 한다고 스스로 다짐하고 있다. 다만 바라건대 역사에서 이번일로 마지막이 되었으면 한다"고 입장을 밝혔다. 이 전 대통령에 대한 조사는 국가정보원 특별활동비 유용, 다스 실소유·경영 개입, 삼성의 다스 소송비 대납, 차명재산·비자금 조성, 약 110억원의 뇌물수수, 횡령·배임, 직권남용 등 20여 개에 달하는 혐의를 받았다. 그는 측근들과 부인과 가족들의 검찰 조사로 심한 정신적 압박을 받고, 서울중앙지법은 3월 22일 110억원대 뇌물 수수와 340억원대 비자금 조성 등 혐의를 받고 있는 이명박 전 대통령에 대한 구속영장을 발부했다. 그는 구속되기 전 3월 21일 새벽에 쓴 메모를 페이스북에 공개했다.

"지금 이 시간 누굴 원망하기 보다는 이 모든 것은 내 탓이라는 심정이고 자책감을 느낀다. 지나온 날을 되돌아보면, 기업에 있을 때나 서울시장, 대통령직에 있을 때 나름대로 최선을 다했다고 생각한다. 특히 대통령이 되어 정말 한 번 잘 해 봐야겠다는 각오로 임했다. 과거 잘못된 관행을 절연하고 깨끗한 정치를 하고자 노력했지만 오늘 날 국민 눈높이에 비춰보면 미흡한 부분이 없지 않았다. 재임 중 세계대공황이래 최대 금융 위기를 맞았지만 대한민국은 세계에서 가장 모범적으로 위기를 극복했다. 위기극복을 위해 같이 합심해서 일한 사람들 민(民)과 관(官), 노(勞)와 사(使) 그 모두를 결코 잊지 못하고 감사하고 있다. 이들을 생각하면 송구한 마음뿐이다. 지난 10개월 동안 견디기 힘든 고통을 겪었다. 가족들은 인륜이 파괴되는 아픔을 겪고 있고, 휴일도 없이 일만 했던 사람들이 나로 인해 고통 받는 것을 생각하면 잠을 이룰 수가 없다. 내가 구속됨으로써 나와 함께 일했던 사람들과 가족의 고통이 좀 덜어질 수 있으면 좋겠다. 바라건대 언젠가 나의 참

모습을 되찾고, 할 말을 할 수 있으리라 기대해본다. 나는 그래도 대한민국을 위해 기도할 것이다”

2018년 10월 5일 이명박 전 대통령은 징역 15년에 벌금 130억원을 선고 받았다. 110억 원대 뇌물수수와 350억원대 다스 횡령 등 주요 혐의가 상당부분 유죄로 인정되면서다. 서울중앙지법 형사합의27부(부장판사 정계선)는 “그동안 의혹만 가득했던 사안의 실체적 진실이 밝혀지는 과정에서 이 전 대통령의 다른 범행들이 한 번에 드러나 우리 사회 전반에 큰 실망을 안겨줬다”면서 “엄중한 처벌이 불가피하다”고 판시했다. “객관적 물증과 신빙성 있는 관련자들 진술에도 사건 범행이 오래전이라는 점에 기대 이를 모두 부인하고, 자신을 위해 일해 왔던 측근들에 대해서도 자신들의 이익을 위해 자신을 모함하고 있다고 주장해온 점” 등도 엄한 처벌의 사유로 제시됐다.

4. 애드워드 버네이스의 프로파간다

우리 사회에서 적폐란 무엇을 의미할까? 적폐(積弊)의 사전적 정의는 ‘오랫동안 쌓이고 쌓인 관행, 부패, 비리 등의 폐단을 말한다’ 이를 뿌리 뽑으려면 조직, 사회, 국가 전반의 전 방위적 개조와 혁신적인 노력이 필요하다. 관련 책임자에 대한 문책과 처벌이 뒤따를 수밖에 없다.

애드워드 버네이스(Edward Bernays, 1891~1995)가 1928년에 쓴『프로파간다』는 ‘대중 심리를 조정하는 선전전략’으로 정의하였다.

애드워드 버네이스

『프로파간다』

그는 빈에서 출생했으며, 심리학자 지크문트 프로이트의 조카로 어릴 적에 가족과 함께 미국 뉴욕으로 건너갔으며, 코넬 대학교에서 농학을 전공하고 1912년 대학을 졸업하고 친구의 의학 잡지사에서 기자로 일하며 홍보(PR) 업무를 시작했는데, 제1차 세계대전 때는 연방공보위원회(CPI)에 발탁되어 독일 등에 맞서 뛰어난 선전 전략을 펼쳤다. 28대 미국 대통령 우드로 윌슨은 반전 공약을 내세워 1913년부터 1921년까지 집권하였다. 미국은 반전 국가로 국민들은 외국의 전쟁에 싸우러 나가고 싶지 않았다. 그러나 전쟁에 참가하기로 결정하자 이 문제를 해결하기 위해서 선전이 필요하여 연방공보위원회를 만들고 위원장은 조지 크릴(George Creel)이었는데 위원회 임무는 국민을 선동해 호전적 애국주의에 광분하도록 만드는데 있었다. 미국은 1차 대전에 참가할 수 있었다. 많은 사람들이 감탄했고 아돌프 히틀러는 독일이 패배한 이유를 선전싸움에서 졌기 때문이라고 했다.

대중의 관행과 의견을 의식과 지성을 발휘해 조작하는 것은 민주주의

사회에서 중요한 요소이다. 이 보이지 않는 구조를 조작하는 사람들이야말로 국가의 권력을 진정으로 지배하는 '보이지 않는 정부'(Invisible Government)를 이룬다.

우리 국민은 촛불로 적폐를 청산하자고 일어나 박근해 정권에서 문재인 정권으로 교체했다. 이러한 정권 교체가 수차례 이어졌다. 그 때마다 정권을 잡은 쪽은 내가 맞고 야당은 틀리다며 버네이스의 프로파간다를 활용하여 메커니즘을 조작했다. 2018년을 달군 기무사의 계엄 문건, 국정원 댓글 사건, 드루킹 사건 등 일련의 사건들이 끊임없이 일어나 국민들에게 실망을 주고 있다. 2021년 5월 문재인 대통령은 부동산 폭등을 야기한 정책실패, 조국 장관의 임명으로 야기된 국민 분열과 인사청문회시 장관 후보자들의 낙마 등으로, 취임시 "그동안 한 번도 경험하지 못한 국민을 위한 새로운 나라를 만들겠다"고 밝혔지만, 대통령 임기 1년을 앞두고 문 대통령의 지지율이 30%대, '국정수행을 잘못하고 있다'는 부정평가는 60%에 이르고 있다. 정치가들이 언제쯤 국민을 위한 정치를 할 수 있을까? 참으로 안타깝다.

5. 우리 사회 도덕과 윤리기준

도덕이란 '인간 내면적인 자율적인 도리로 사람으로서 마땅히 지켜야 할 도리'를 의미한다. 도덕적인 기준이 되는 잣대(Moral Compass)는 무엇일까? 밀리는 도로에서 전용차선을 위반하며 달리는 운전자나 교통체증이 심한 곳에서 남들은 차선을 지키며 긴 줄을 참고 운전하는데 출구 가까이까지 와서 끼어들기를 하는 운전자들이다. 이들에게 차선을 지키고 따라온 운전자는 그들로 인해 기분이 상할 것이다.

윤리란 '사람이 지켜야 할 도리로 직업을 가진 사람의 도리이고 잘못하면 비난을 받을 수 있는 행위'를 말한다. 우리 사회는 2018년 초부터 밀어 닥친 공공기관과 은행권의 채용비리와 미투(METOO)운동으로 다시 한 번 공정성에 대해서 적폐를 둘러싸고 사회적인 이슈가 되었다.

공공기관의 신입사원 채용 시 불법 편법 채용으로 전수조사를 한 결과 정부는 뿌리 뽑아야 할 적폐중의 하나라고 하며 모든 산하기관을 대상으로 특별점검을 하고 무관용 원칙으로 대응하겠다고 발표하였다. 2018년 1월 이낙연 국무총리는 공공기관과 은행권 채용비리와 관련해 "청년들의 기대를 배반하고 사회의 신뢰를 훼손한 중대한 적폐"라며 "당국의 철저한 수사와 사법 처리를 바란다"고 말해 네티즌들의 관심이 쏠리고 있다. 특히 강원랜드는 낙하산 인사를 포함한 국회의원이나 지방 유지의 청탁을 들어 준 비리의 전형적인 온상으로 지적되었다. 은행권 채용비리 전수조사결과 신입사원 채용비리가 조사결과 다양한 방식으로 나오고, 최흥식 금융감독원장이 금융지주사 사장으로 재직 당시 지인 아들의 이름을 인사담당자에게 전달한 것 자체가 문제로 지적되어 결국 사의를 표명했다. 서지현 현직검사의 미투운동으로 촉발된 법원, 문학계, 영화계, 대학가 등 사회 전반에 걸쳐 그야말로 부패 공화국의 온상으로 대한민국은 시끄러웠다.

2021년은 전국이 부동산값의 폭등으로 시끄러웠다. 부동산값을 잡기 위해 정부는 온갖 대책을 내놓았지만 실패하고 김현미 건설부 장관의 후임으로 LH사장을 지낸 변창흠 건설부 장관이 취임하면서 LH직원들의 신도시 예정지 투기로 수십 배의 차익을 얻는 사태가 벌어지자 국민들은 분노했고 결국 취임 109일 만에 물러났다. 예전에도 이런 일들은 암암리에 벌어지고 있었다. 토지개발관련 부서에서 일하는 공무원이나 직원들은 사전 개발정보를 이용하여 친인척 이름이나 차명으로 사서 부당이익을 얻는 일들이 비일비재했다.

그런데 정작 중요한 것은 "나 아니면 되지"라는 생각과 "다른 사람들도 다 그런데 하필이면 왜 나야?"라는 사람들의 속성이었다. 한 분야에서 잘못하면 일시적으로 그 분야만 파헤쳐서 썩은 온상인양 매도를 하고 있는 현실이 안타깝다. 우리가 가야할 길은 근본적인 처방을 내놓는 일이다. 아무리 법제화 한들 피해자와 가해자가 모두 정당한 정의를 수호하고 처벌을 받았을까? 가장 중요한 것은 이렇게 어려운 일들이 사회적인 현상이 발생했을 때 모두가 논의하고 사회가 바르게 갈 수 있도록 제도적인 보완도 필요하다. 그러나 우리의 의식을 깨쳐야 한다. 수십 년간 해왔던 관행 등 그러한 의식이 하루아침에 발표되는 정책으로 해결되지는 않는다. 나 스스로의 도덕적인 잣대를 다시 한 번 세워보고 스스로 실천하면 되는 것이다. 물론 시간이 지나야 할 것이다.

6. 남북한에 봄이 올까

2018년 2월 평창올림픽을 통해 조성된 한반도의 평화협상노력이 비핵화 노력이 6월 12일 싱가포르에서 개최예정인 북미회담취소를 5월 24일 트럼프 대통령이 서면으로 발표하며 수포로 돌아갔다. 70년의 대

립관계에 있었던 한반도는 평창올림픽 때 남북단일팀이 구성되고 2월9일 김정은의 여동생 김여정 제1부부장이 전격 서울을 방문하여 문재인 대통령에게 김정은의 친서를 전달하면서 한반도 평화를 위한 물고가 트였다. 이에 문대통령은 김정은을 공식적으로 초대하여 4월27일 판문점에서 양국정상의 역사적인 만남이 이루어지고 허심탄회한 공식 비공식면담이 진행되면서 판문점 선언을 하며 평화를 향한 무드가 조성되었다. 문대통령의 노력으로 북미간 소통 채널이 열리고 폼페이오 국무장관지명자가 전격 평양을 방문하여 북한에 억류되었던 3명의 한국계 미국인 3명을 데리고 워싱턴으로 귀환하면서 세계는 남북관계에 대한 평화가 현실화될 것으로 미국의 트럼프 대통령에게 이목이 집중되었다.

판문점 선언

미국인 석방

트럼프 대통령은 그동안 북한의 수차례의 대륙간탄도탄미사일발사와 핵실험으로 김정은을 '리틀 로켓맨' 등 김정은을 폄하하고 북한을 언제든지 공격할 수 있다는 군사무력시위를 하며 일촉즉발의 위기를 조성했지만 이를 계기로 싱가포르에서 6월 12일 북미간 정상회담을 공식발표를 하며 미국의 지지자들이 트럼프를 노벨평화상후보라고 칭하는 등 관계 개선이 이루어졌다. 이에 김정은은 5월 24일 미국, 중국, 러시아,

한국 등 외신을 초청하여 풍계라 핵실험 장에서 갱도를 폭발하여 폐쇄를 하는 북미정상회담의 사전 분위기를 조성하고 자신은 약속을 지키는 지도자로서의 이미지를 만들었으나 그러나 비핵화 로드맵을 위한 서로의 이해관계가 상충되면서 문대통령이 미국을 방문하여 북한의 입장을 전달하였지만 북한은 단계적 조치를 미국은 ALL IN ONE(핵시설 선 폐기 후 보상조건)정책으로 결국 무산되었다. 그동안 북한에 대해 회의적인 생각을 갖고 있었던 미국의 생각에 결정타는 최선희 북한 외무성 부상의 담화였다. 최 부상은 이 담화에서 '리비아 모델'을 언급한 마이크 펜스 부통령에게 원색적 비난을 쏟아냈고 "미국이 우리를 회담장에서 만나겠는지 아니면 핵 대 핵의 대결장에서 만나겠는 지는 전적으로 미국의 결심과 처신 여하에 달려 있다"고 위협했다. 세계가 주목한 남북의 평화는 불과 4개월 만에 무산되었다. 무엇이 잘못되었고 앞으로 북미정상회담은 이루어질 수 있을까?

북미회담취소를 발표하는 트럼프 대통령

통일각 남북정상 재만남

이런 우려 속에 북한은 외무성 제 1부상 김계관이 김정은 위원장의 위임에 따라 트럼프 대통령의 북미회담취소 편지에 대한 양해 담화를 5월 26일 오전에 발표하고 오후에 김정은 위원장의 요청으로 판문점

북쪽지역 통일각에서 문재인 대통령을 다시 만나 4·27 판문점선언의 조속한 이행을 선언하였다.

이어 김영철 북한 부위원장이 뉴욕을 방문하여 폼페이오 국무장관과 회동을 하고 워싱턴을 방문하여 트럼프 대통령에게 김정은 친서를 전달하자 트럼프 대통령은 6월 12일 북미회담재개를 선언했다.

김영철 부위원장과 폼페이오 국무장관의 뉴욕오찬

김정은 친서를 받는 트럼프 대통령

이번 양국의 줄다리기는 북한은 수차례 대륙간탄도탄 발사와 핵폭발 시험으로 인한 UN의 경제제재로 피폐한 북한내부의 경제 살리기를 통한 정권안정이라는 목표, 남한은 한반도 비핵화를 통한 평화협정, 미국은 북한의 핵폐기 전략이 서로 이해관계가 맞아 추진되는 것인 만큼 그 어느 때보다 북미정상회담에 거는 기대가 큰 것이다.

싱가포르에서 개최된 6·12 북미정상회담은 '세기의 담판'이라는 제목답게 지난 70년간 양국 간의 단절을 해결할 수 있는 실마리를 제공한다는 데에 큰 의미를 부여했다. 미국은 비핵화관련 폼페이오가 거듭 강조한 CHID(complete, verifiable, irreversible dismantlement)는 '완전하고 검증 가능하며 불가역적인 비핵화'를 의미하는 말로 구체적인 비핵화 로드맵을 북한에 요구했다. 이 담판 회의에 미국은 미국 도널드 트럼프 대통령과 북한 김정은 국무위원장이 12일 오전 싱가포르 센토사 섬 카펠라호텔에서 확대정상회담을 실시했다. 미국 측 인사로는 존 켈리 백악관 비서실장, 이연향 통역국장, 마이크 폼페이오 국무장관, 존 볼턴 백악관 국가안보보좌관이 배석하고, 북한은 리용호 외무상, 김영철 통일전선부장, 김주성 통역관, 리수용 노동당 중앙위 부위원장이 배석했다.

김정은 위원장과 트럼프 대통령

북미간 확대정상회담

정상회담을 마치고 양국 정상은 4문항의 합의문에 서명하고 발표하고 완전한 비핵화, 체재보장, 후속회담방식으로 진행한다고 밝혔다.

1. 미국과 조선민주주의인민공화국은 평화와 번영을 위한 양국 국민의 바람에 맞춰 미국과 조선민주주의인민공화국의 새로운 관계를 수립하기로 약속한다.
2. 양국은 한반도의 지속적이고 안정적인 평화체제를 구축하기 위해 함께 노력한다.
3. 2018년 4월 27일 판문점 선언을 재확인하며, 조선민주주의인민공화국은 한반도의 완전한 비핵화를 향해 노력할 것을 약속한다.
4. 미국과 조선민주주의인민공화국은 신원이 이미 확인된 전쟁포로, 전쟁실종자들의 유해를 즉각 송환하는 것을 포함해 전쟁포로, 전쟁실종자들의 유해 수습을 약속한다.

그리고 이어진 트럼프 대통령은 외신들과 기자회견을 갖고 양국 정상의 신뢰를 바탕으로 비핵화 추진에는 당초 CVID방식은 아니지만 북한의 의지를 확인하였고 상당기간 시간이 걸리며, 또한 한미연합훈련의 중단과 조만간 종전이 있을 것이라고 표명하고 북한의 경제지원은 한국과 일본이 부담하며 미국은 지원이 없다고 밝혔다.

이것이 잘된 협상인지 여부는 우리는 지켜보고 시간이 흐르면서 결과를 판단할 수 있을 것이다. 북미 정상회담과 그 성과물인 공동성명에 대해 미국의 외교·안보 전문가들은 정상 간 만남을 통한 '톱다운 방식'을 통한 해법을 모색했다는 점을 긍정 평가했다. 그러나 구체적 로드맵이 빠진 것을 한계로 지적했다. 특히 도널드 트럼프 미국 대통령이 한미연합훈련 중단이라는 확실한 양보를 한 반면 김 위원장은 이에 상응할 만한 양보를 하지 않았고 4·27 판문점 선언 이상의 비핵화 조치를 공동선언에 적시하지 못했다는 점에서 대체로 김 위원장을 첫 정상회담의 승자로 지목하고 국제사회에서 미국과 동등한 지도자로서의 정당성까지 확보했다는 평가다. 앞으로 진행될 협상은 북한의 비핵화 진척 정도에 따라 양국 간의 이해관계는 타협점을 찾을 것이다. 미국은 북한의 선 비핵화 조치 후 제제를 단계적으로 완화하겠다는 원칙을 가지고 있다.

국제정치는 자국의 이익을 실현하기 위한 하나의 방책이다. 서로의 이익이 상충된다면 언제든지 위반하고 폐기하는 것이 현실이다.

우리나라는 과거 중국, 일본과 지리적으로 인접해 수천 년 동안 전쟁으로 얼룩져왔다. 지금은 비행기와 인터넷의 발달로 실시간으로 서로를 소통하는 세상에 살고 있다. 그럼에도 우리는 약자로서 미국, 중국 등 강국의 영향권에 있는 안타까운 현실이다. G20국가로 선진국의 반열에 올라 세계경제강국으로서의 대한민국은 과연 미래를 어떻게 설계해야 하는가? 언제까지 우리의 역사를 남의 손에 좌지우지하도록 만들 것인가?

7. 한진그룹 일가의 갑질

한진그룹의 조양호 회장의 자녀들의 연이은 행동이 사회 이슈가 되었다. 조 회장의 둘째 아들 조원태 부사장의 경우 2005년에 승용차를 운전하다가 70대 할머니에게 폭언과 함께 폭행 등의 혐의로 입건된 사건이 다시 보도되기도 했다. 또 2012년에는 인하대 운영에 대한 부조리를 지적한 시민단체 관계자들에게 폭언을 한 사건도 다시 회자되었다.

장녀 조현아 대한항공 부사장은 2014년 12월 뉴욕 JFK공항에서 인천행 KE086 여객기에 탑승한 뒤 이륙 전 승무원의 견과류(마카다미아) 서비스 방식을 문제 삼아 자신이 소속된 대한항공 항공기를 되돌려 박상진 사무장을 내리게 하는 황당 사건으로 비화되었는데 비행기가 출발하다 후진한 것을 두고 이른바 '땅콩 회황'으로 물의를 빚었다. 그녀는 용서를 구하고 사표를 제출하였으나 4년 후 2018년 4월 다시 계열사 사장으로 복귀했다.

차녀 조현민 대한항공 전무는 2018년 4월 12일 대한항공의 광고대행을 맡고 있는 홍보대행사 직원에게 폭언을 하고 물 컵을 던져

'갑질논란'에 휩싸였는데, 익명으로 정보를 공유하는 스마트폰 앱 블라인드에 올라오면서 부터다. 며칠 뒤에 간부들에게도 회의 중 입에 담을 수 없는 막말을 쏟아 내는 음성파일이 공개되어 평소에도 이런 일들이 상습적으로 이루어지고 일이라는 내부 고발로 네티즌의 공분을 샀다.

땅콩 조현아

폭행 조원태

물벼락 조현민

조 전무의 포악한 분노조절 불능의 갑질 폭언이 녹취록으로 언론에 공개되면서, 이를 겨냥해 '현대적 한시 창작의 대가' SBS SNBC의 김형민 PD는 5언 절구의 한시를 통해 "새파란 것이 진상의 싸가지를 부리고 있다"며 "천하에 불쌍한 여자이니, 이 또한 조 씨 일가의 피가 아니겠느냐"라고 비판했다. 다음은 그가 자신의 페이스북에 올린 글이다.

> 세파란거시(世波亂居屎), 세파가 어지럽고 똥무더기에 살지만,
> 진상사가지(眞傷事駕枝), 진짜 상처는 가마 탄 가지(=상전의 자식을 의미) 섬기는 일이라네.
> 천하불상년(賤下不想年), 천한 아랫것들은 나이 같은 거 생각하지 마소.
> 역시조가피(役豕操苛疲), 돼지같이 일시키고 가혹하게 부리니 그저 피곤할 따름

조 전무는 직원들에게 사과 전자 우편을 보냈지만 내부의 분위기는 싸늘한 것으로 전해졌다. 대한항공 3개 노조는 "한목소리로 작금의 사태에 심히 우려를 표명하는 바이다"라면서 조현민 전무의 경영일선 즉각 사퇴, 국민들을 포함한 모든 직원에 대한 조 전무의 진심 어린 사과, 경영층의 재발 방지 약속을 촉구했다. 4월15일에는 청와대 홈페이지에 '물벼락 갑질'을 일으킨 조현민 전무에 대한 국민적 공분이 확산되는 가운데 대한항공의 기업명을 한진 항공으로 바꿔 달라는 국민청원도 등장했다.

대한항공 경영층 갑질논란에 대한 성명서

> 조현민입니다.
>
> 이번에 저로 인하여 마음에 상처를 받으시고 피해를 입으신 분들께 진심으로 사죄의 말씀을 올립니다. 특히 함께 일했던 광고 대행사 관계자 분들과 대한항공 임직원 여러분들 모두에게 한분 한분께 머리 숙여 사과의 말씀을 드리고 싶습니다.
>
> 제가 업무에 대한 열정에 집중하다 보니 경솔한 언행과 행동을 자제하지 못했고 이로 인하여 많은 분들에게 상처와 실망감을 드리게 되었습니다. 저는 이번 일을 앞으로 더욱 반성하며 스스로를 되돌아보는 계기로 삼고자 합니다. 많은 분들이 저에게 충심 어린 지적과 비판을 보내주셨고 저는 이를 모두 마음 속 깊이 새기고자 합니다. 앞으로 더욱 열린 마음으로 반성의 자세로 임하도록 하겠습니다.
>
> 저는 책임을 회피하지 않겠습니다. 이번 일은 전적으로 저의 불찰이자 잘못입니다. 따라서 앞으로 법적인 책임을 다할 것이며 어떠한 사회적인 비난도 달게 받도록 하겠습니다.
>
> 이번 일에 상처를 받으신 모든 분들께 다시 한번 죄송스럽다는 말씀을 진언 드리며 앞으로 같은 일이 일어 나지 않도록 각고의 노력을 하고자 합니다.
>
> 조현민 올림

대한항공 3개 노동조합은 한목소리로 작금의 사태에 심히 우려를 표명하는 바이다.

연일 검색어 1위에 오르며 속보가 끊이지 않는 경영층의 갑질논란과 회사 명칭회수에 대한 국민청원 속에, 일선 현장에서 피땀 흘려 일해 온 2만여 직원들조차 국민들의 지탄을 받기에 이르렀다. 나아가 6만 가족들의 삶 자체가 송두리째 흔들리고 있는 것이다.

대한항공은 2017년 영업이익이 1조원을 육박할 정도로 호황을 누렸지만, 우리 직원들은 2015년 1.9%, 2016년 3.2%에 불과한 임금

상승과 LCC보다도 못한 성과금을 받았다.

그럼에도 불구하고 우리 직원들은 창사 이래 세계의 하늘을 개척하고 대한민국의 위상을 높인다는 자부심을 갖고, 고객들의 편안하고 안전한 여행을 위해 최선을 다해 왔다. 왜? 그것이 대한항공이라는 이름에 먹칠을 하지 않는 길이라 믿으며, 언제 어디서나 '대~한민국'이라는 구호 하나만으로도 하나가 되는 국민들에 대한 예의라고 생각하기 때문이다!

그러나 그 모든 노력들이 조현민 전무의 갑질 행동으로 무너져 버렸다. 왜 우리 직원들이 자괴감을 느껴야 하는가! 왜 우리 직원들이 아무런 죄도 없이 비난의 화살을 대신 맞아야 하는가! 2만여 대한항공 직원은 '대한항공' 회사 명칭의 지속 사용을 간절히 희망한다. 또한 조현민 전무의 갑질 행동에 형용할 수 없는 유감을 표명하며 다음과 같이 촉구한다.

1. 논란의 중심이 된 조현민 전무는 경영일선에서 즉각 사퇴하라.

1. 조현민 전무는 국민들뿐만 아니라 모든 직원들에게도 진심어린 사과하라.

1. 경영층은 추후 재발 방지를 약속하라.

대한항공노동조합 위원장 최대영
대한항공조종사노동조합 위원장 김성기
대한항공조종사 새 노동조합 위원장 최 현

4월 16일에는 조 회장의 부인 이명희 일우재단 이사장의 수행한 바 있는 운전기사는 한 매체와의 인터뷰를 통해 7년 전 당시에 대해 "하루를 욕으로 시작하며 폭언과 욕설이 일상이라 늘 불안감에 휩싸였다"면서 "운전하다 길을 잘못 들면 식은땀이 흘렀다"고 말했다. 또한 대한항공 임직원 대여섯 명을 불러 소리를 지르며 폭언을 일삼고 물건을 집어던져 깨뜨리는 등의 행위를 했다고 한다. 이에 그는 입사한지 한 달 뒤부터 퇴직을 고려했으며 석 달이 됐을 때 그동안 있었던 일을 부인에게 알리고 사직했다. 이쯤 되자 "조씨 일가를 몰아내는 궁극의 목표를 위해 알고 있는 비리를 모두 공유하자"며 대한항공 갑질 제보라는 이름으로 만들어진 카카오톡 오픈 채팅방에는 2000명이 넘는 전 현직 직원들이 가입했다. 이명희 이사장이 인천 하얏트 호텔의 조경을 담당하는 직원에게 화단에 심겨 있던 화초를 뽑아 얼굴에 던졌다거나, 이 이사장이 사적인 일에 회사 직원을 동원하고 회사 업무에 참여하며 월권을 행사했다는 증언도 모두 대한항공 직원들의 입에서 나왔다. 4월 20일에는 조 회장 가족이 여객기와 승무원들을 이용해 해외에서 산 물품을 세관 신고 없이 반입했다는 제보와 특히 가구 등 사적 물품을 회사 물품이나 항공기 부품으로 위장했다는 제보가 이어지고 관세 포탈 혐의가 불거진 한진그룹 회장 가족에 대해 관세청이 전격 압수수색에 나섰다.

아버지 이름으로 고개 숙인
한진그룹 조양호 회장

조양호 회장 부인 이명희

결국 물벼락 사건이 일어나고 12일 만에 조 회장은 4월 22일 대국민 사과문을 내면서 '물세례 갑질' 논란과 관련해 조현민·조현아 두 딸을 그룹 내 모든 직책에서 사퇴했다. 이어 이번엔 기내 서비스 직원에게

채소 샐러드 이름을 모른다고 인사발령을 낸 조양호 회장의 갑질 행태도 나타났다.

사 과 문

이번 저의 가족들과 관련된 문제로 국민 여러분 및 대한항공의 임직원 분들께 심려를 끼쳐 드려서 대단히 죄송하다는 말씀을 드리고자 합니다.

대한항공의 회장으로서, 또한 한 가정의 가장으로서 제 여식이 일으킨 미숙한 행동에 대하여 참담한 마음을 금할 수 없습니다. 모든 것이 저의 불찰이고, 저의 잘못입니다. 국민 여러분께 사죄의 말씀을 드립니다.

대한항공의 임직원 여러분께도 사죄의 말씀을 드립니다. 아울러 직접 마음의 상처를 입은 피해자 여러분들께도 머리 숙여 다시 한 번 사죄의 말씀을 드립니다.

저는 조현민 전무에 대하여 대한항공 전무직을 포함하여, 한진그룹 내의 모든 직책에서 즉시 사퇴하도록 하고, 조현아 칼호텔네트워크 사장도 사장직 등 현재의 모든 직책에서 즉시 사퇴하도록 조치하겠습니다.

대한항공에 대해서는 전문경영인 도입 요구에 부응하여 전문경영인 부회장직을 신설하여 석태수 한진칼 대표이사를 보임하겠습니다.

또한 차제에 한진그룹 차원에서 이사회 중심의 경영을 강화하고, 특히 외부인사를 포함한 준법위원회를 구성하여 유사사태의 재발을 방지할 수 있도록 제도적 장치를 정비하겠습니다.

한 번 더 이번 사태를 통하여 상처를 입은 피해자, 임직원 및 국민 여러분들께 사죄의 말씀을 드리며 대한항공과 한진그룹이 환골탈태하여 변화된 모습으로 국민 여러분의 눈높이에 맞는 기업으로서 발전할 수 있도록 최선의 노력을 다할 것을 약속드립니다.

2018년 4월 22일

한진그룹 회장 조양호

이번 사태에서 보듯이 상대방에게 미친 듯이 소리치고 화풀이하는 성격은 어머니인 이명희와 빼닮고 있어 조현아, 조현민 자매들의 개성이 부모로부터 받는 것임엔 부인할 수 없는 사실이다.

조양호 회장은 2019년 3월 27일 대한항공 주주총회에서 사내이사 선임의 건이 부결되어 20년 만에 대표이사직이 박탈되었다. 그리고 조양호 회장은 70세의 나이로 4월 8일 미국에서 숙환으로 별세했다. 그는 문재인 정부 들어 대표적인 '적폐 기업인'으로 찍혀 전방위 압박을 받아왔다. 조현민의 '물컵 갑질' 사건이 터진 이후 조 회장과 그의 가족은 범정부 차원의 사정(司正) 총공격을 받았다. 검찰·경찰·관세청·공정위·교육부·고용부·복지부 등 11개 기관에서 조사를 받았다. 관련도 없는 별건(別件) 조사로 확대돼 밀수, 가정부 불법고용 같은 온갖 사안으로 망신을 주었다. 18차례에 걸쳐 한진그룹 계열사 압수수색이 진행됐고, 조 회장 일가는 모두 14번 검찰·경찰·법무부 등의 포토라인에 서야 했다. 관세청장이 "조 회장 자택에 비밀의 방이 있다"고 공개 발언했지만 실제 있지도 않았다. 마녀사냥, 인민재판이 따로 없었다. 한 기업인 가족을 상대로 이렇게 국가 기관이 총동원된 적은 없었다. 검찰은 정작 물컵 사건에 대해선 무혐의로 결론 내리고 기소하지도 않았다. 가족에 대한 구속영장 신청이 모두 기각되자 칼날은 조 회장으로 향했다. 검찰은 항공기 장비와 기내 면세품 구매 과정에서 수백억원대 횡령이 있었다며 조 회장을 기소했다. 대기업 임자 가족의 '갑질'이나 부도덕한 행태는 비난받아 마땅하다. 조 회장 가족은 전직 회사 임원들로부터도 외면을 받을 정도로 처신에 문제가 많았다. 그러나 도덕적인 비난과 법에 의한 처벌은 엄격히 구별돼야 한다. 법치는 어떤 행위에 범죄 혐의가 있을 경우 그 혐의를 입증하고 처벌하는 것이다.

뉴욕타임스는 조 전 부사장의 행동으로 '재벌'로 불리는 경제를 지배하는 가족 경영 대기업 지도자의 법 위에 있는듯한 행동을 두고 사회적 파문이 일어났다고 소개했다. 또 '재벌'(Chaebol)이라는 한국어 표현을 쓰며, 한국에서 재벌 가족은 부패 스캔들이나 형제간 싸움에 계속해서 연루된다고 전했다. 뉴욕타임스는 '갑질'(Gapjil)이라는 단어도 쓰며 과거 영주처럼 임원들이 부하 직원이나 하도급업자를 다루는 행위라고 그 뜻을 설명했다. 또 소수의 재벌 가문들은 한국 전쟁 이후 수십 년 동안 자신들의 성공을 위한 발판을 마련한 군사 독재자들과 같이 기업 제국을 운영했다는 평판을 쌓아 왔다고 소개했다. 그러면서 한국인들은 국내에서 가장 돈이 되는 재벌 기업들의 일자리를 탐내지만 재벌을 운영하는 가족들, 특히 탐욕과 거만함이 있는 창업주 총수의 자녀들에 대한 깊은 분노 또한 있다고 전했다.

우리나라를 대표하는 국적기로 인식되어있는 대한항공(Korean Air)을 1969년부터 민영화되어 50년간 일군 한진그룹 창립자 선대 조중훈 회장은 이런 자식들의 지속적이고 한심한 행동에 망연자실한 심정일 것이다. 조 회장의 자녀들은 부러울 것 하나도 없이 남들이 받아보지 못한 부유한 환경에서 온갖 좋은 교육을 다 받고 자랐을 터인데 무엇이 잘못된 것일까? 아버지와 어머니의 갑질을 보고 자란 자녀라서 그런 걸까? 그 책임은 누가 져야 할 것인가? 재벌 그룹의 자녀라는 이유로 용서받고 다시 경영일선에 나서는 그들에게 아버지라는 이름으로 어떤 생각을 가질까? 대한항공의 미래는 흥망의 귀로에 서게 되었다. 대기업뿐만 아니라 회의마다 직원에게 욕설을 퍼부어 100여명의 직원이 나가고 경영 일선에서 사퇴한 대웅제약의 윤재승 회장처럼 중견 중소기업을 운영하는 일부 경영자들의 갑질 사례도 많이 보도된 바 있다. 직원은 회사의 소유물이 아니다. 회사가 발전하려면 경영자와 직원이 서로 상생하는 조직문화가 우선되어야 한다. 앞으로도 이런 일은 또 일어날 것이다. 성공하는 기업은 이번 일을 계기로 경영자 스스로가 직원에 대한 가정과 회사 차원의 정신적인 윤리 경영 틀을 만들 것이라고 생각한다.

지금은 시끄럽지 만 법적 공방을 벌이는 재벌들은 이미 그동안의 경험을 쌓아두고 전관예우의 법률자문단과 함께 자식들의 처벌을 막을 것이다. 시간이 지나면 묻혀 지는 암울한 현실을 감안할 때 이 시간만 인내하며 넘기면 언제 그런 일이 있었는가 하며 다시 경영에 복귀했다.

우리나라에는 100년 된 대기업이 없다. 그러나 일본은 100년 넘은 기업이 2만 여개가 있다고 한다. 이들 기업은 한결같이 초심에 충실했고 자식들에 대한 가정교육을 하고 경영 능력 자질이 없으면 물려주지 않는 엄격한 관리를 했다고 한다. 시대는 빠르게 바뀌고 있고 새로운 환경에 적응하는 기업만이 100년 기업이 될 수 있는 것이다.

우리사회가 바라는 것은 공정한 것이다. 아니 분명하게 말해서 우리가 바라는 것이 공정한 것이다. 마이클 샌들은 '정의란 무엇인가?' 요약하자면 '돈으로 살 수 없는 것이 존재하며 그런 가치들에까지 시장논리가 침범해서는 안 된다는 것'입니다.

이번에는 한진 사태의 결과가 전관예우를 자랑하는 최고로 비싼 법조인의 먹잇감이 되어 유전무죄가 되는 결과는 되지 말아야 한다. 과연 그럴 수 있을까? 법대로 라는 논리가 누구에게 정해진 잣대인가? 두고 볼일이지만 '정의란 무엇인가?'를 설명할 수 있을까 국민은 기대한다.

마이클 샌들 하버드 교수 강의

그렇다면 회사를 이끌어 가는 조직문화는 어떻게 설명할 것인가? 회사는 조직구성원과 전체 조직의 행동에 기본 전제로 작용하는 '공유가치'(Shared Value)가 있다. 이를 조직문화라고 하며 한 기업의 조직 구성원들이 공유하는 가치관과 신념, 이념과 관습, 규범과 전통 그리고 지식과 기술 등을 포함하는 것이다. 개인을 알려면 그 개인의 성격을 알아야 하듯이 기업을 이해하려면 그 기업의 조직문화를 알아야한다. 한진그룹의 회장, 부인, 자녀들 모두가 경영층임을 감안할 때 조직원들에게 준 고통과 상처는 그들만의 조직문화에 대해 한마디로 조폭집단보다도 더 못한 행동에 분노하는 것이다. 경영층이 경영층 특유의 가치관을 가지고 있고 근로자는 근로자 특유의 가치관을 가지고 있다면 그것은 기업문화라고 할 수 없다. 이런 점에서 경영층은 모두 물러나야 한다. 한진그룹이 미래를 지향하는 기업이라면 이번에 갑질 기업으로 낙인 되어 손상된 기업 이미지 회복을 위해서는 피나는 각고의 노력을 해야 한다.

8. 팀워크의 무산으로 다친 마음의 상처

여자 올림픽 팀추월
김보름, 노선영, 박지우 선수

뒤쳐진 노선영 선수

2018년 2월 19일 평창올림픽게임에서 여자 스피드 스케이트 팀추월 김보름 선수는 노선영, 박지우와 함께 준준결승 1조에서 네덜란드와 맞붙은 한국 여자 대표 팀은 레이스 초반부터 스피드를 내지 못하며 부진한 경기력을 보였다. 막판 레이스 구간에서는 노선영이 앞서 나가던 김보름과 박지우의 속도를 따라가지 못했고, 준준결승에서 최종 7위에 그쳐 상위 4위까지 주어지는 준결승 진출에 실패했다. 팀추월 경기는 3명이 한 팀으로 꾸려진다. 가장 늦게 결승선을 통과한 선수의 기록이 최종 성적이 되기 때문에 선수간 팀워크를 잘 맞추는 것이 가장 중요하다.

논란은 경기 직후 믹스트존(공동취재구역)에서 진행된 인터뷰에서 불거졌다. 노선영은 인터뷰 없이 경기장을 빠져나갔지만, 김보름은 경기 후 진행된 인터뷰에서 “저희가 다시 같이 올림픽에 출전하게 되면서 팀추월 연습을 많이 해왔다. 잘 타고 있었는데 마지막에…”라고 말하던 중 실소를 터트린 후 “저희와 노선영의 격차가 벌어지면서 기록이 아쉽게 나온 것 같다"고 말했다. 이어 "내가 50% 리드하고 박지우 선수도 초반 스타트해서 스피드를 끌어주는 역할을 하기로 했다. 중간에 있는 선영 언니는 비중을 최대한 적게 하는 전략을 짰는데 그 부분에서 의사소통이 안 된 것 같다"며 노선영 선수를 탓하는 발언을 해 논란이 되고 있다.

특히 말하는 도중 실소를 터트리는 장면이 생방송으로 중계되면서 시청자들의 공분을 샀다. 문제는 김보름 선수에 대한 비난 여론이 일자 동료 장수지 선수는 자신의 SNS에 응원해 준 국민들을 향한 반감의 글을 올렸다. 장 선수는 "관심도 없다가 올림픽 시즌이라고 뭣도 모르고 보면서 보다가 선수들 상처만 주네"라며 "너무 화가 난다. 그냥 평상시처럼 관심 없던 게 나을 수도"라며 다소 격한 어투의 말을 했다. 장수지 선수는 이 같은 글이 논란이 되자 "전에 올렸던 글을 보신 분들께 죄송하다. 저도 선수 입장이다 보니 안쓰럽고 욱해서 그랬다. 앞으로 경솔하게 행동하지 않겠다. 죄송하다"는 사과 글을 게재했다. 애초 시청자들의 비판은 노선영에게로 갔지만, 경기 이후 김보름과 박지우의 인터뷰에서 문제가 불거지자 비판의 화살은 두 사람에게로 향했다. 이는 청와대 국민청원이 60만명까지 이어졌다. 이러한 인터뷰 태도가 논란이 되자 20일 백철기 감독과 김보름 선수는 기자회견을 열고 해당 사안에 대해 해명했다. 김보름은 기자회견을 통해 "응원해주신 국민들께 죄송하다"고 사죄하며 눈물을 보이기도 해 이목을 집중시켰다.

그러나 기자회견에서 눈물 어린 사죄를 한 김보름은 행사가 끝나고 SNS를 통해 자신의 잘못이 무엇인지 모르겠다고 주장했다. 대한빙상경기연맹은 노선영 선수도 기자회견에 함께 할 예정이었지만 감기몸살 때문에 참석하지 못했다고 밝혔는데 노선영 선수는 당일 다른 매체와 인터뷰를 갖고 기자회견 내용을 반박했기 때문이다. 김보름의 눈물은 대중에게 '악어의 눈물'로 받아들여졌다. 하루아침에 모든 사람이 자신에 매서운 '비난의 칼'을 던진다면 어떤 심정일까. 그것도

김보름 선수의 눈물

4년을 준비한 올림픽 무대를 앞두고 벌어진 상황이라면 대부분 그대로 주저앉아 포기했을 것이다. 하지만 김보름은 힘겹게 이겨내고 24일 여자 매스스타트 결승을 앞두고 어두운 표정의 김보름이 여자 매스스타트 초대 은메달리스트의 영광을 차지했다. 하지만 김보름은 웃지 못했다. 오히려 터져 나온 눈물을 참지 못했고, 링크에 태극기를 놓고 관중을 향해 큰절을 올렸다. 은메달을 땄는데도 시상식 내내 어두운 표정이었고, 결국 인터뷰에서도 "떠오르는 말이 죄송하다는 말밖에 없다. 다른 말은 못할 것 같다"라고 눈물을 지었다.

그로부터 문화체육관광부가 대한빙상경기연맹 특정감사 결과 평창동계올림픽 여자 스피드스케이팅 팀추월 경기에서 '왕따'는 없었던 것으로 5월 23일 밝혔다. 5월 30일 경향신문의 박주연기자가 김보름과 색다른 인터뷰를 가졌는데 "선수 자격을 박탈하라는 청와대 국민청원 글이 처음 올라온 것은 팀추월 준준결승이 끝난 당일이었어요. 사람들의 반응과 국민청원 소식을 김 선수도 당일에 알았나요"라고 묻자, "경기가 끝나자마다 바로 휴대폰을 통해 뉴스를 보고 알았어요"라고 하고 그 사건으로 후원사인 네파와는 계약이 종료되었다고 한다. 노선영과 관련해서는 "노선영이 따라오지 못한다는 걸 결승선 통과 때 알았다"며

"언니가 많이 속상했을 것 같다. 좀 더 차분하게 이야기 나눌 수 있는 날이 올 것"이라고 말했다. "노선영과 올림픽 이후 지금까지 대화를 나눠본 적 있냐"는 질문에는 "없다"고 답했다. 그녀는 "의도와 달리 다른 사람들이 상처를 받을 수 있다는 것을 알게 됐다"며 "말과 행동을 조심해야 하고 힘든 일이 있더라도 지나고 나면 잘 이겨낼 수 있다는 것을 배웠다"고 말했다. 김보름은 최종 목표를 묻는 말에는 "훗날 많은 분이 성실하고 좋은 운동선수로 기억해줬으면 한다"며 "베이징 겨울올림픽 매스스타트에서 금메달을 꼭 따고 싶다"고 했다. 그녀가 금메달을 딴다면 그녀에 대한 사람들의 평가는 달라질까? 선배인 노선영 선수와는 그 전에 과연 화해를 할까? 사람은 누구나 자의든 타의든 상처를 받는다.

그리고 1년이 지난 2019년 1월에 김보름 선수는 노선영이 2010년부터 폭언을 하면서 괴롭혔다고 주장했다. 2019년 2월 19일 김보름은 19일 자신의 소셜네트워크서비스(SNS)에 "오늘은 평창올림픽 팀 추월 경기가 있었던 날"이라며 "지난 1년의 시간은 정말 힘들었다"고 밝혔다. 김보름은 "선수촌에서 7년 동안 노선영에게 괴롭힘을 당해 하루하루가 지옥 같았다. 다른 후배 선수들도 모두 고통 속에서 살았다. 이제는 진실을 밝히고 싶다. 평창올림픽 당시 수많은 거짓말과 괴롭히는 행동을 했던 노선영 선수의 대답을 듣고 싶다"고 밝혔다. 누가 억울한지는 그들만이 안다.

언론은 올림픽을 위해 수년을 하루도 쉬지 못하고 열심히 운동한 선수들을 선수로만 보여주어야 한다. 진실을 밝히는 일보다도 때로는 그들의 땀과 노력을 그대로 보여주는 바른 눈도 있어야 한다.

사람들은 자기의 잘못을 인정하기 싫어하는 경향이 있다. 특히 여러 사람들이 관심을 갖고 있다면 자기의 속을 내보이기가 힘들다. 그러나 시간이 지나면 아무 것도 아닌 일을 가지고 내가 무모하게 처신을 했다고 뉘우친다. 모두가 최선을 다했다. 사람이기에 실수를 할 수 도 있다. 도전하면서 누구라도 최선을 다하려고 했을 것이다. 팀워크란 육체적인 노력도 중요하지만 정신적인 무장이 더 중요하다. 서로 아껴주고 배려해주는 마음자세야말로 돈도 안 드는 일을 잘하는 것이 더 중요하다는 사실을 일깨워 주웠다.

9. 국회의원 노회찬의 죽음

2018년 7월 23일 정의당 대표 노회찬이 드루킹으로부터 받은 불법정치자금을 인정하고 자살했다. 그는 유서에서 "2016년 3월 두 차례에 걸쳐 경제적 공진화 모임(경공모)으로부터 4000만원을 받았다. 나중에 알았지만 다수의 회원들의 자발적 모금이었기에 마땅히 정상적인 후원 절차를 밟았어야 했는데 그러지 못했다. 어리석은 판단이었다. 이정미 대표와 사랑하는 당원들 앞에서 얼굴을 들 수 없다. 정의당과 나를 아껴주신 많은 분들에게 죄송하다. 법정형으로도 당의 징계로도 부족하다"고 덧붙였다.

그가 죽고 진보정당 정의당장으로 치룰 계획이었으나 국회 5일장으로 장례 절차가 진행되었다. 시민분향소가 곳곳에 세워지고 5일간 수만 명의 시민들이 그를 추모했다. 일반 정치인과는 전혀 다른 양상이었다. 국민들은 그가 걸어 온 정치 인생이 '약자를 위한 고난의 행군'이었다고 앞으로도 그와 같은 정치인이 나오기를 바라는 마음이었다.

공영방송 KBS에서 'KBS 스페셜'에서는 '노회찬이 남긴 질문 편'이 방송됐다.

약자 편에서 살아 온 정치인으로서의 진가가 조명되면서 노회찬 의원의 죽음은 범국민적 슬픔이 되었다. 정파 상관없이 대다수 국민이 한마음으로 애도했다. 잘 살아온 그의 삶 궤적이 제대로 평가다. 정권이 바뀌고 시간이 지나면 사건의 진실과 바른 판단이 날 것이다.

노 의원은 죽은 후 더욱 빛났다. 보편적 인권의 존중함을 추구하는 정의, 그 정의를 평생 실천하려 애썼던 진정성이 국민에게 깊게 각인된 까닭이다. 개인적 과실을 연유로 자살했음에도 불구하고 그의 죽음은 끝을 뜻하지 않았다. 그는 죽음으로 사장되는 존재감이 아니고 영원히 함께하는 존재감이었다. 정치인들은 노 의원의 죽음에 자신을 비쳐보면서 일반 국민보다 훨씬 더 무거운 책임감을 느꼈을 것이다. 자신의 신념이나 정의는 어디만큼 어떤 형태로 있는지 나는 과연 얼 만큼 국민적 사랑을 받을 수 있는 정치인인지 돌아봐야 했을 것이기 때문이다. 자신들이 버리지 못한 과거의 습관은 적패가 아닌가를? 만약 현역의원들이 노회찬을 배워야 한다면 살아남을 자가 몇 명이나 될까? 이 땅의 어떤 정치기가 어떤 종교지도자가 아니 어떤 분야의 그 누가 자신의 양심을 책임질 도덕성과 목숨을 바꿀 자가 있는가.

10. 조국 법무부 장관의 사퇴가 남긴 66일간의 정의

문재인 대통령은 2019년 8월 9일 사법개혁과 법치주의 완성을 위해 서울대학교 법학대학원 교수인 조국 민정수석을 법무부 장관 후보자로 지명했다. 조 전 장관은 법무부 장관에 지명된 이후 가족들을 둘러싼 수많은 의혹이 제기되자 청문회 준비과정에서 증인채택을 둘러싸고 문제가 제기되자 민주당 출입기자들을 대상으로 기자간담회를 자청하여 의혹제기에 대한 해명을 하였으나 결국 자신과 가족들의 각종 의혹에 대한 잘못된 해명으로 국민들에게 많은 상처를 남기면서 9월 9일 장관에 임명됐지만, 결국 35일만인 10월 14일에 사퇴했다.

법무부장관 후보자 조국

고려대 촛불집회

서울대 촛불집회

부산대 촛불집회

이런 일련의 사태를 지켜보면서 '우리 사회에서 과연 정의와 공정이 무엇인가?'를 생각하며 지펴 보았다. 시작은 조국 법무부 장관 후보자의 인사청문회를 앞두고 언론과 자유한국당 의원들이 제기한 문제들이 발목을 잡았다. 특히 가족들의 웅동학원 소송의혹, 사모펀드투자의혹, 딸의 의학전문대학원 진학을 위한 단국대, 부산대, 고대 입학과 관련한 특혜의혹 등이 터졌다.

조 후보자는 그동안 대중과 소통하며 '공정', '정의', '원칙'을 강조했다. 특히 교육 개혁이 필요하다는 입장을 꾸준히 밝혀 왔다. 조 후보자가 21일 "법적·절차적 하자나 불법은 없었다"며 단호하게 주장했다. 또한 조 후보자는 웅동학원 문제에 대해 아버지, 동생과 동생 부인의 이혼과정에서 편법 증여, 조 후보자 동생의 채용비리 등 여러 가지 사안들에 대해 처음에는 언론에 수차례 부당함을 제기하였다. 그러나 조 후보자가 8월 22일 웅동학원과 사모펀드를 사회에 환원하겠다고 선언했지만 빚더미가 된 웅동학원과 74억원을 조 후보자 가족들이 투자 약정한 사모펀드는 이미 손실 중으로 밝혀지면서 여론은 더 악화되었다.

8월 23일에는 모교인 서울대와 고려대 학생들이 조 후보자의 가족과 관련된 의혹과 딸의 입학과정에 대해 촛불 집회를 하였다. 8월 26일과 28일에는 서울대 총학생회가 조 후보자의 딸 입시 부정 의혹 등 갖가지 비리 의혹을 비판하며 후보직 사퇴를 요구했다. 조 후보자의 모교인 서울대 총학이 공식 입장을 낸 것은 이번이 처음이다. 자신에게 제기되는 의혹들에 대해 '법적인 문제는 없다'라고 말하며 후안무치의 태도로 일관하는 조국 교수가 법무부 장관이 되어서는 안 된다는 목소리가 커지고 있다. 수백 명의 동문이 참여한 8월 23일의 촛불집회가 이를 뒷받침

한다. 서울대 총학은 이날 입장문을 내고 “원칙과 상식이 지켜지는 나라, 정의가 살아있는 사회를 위해 조국 후보자의 사퇴를 강력하게 촉구한다”고 밝혔다. 8월 28일 2차 집회에서는 “학생들의 명령이다. 조국 사퇴하라”라며 1000여명의 학생과 졸업생과 학부모까지 가세했다. 이러한 학생 집회는 들불처럼 번져 고려대도 2차 집회와 부산대에서도 총학생회 주도로 촛불 집회가 열렸다. 이어 9월 9일에는 서울대 총학생회는 지난 1·2차 촛불집회에 이어 서울대 관악캠퍼스 아크로 광장에서 ‘제3차 조국 교수 STOP! 서울대인 촛불집회’를 개최했다. 조 후보자의 딸이 학부를 졸업한 고려대에서도 6일 오후 7시 3차 촛불집회가 열렸다. 조국 법무부 장관의 모교인 서울대 총학생회가 16일 “조 장관은 공직을 수행할 자격이 없다”며 사퇴를 요구하는 입장문을 발표했다. 지금까지 두 차례 조 장관 사퇴를 촉구하는 촛불집회를 열었던 서울대 총학은 전날 총학이 주도하는 촛불집회는 열기 않기로 결정했지만 조 장관 사퇴 입장은 변함이 없다는 것을 재확인한 것이다. 서울대 총학은 이날 입장문을 내고 “정부는 그의 임명을 반대하는 촛불을 외면한 채 조국 교수를 검찰 사무의 최고 감독자인 법무부 장관으로 임명하고 말았다”며 “정부의 조 장관 임명 강행 결정을 강력히 규탄하며, 조 장관의 사퇴를 일관되게 요구한다”고 밝혔다. 서울대와 연세대, 고려대 학생들이 오는 19일 동시에 조국 법무부 장관 사퇴를 촉구하는 촛불집회를 열었다. 이번 촛불 집회는 모두 각 대학 총학생회가 주도하지 않고, 대

서울대 총학 기자회견

학생들이 자발적으로 참여해 개최했다.

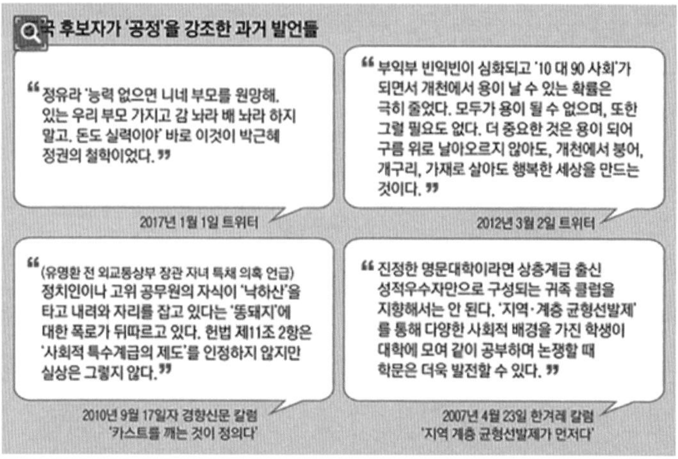

이번에 가장 분노하게 만든 것은 2030세대들에게 부정부패와 비리에 대해 대중이 열광했던 그의 과거 소신 발언이 지금은 오히려 부메랑이 되어 돌아오고 있다. 조 후보자가 과거 자신의 트위터에 올린 글 일부다. 2012년 3월 2일 '부익부 빈익빈', '10대 90 사회'를 비판하며 올린 글들이 그의 딸 조모씨가 대다수 학부모와 고등학생은 엄두도 낼 수 없는 '스펙'을 쌓고, 그 스펙을 활용해 유명 대학에 진학한 것으로 전해지면서 "본인은 특권층의 혜택을 다 누리면서 많은 국민에게 상대적 박탈감을 안겼다"는 비판에 직면한 모양새다. 조 후보자는 서울대 법대 교수로 재직하던 2007년부터 소셜네트워크서비스(SNS)와 저서, 언론 기고 등을 통해 이명박 정부의 교육정책을 신랄하게 비판했다. 당시 '삼불정책'(기여입학제·본고사·고교등급제 금지) 폐지 움직임이 보이자 '지역·계층 균형선발제' 도입을 주장했다.

진보진영에서는 소설가 공지영씨는 8월 21일 트위터에서 "나는 조국을 지지한다. 적폐 청산 검찰 개혁 잘했고 그걸 하겠다는 문프를 지지했으니까. 문프께서 그걸 함께할 사람으로 조국이 적임자라 하시니까 나는 문프께 이 모든 권리를 양도해 드렸고 그분이 나보다 조국을 잘 아실 테니까"라고 조 후보자의 각종 의혹을 일축하고 엄호하는 모습이다. 8월 24일에는 소설가 이외수씨가 조국 법무부 장관 후보자의 각종 의혹에 대해 "이명박·박근혜 시절 부정부패에 비하면 조족지혈도 못되는 사건"이라고 평가했다. YTN 변상욱 앵커는 조국 후보자 딸의 입학비리 의혹 규탄집회에서 발언한 청년단체 대표를 "이 시각 광화문, 한 청년이 단상에 올랐다"면서 이 청년의 말인 "저는 조국 같은 아버지가 없습니다. 그래서 지금 여기 이렇게 섰습니다"를 인용했다. 이어 "그러네. 그렇기도 하겠어. 반듯한 아버지 밑에서 자랐다면 수꼴 마이크를 잡게 되진 않았을 수도. 이래저래 짠하다"고 비꼬았다. 이에 비난 여론 여론이 일자 변 앵커가 조국 법무부 장관 후보자를 비판한 청년을 조롱한 것을 사과했다. 그는 8월 25일 자신의 SNS를 통해 "어제 SNS에 올린 저의 글이 논란이 되면서 무거운 마음으로 질책의 글들과 반응들을 읽으며 하루를 보냈다. 젊은 세대가 견고한 기득권층의 카르텔 속에서 공정함을 갈구하고 있음을 이해한다고 여겼지만 저 역시 기성세대의 시각으로 진영논리에 갇혀 청년들의 박탈감을 헤아리지 못했다. 이 기회에 청년들의 높은 정치의식과 도덕적 요구를 더욱 마음에 새겨 함께 고민하고 과제를 해결하는데 힘쓰겠다"고 밝혔다. 이어 "올린 글의 수꼴 등 경솔한 표현 역시 아프게 반성하고 있다. 제 글로 마음을 다친 당사자 및 관련된 분들께도 머리 숙여 사과드린다. 방송진행을 맡고 있는 사람으로서 어찌 책임을 지는 것이 마땅한지 고민하고 의견을 구하다 보니 사과문이 늦어진 점도 송구한 일이다. 이번 일을 계기로 더욱 진중하고 겸손한 자세로 생활에 임하겠다"고 강조했다. 반면 과거 정유라 이대 부정입학에 대해 신랄하게 비난했던 진보 대표주자 유시민, 김제동 등은 침묵하고 있다. 김제동은 과거 정유라 이대 부정 입학 당시 "열심히 공부하는 청소년들의 의지를 꺾었으며, 이 땅의 아빠 엄마들에게 열패감을 안겼다면 그것이 헌법 제34조 위반이고, 그것이 내란이다"라고 했던 강연 발언이 회자되면서 비난받았다. 8월 29일 김어준의 뉴스공장에 진보 대표주자인 노무현 재단 이사장 유시민이 출연하여 "조 후보자가 직접 책임져야 할 상황은 한 개도 없다"면서 침묵을 깨고 조 후보자에 대한 옹호를 하고 나섰다. 문재인 대통령의 아들 문준용씨도 자신의 SNS에 "기자들이 달려드는데 혹시 한마디라도 실수할까 봐 숨죽이며 숨어 다니고 있다면, 저는 그랬지만 그러지 않아도 된다"는 내용의 글을 게재, 조국 딸을 향해 말했다. 8월 30일에는 이재명 경기지사가 조국 법무부 장관 후보자를 둘러싼 논란과 관련해 "현 상황은 비이성의 극치인 마녀사냥에 가깝다"고 말했다 범여권 인사들의 조국 감싸기로 번진 것이다.

9월 2일 조 후보자는 청문회가 무산되자 자신을 둘러싼 의혹들에 대해 해명을 위해 사상초유로 민주당 이해찬 당대표와 이인영 원내대표에게 전화를 걸어 국회에서 민주당 출입기자들을 대상으로 기자간담회를 실시 오후 3시 30분부터 3일 오전 2시 13분까지 약 10시간 43분 동안 약 500분간 질의응답을 했다. 핵심 쟁점인 딸의 입시비리의혹과 사모펀드 의혹에 대해서는 '모르쇠'로 일관하여 시민들의 시선은 곱지 않았다. 한편 야당은 이날 조 후보자의 기자회견을 강력 비판하며 3일 오후 반박 간담회를 예고했다. 자유한국당은 이날 오후 2시부터 서울 여의도 국회 본청에서 기자들을 대상으로 '조국 후보자의 거짓과 선동, 대국민 고발 언론 간담회'를 열었다. 문재인 대통령이 청문보고서 재요청을 실시하자 청문회 미실시라는 초유의 사태를 우려하여 서로 부담을 느낀 더불어민주당과 자유한국당은 청문회 마감 시한인 9월 6일 가족을 포함한 증인 없이 청문회 개최를 전격 합의했다. 이어 9월 4일 조 후보자와 서울대 법대 82학번 동기생인 임무영(56·사법연수원 17기) 서울고검 검사는 검찰 내부 통신망인 이프로스에 '조국 법무부 장관 후보자에 대하여'라는 제목의 글을 게재하며 조 후보자의 사퇴를 촉구했다.

조 후보자는 딸 조씨가 고교생 신분으로 의학논문 제1저자에 올라간 것에 대해 "딸아이가 영어를 조금 잘하는 편"이라며 "아이가 놀랍도록 열심히 했고, 실험 참석 후 연구 성과를 영어로 정리하는 데 큰 기여를 했다고 평가하신 것 같다"고 했다. 그러나 주광덕 자유한국당 의원은 이날 국회 기자간담회에서 공익제보자로부터 받은 정보라며 "조 씨는 한영외고 시절 영어작문·문법·독해 등에서 9등급 기준으로 6~7등급 이하 성적을 받았다"며 "영어회화 과목만 4등급을 두 차례 받은 게 가장 좋은 영어 성적인데 조 후보자의 답변은 상식적으로 납득 안 되는 궤변"이라고 주장했다. 조 씨 영어 성적이 하위권이었다는 얘기다. 주 의원은 "제보자에 따르면, 조 씨의 국어 작문 평가도 6~8등급 이하였다"며 "우리나라 말로도 잘 이해 못 하는 내용을 어떻게 영어로 번역할 수 있었겠느냐"고 했다. 또한 조 후보자는 전날 간담회에서 딸 조씨가 한영외고 재학 시절 단국대의 SCIE급 병리학 논문에 '제1저자'로 등재된

데 대해 "당시엔 그 과정을 상세히 알지 못했다"면서 "문과를 전공해서 이과에서는 제1저자가 어떻게 되는지 잘 모른다"고 했다. 그러자 인터넷에서는 조 후보자가 7년 전 이공계 논문에 대해 언급한 트위터 게시물이 곧바로 올라왔다. 조 후보자는 2012년 9월 트위터에서 "이공계 논문의 경우 제1저자 외에 제2, 3 저자는 제1저자에게 조언, 조력을 준 사람을 다 올리는 것이 규칙"이라며 "이를 모르고 안철수 표절 운운하는 것은 무식한 것이고 알고도 했다면 악의적인 것"이라고 했다. 법학박사이자 서울대 교수인 조 후보자가 이공계 논문의 제1저자 개념을 잘 몰랐다는 해명을 네티즌들이 과거 조 후보자의 어록으로 반박한 것이다. 9월 4일 대한소아청소년과의사회(회장 임현택)가 2~4일 의사 인터넷 커뮤니티 '닥플'에서 의학논문 작성 경험이 있는 의사 2894명을 대상으로 설문조사한 결과 의학 논문을 써본 현직 의사의 98.7%는 조 후보자 딸 조씨의 '의학 논문 제1저자 등재'가 타당하지 않다고 생각하는 것으로 나타났다. 9월 5일 대한병리학회가 조 후보자의 딸 조씨가 제1저자로 이름을 올린 논문을 해당 논문의 책임저자인 단국대 의과대학 장영표 교수로부터 의혹 관련 소명자료를 제출받고, 곧바로 편집위원회를 열어 직권 취소하기로 했다.

조국
@patriamea

2. 이공계 논문의 경우 제1저자 외에 제2, 3 등 저자는 제1저자에게 조언, 조력을 준 사람을 다 올리는 것이 규칙이다. 이를 모르고 안철수 표절 운운하는 것은 무식한 것이고, 알고도 했다면 악의적인 것이다.

13:19 · 2012. 9. 28. · twtkr

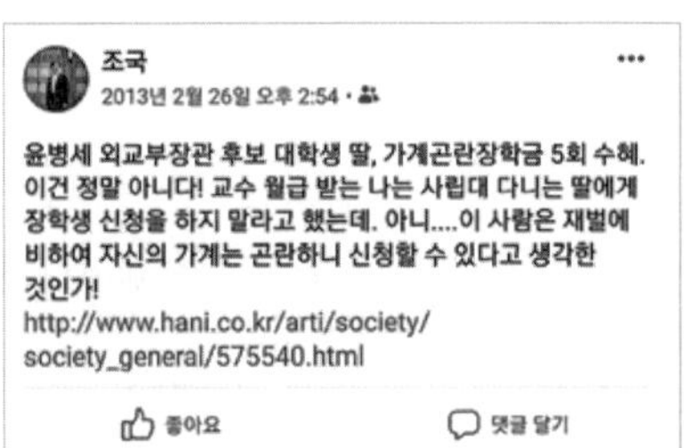
조국
2013년 2월 26일 오후 2:54

윤병세 외교부장관 후보 대학생 딸, 가계곤란장학금 5회 수혜. 이건 정말 아니다! 교수 월급 받는 나는 사립대 다니는 딸에게 장학생 신청을 하지 말라고 했는데. 아니....이 사람은 재벌에 비하여 자신의 가계는 곤란하니 신청할 수 있다고 생각한 것인가!
http://www.hani.co.kr/arti/society/society_general/575540.html

좋아요 댓글 달기

검찰은 조 후보자의 배우자 정경심교수가 재직 중인 동양대학교 연구실과 학교 사무실을 압수 수색했다. 압수수색 사유는 딸이 지식거래 사이트에 올린 서울대 환경대학원 자기소개서엔 '4학년 초부터 인문학 영재프로그램에 참여해 봉사했다'고 썼다. 또 부산대 의전원 입학을 위한 자기소개서에서도 어머니가 교수로 재직 중인 동양대학교 총장이 준 봉사상을 수상 경력에 포함시키기도 했다. 압수수색을 당한 동양대 측은 해당 표창장이 발급된 적이 없다고 검찰에 밝힌 것으로 확인됐다. 최성해 동양대 총장은 모 일간지와의 통화에서 "나는 이런 표창장을 결재한 적도 없고 준적도 없다"고 밝혔다. 최 총장은 1994년부터 지금까지 총장으로 재직 중이다. 동양대 관계자는 "오늘 검찰에서 조 후보자 딸이 우리 학교에서 받았다는 표창장을 들고 왔는데 상장 일련번호와 양식이 우리 것과 달랐다. 그래서 지금 학교에 있는 상장번호를 보여주고 검찰도 이를 확인해서 갔다"고 말했다. 9월 4일 유시민 이사장과 더불어민주당 김두관 의원은 최 총장에게 전화를 걸어온 사실을 밝히면서 최 총장은 전날 동아일보 기자와 만나 "오전 11시 45분쯤 여권 핵심 A씨로부터 조 후보자를 낙마 위기에서 살리자는 취지의 전화를 받았다"고 했다. A씨가 "시나리오를 하나 보여드릴게'라며 자신의 구상을 밝혔다고 한다. A씨는 최 총장에게 표창장에 총장 직인을 찍을 수 있는 권한을 조 후보자 부인 정씨에게 정식으로 위임한 것으로 해 달라고 제안을 했다는 것"이다. 최 총장은 또 "(A씨가) '저쪽에서 이제 조국을 임명장 안 받게 하려는 목적으로 나오기 때문에 이런 식으로 해줬으면 좋겠다'는 얘기도 했다"며 "'나도 그랬으면 좋겠지만 검찰이 이미 다 알고 있어서 도와줄 수가 없다'며 (A씨의 제안을) 거절했다"고 말했다. 조 후보자의 결정적인 아킬레스건을 무마하기 위하여 이들 여권실세인사가 무슨 행동을 했는지 눈여겨 볼 수 있는 것이다.

또한 조 후보자의 딸 조민에게 2011년 7월 인턴활동 관리감독 권한을 갖고 있던 한국과학기술연구원(KIST) B박사는 9월 3일 오후 9시 55분경 검찰의 참고인 조사를 받고 귀가하면서 모 일간지와의 인터뷰에서 "나는 (조 후보자 딸 인턴 증명서를) 발급해준 사실이 없다"며 A박사가 임의로 발급했을 것이라는 취지로 언급했다. 실제 인턴기간도 3주보다 짧았다고 한다.

조 후보자는 지난 2일 기자간담회에서 조민이 2014년 서울대 환경대학원에서 두 학기 연속 전액 장학금(802만원)을 받은 경위에 대해 "신청한 적 없는데 그냥 주더라"고 했다. 해당 장학금을 준 서울대 총동창회 산하 장학재단 '관악회'는 이에 대해 그동안 "보존 기한 5년이 지나 당시 서류를 폐기했다"며 "해당 장학금을 누가 신청했는지, 조 씨를 추천한 지도교수가 누구인지 알 수 없다"는 입장을 여러 차례 밝혔다. 그러나 이 해명은 거짓으로 나타났다. 서울시교육청이 3일 자유한국당 곽상도 의원에게 제출한 자료에 따르면 관악회는 최근 "2014년 장학금 관련 서류를 폐기한 사실이 없다"고 밝혔다. 이는 조 씨 명의로 된 '신청서' 또는 지도교수의 '추천서' 등이 존재할 가능성이 크다는 의미이기도 하다. 서울대 관계자 등에 따르면 조 씨가 장학금을 받았다면 관련 서류엔 당시 지도교수의 추천 내역이 나타나 있어야 정상이다. 서울대 관계자는 "당시 관악회 장학금은 100% 학교 추천을 통해 지급됐다"고 했다. 이러한 것이 사실로 확인된다면 조 씨의 입학은 결격 사유에 해당되어 학교 당국은 입학취소를 해야 할 것이다. 조 후보자는 이러한 사실을 딸과 부인에게 확인하면 바로 알 수 있다. 그러나 "수사 중인 사항으로 사실 확인이 어렵다"고 밝힌 조 후보자는 스스로가 잘 알고 있을 것이다. 거짓으로 일관한 조국 후보자도 피의자 신분으로 사퇴하고 딸의 입시부정이 확인 된다면 입학이 취소되어야 할 것이다.

9월 5일에는 200명에 육박하는 전국 대학 전·현직 교수들이 5일 "조국 법무부 장관 후보자 지명을 철회하라"는 시국선언을 했다. 이병태 카이스트 경영학과 교수, 조동근 명지대 경제학과 명예교수 등 전·현직 교수 등은 이날 서울 중구 프란치스코 교육회관에서 기자회견을 열고 "각종 특혜, 탈법 및 위선으로 국민의 공분(公憤)을 산 조국의 법무부 장관직 후보자 지명을 철회하고 그간 제기된 각종 의혹에 대해 특검을 실시해 한 점 의혹 없이 그 죄과를 국민 앞에 밝혀라"고 밝혔다. '사회정의를 바라는 전국교수모임'(정교모)은 9월 19일 오전 11시 청와대 분수대 앞에서 기자회견을 열고 "조 장관 대신 사회 정의와 윤리를 세울 수 있는 사람을 법무부 장관으로 임명하라"며 시국선언문을 발표했다. 정교모는 지난 18일 오후 2시 기준 전국 290개 대학 교수 3396명이 시국선언에 참여했다고 밝혔다.

사회정의를 바라는 전국교수모임 기자회견

9월 23일 '정의가 구현되고 상식이 통하는 나라를 원하는 대한민국 의사들'(이하 정의구현의사회)은 이 같은 내용의 성명서를 발표했다. 정의구현의사회는 "조국 일가의 범죄 및 비윤리행위 의료인으로서 용납 못한다"며 조국 장관의 퇴진과 그의 자녀의 퇴교를 건의했다. 이번 서명의 주요내용은 바로 조국 법무부 장관의 퇴진과 그의 자녀의 부산대의전원 퇴교 요구로 지난 18일부터 23일까지 5일간 총 응답자 5,356명 중 허수 203명을 제외하고 검증된 응답자 총 5,153명이 관련 서명에 나섰다. 정의구현의사회는 "조국 장관의 자녀가 무시험 전형으로 의학전문대학원에 입학했는데 입학 시 제출한 서류들 중 다수가 위조되거나 허위 발급된 서류였다는 것이 드러났다"며 "이런 비도덕적이고 비윤리적인 행위가 일회성이 아니라 고의적으로 장기간 반복되어 실행되었다고 알려졌다"고 설명했다. 변호사단체인 '한반도 인권과 통일을 위한 변호사 모임'은 9월 26일 기자회견을 열고 "조국 법무부 장관의 퇴진을 요구하는 시국선언에 변호사 1036명이 서명했다"고 밝혔다. 서울 서초동 서울지방변호사회 앞에서 열린 '시국선언 기자회견'에서 "무자격자이고 검찰 수사까지 받는 피의자를 법무부 장관직에서 해임하지 않으면 법치국가의 원리와 헌법을 수호할 대통령의 의무를 중대하게 위반하는 것"이라고 주장했다. 한변은 지난 16일부터 진행한 서명운동에 신영철 등 전 대법관 8명, 김승규·김경한 전 법무부 장관, 송광수·한상대 전 검찰총장 등이 동참했다며 참여자 실명을 공개했다. 반면 조국 법무부 장관을 옹호하는 국내 및 해외 대학의 교수, 연구자 등은 9월 26일 부산시의회 3층 브리핑 룸에서 기자회견을 열어 '지금 중요한 것은 검찰개혁이다!' 시국선언문을 발표했다. 이들은 선언문에서 "검찰 내부 개혁을 하루빨리 진행해야 한다. 국회 패스트트랙(신속처리 대상 안건) 법안으로 계류 중인 '고위공직자범죄수사처'설치 법안을 빨리 통과시켜 집행하라. 검찰의 수사·기소·영장청구권 독점을 개선하는 검·경 수사권 조정을 빨리 실행하라"고 밝혔다. 또 "현재 사태 핵심은 조 장관 가족 문제가 아니라 검찰 문제다. 검찰을 중심으로 만들어진 사법권력 체제가 문제다. 바로 검찰의 수사권·기소권 독점이다. 모든 형사 절차를 독점한 세계 유일의 절대 권력집단이다. 군사독재를 비롯한 역대 권위주의 정권의 충직한 하수인 노릇을 한 검찰의 과거 전력도 여기서 비롯됐다. 이를 허물어야 진정한 민주주의를 실현할 수 있다"고 짚었다. 조 장관 지지에 대해서는 "조국이 법무부 장관 자리에 있기 때문이다. 그는 검찰개혁이라는 엄중한 역사적 과업의 도구로 선택됐다. 의지와 능력이 있는 다른 사람이 장관이어도 똑같이 지지한다. 검찰을 뜯어고쳐야 한다는 연구자의 순수한 의도를 왜곡하지 말아 달라"고 당부했다.

여론조사 추이를 살펴보자. 한국리서치가 KBS 의뢰로 8월 22~23일 전국 성인 1015명을 대상으로 조사(신뢰 수준 95%, 표본 오차 ±3.1%포인트)한 결과 '조 후보자가 법무부 장관직 수행에 적합한 인사라고 생각하느냐'는 물음에 48%가 '부적합하다'고 답했다. '적합하다'고 답한 사람은 18%에 불과했다. 나머지 34%는 '판단 유보'라고 했다.

8월 26일 중앙일보 조사연구팀 역시 만 19세 이상 남녀 1000명을 대상으로 조 후보자 임명에 대한 찬반 여론을 조사해 발표했다. '조국 후보자를 법무부 장관으로 임명하는 데 찬성하느냐, 반대하느냐'라는 질문에 반대를 택한 이가 60.2%에 달했다. '찬성한다'는 응답은 27.2%, 모름·무응답은 12.6%였다. 이 조사는 지난 23일 조 후보자의 재산 사회

환원 발표 이후 8월 23~24일 이틀간 진행했다.

모교인 서울대 온라인 커뮤니티인 '스누라이프'에는 24일 밤 '조국 전 민정수석 법무부 장관 적합 여부 투표'가 게시됐다. 해당 투표에는 만 24시간도 되지 않아 1750명이 참여했고, 응답자의 97%인 1667명은 "전혀 적합하지 않다"고 했다. 그리고 8월 23일 대학원생 주도로 첫 촛불 집회를 연 서울대는 총학생회 차원에서 조 후보자의 사퇴를 요구하는 2차 집회를 진행했다. 이런 와중에도 조국 후보자는 청문회에서 진실을 밝히겠다고 주장하며, 26일 "검찰과 함께 열린 마음으로 국회에서 수사권조정과 공수처(고위공직자범죄수사처) 설치 등 검찰 개혁이 완결되도록 지원하겠다"고 밝혔다. 이후 한국갤럽이 8월 27~29일 사흘간 전국 성인 1004명을 상대로 실시한 여론조사에서 조국 법무부 장관 후보자가 법무부 장관으로 '적절하지 않다'는 응답이 57%로 나타났다. '적절하다'는 응답은 27%, '모름·응답거절'은 16%였다. 조 후보자에 대한 반대 여론이 찬성 여론보다 2배 이상 높게 나온 것이다. 특히 이번 조사결과는 수도권·PK·20대서도 '반대'가 '찬성' 2배 넘었다. 9월 3일 조 후보자가 국회에서 기자간담회를 하고 난 뒤 9월 4일 여론조사 기관 리얼미터는 오마이뉴스 의뢰로 지난 3일 조 후보자의 법무부 장관 임명에 대한 국민여론을 조사한 결과 '반대한다'(매우 반대 43.9%, 반대하는 편 7.6%)는 응답이 51.5%로 나타났다고 4일 밝혔다. 자유한국당의 반박 간담회 후 실시된 리어미터 여론조사결과는 조 후보자의 임명 반대 여론이 늘고 찬반 격차가 두 자릿수 이상으로 나왔다. 임명 반대 여론은 56.2%(매우 반대 47.7%, 반대하는 편 8.5%)로 집계됐다. 찬성 여론은 40.1%(매우 찬성 25.3%, 찬성하는 편 14.8%)이다. 리얼미터 조사에서 조 후보자 임명 관련 여론은 계속 '반대'가 우세했다. 국회 인사청문회 직전 딸의 동양대 표창장 위조 및 증거인멸 의혹이 추가로 제기된 게 영향을 미친 것으로 보인다. 6일 리얼미터에 따르면 전날 전국 19세 이상 성인 501명을 대상으로 조 후보자 임명에 대해 조사(95% 신뢰수준에 표본오차 ±4.4%포인트)한 결과, 임명에 반대한다는 여론이 3일 조사보다 4.7%포인트 늘어난 56.2%(매우 반대 47.7%, 반대하는 편 8.5%)로 집계됐다. 찬성한다는 여론은 6.0%포인트 줄어든 40.1%(매우 찬성 25.3%, 찬성하는 편 14.8%)이었다. 찬반 격차는 16.1%포인트로 벌어졌다. 리얼미터 조사 추이를 보면 1차 조사에서 15.3% 포인트, 2차 조사 12.0% 포인트, 3차 조사 5.4% 포인트, 4차 조사 16.1% 포인트의 격차를 보였다. 조국 법무부 장관 후보자의 인사청문회 이후 국민 절반 가까이가 조 후보자의 장관 임명에 반대한다는 여론조사 결과가 나왔다. 8일 한국리서치는 KBS '일요진단 라이브' 의뢰로 청문회 다음 날인 7일 전국 만 19세 이상 성인 1003명을 대상으로 조사(95% 신뢰수준에 표본오차 ±3.1%포인트)한 결과, 조 후보자 '임명 반대' 응답이 전체의 49%라고 밝혔다. '찬성한다'는 답변은 37%로, 반대가 찬성보다 12%포인트 높았다. '모르겠다'는 응답은 14%였다. 이날 리얼미터가 발표한 여론조사에서도 조 후보자에 대한 임명 반대 응답이 51.8%로 찬성(45.0%)보다 높게 나왔다. 다만 이는 청문회 전날인 5일 조 후보자 부인의 동양대 표창장 위조 의혹이 불거진 직후 이뤄졌던 조사보다 반대가 4.4%포인트 줄어들고 찬성은 4.9% 포인트 늘어난 수치다. KBS가 9일 한국리서치에 의뢰해 전국 성인 1000명을 상대로 실시한 여론조사 결과를 12일 발표했다. 문대통령의 조국 법무부 장관 임명에 '잘못했다'

는 응답이 51%, '잘했다'는 응답이 38.9%로 나타났다고 밝혔다. 문대통령의 국정운영에 대한 부정 평가는 53.3%, 긍정 평가 44.8%로 나타났다. 나이대별로는 20대 42.7%, 50대 57.7%, 60대 이상 70.1% '조국 임명 잘못했다'고 나타났고, 지역별로는 광주·전라지역에서 '조국 임명 잘했다' 58.1%로 전국 유일 '긍정>부정'으로 대구·경북은 '조국 임명 잘못했다' 64.9%로 '잘했다'(23.1%)의 3배로 나타났다. KBS 여론조사에서 문대통령 국정 운영에 대한 부정 평가가 긍정을 앞지른 것은 이번이 처음이다. 또 조 장관이 현재 자신과 가족 등에 대해 진행 중인 검찰 수사에 영향을 미칠 것이란 응답이 66.9%로 나타났다. 이후 추석 명절이 지나고 MBC는 코리아리서치에 의뢰해 추석 연휴인 9월 14~15일 이틀간 전국 성인 1009명을 대상으로 여론조사를 실시한 결과 문재인 대통령의 조국 법무부 장관 임명에 대해 '잘한 일'이라는 답이 36.3%, '잘못한 일'이라는 답이 57.1%로 각각 나왔다고 16일 밝혔다. '잘못한 일'이라는 답변이 '잘한 일'이란 답보다 20%포인트 이상 높게 나온 것이다. 문대통령 국정평가 '부정' 51%, '긍정' 44%로 MBC조사 기준 첫 역전이 되었다. '청문회 도중 檢 수사·기소는 원칙적이고 적절' 66%, '부적절한 정치개입' 30%로 나타났다.

문대통령은 이런 사태에 대해 침묵하고 9월 2일 아세아 순방을 위해 출국을 하면서 조 후보자의 딸 관련 의혹차원을 넘어서 대학입시 전반에 대한 재검토를 해달라고 주문했다.

9월 5일 더불어민주당과 자유한국당은 전격적으로 9월 6일 청문회를 실시하기로 타결했다. 당초 9월 2~3일 양일간 개최예정이었으나 조 후보자 가족증인 채택 문제로 여당의 강한 반발로 무산된바 있다. 6일 청문회에는 당초 82명의 청문회 증인이 가족 증인의 배제 등 11명이 합의되었으나 최소 5일전에 증인에게 배달되어야 법적으로 참석의무가 있어 단 1명만이 참석하여 증인이 없이 실시되었다. 청문회는 조 후보자 딸의 동양대표창장, 인턴증명서 위조문제와 사모펀드 등에 대한 여야 청문의원 간에 치열한 공방이 오전 10시에 시작하여 자정 12시까지 이어졌다. 특히 자유한국당 김진태의원이 가족관계기본증명서를 요구하자 조 후보자는 이에 수락하고 위임장을 청문회준비단에 제공했으나 기존에 청문회 자료에 있던 가족관계증명서를 제출하자 김진태의원은 기본증명서에는 출생 시 신고일자와 신고한 사람이 명기된다는 점을 자신의 기본증명서를 통해 밝히면서 조 후보자가 주장하는 딸의 출생 신고는 조 후보자의 아버지가 했다는 사실을 밝히지 못하는 조 후보자의 처사에 강력한 비판을 하였다. 또한 자유한국당 이은재의원이 동양대표창장 사본제출을 요구하자 조 후보자는 자신의 스마트폰에 저장되어있지만 딸의 권리이고 현재 수사진행을 이유로 제출하는 것은 적절하지 못함을 주장하였다. 그러나 박지원 무소속의원은 자신도 그 사본을 자신의 스마트폰에 가지고 있다며 조 후보자에게 보여준 바 있었다.

문대통령이 임명한 윤석열 검찰총장이 이끄는 검찰은 밤 10시 50분에 조 후보자 배우자의 동양대표창장 위조혐의로 전격적으로 불구속 기소를 하였고 창문회가 끝나고 3분 뒤 이 사실은 알렸다. 청문회 중 자유한국당 장제원의원이 조 후보자에게 "만약 부인이 기소될 경우 장관직을 수행할 수 있느냐"는 물음에 "고민해보겠다"고 답한 뒤 재차 묻자 "임명권자의 뜻을 따르겠다"고 답했다.

조 후보자는 전날 자정까지 국회에서 이뤄진 인사청문회 산회 직후 기자들과 만나 "지금부터 제 처는 형사절차상 방어권을 가지게 될 것이고 향후 재판까지 이어질 것"이라며 이같이 말했다. 조 후보자는 "헌법상 무죄추정의 원칙이 있는 것"이라며 "형법상 방어권을 행사해서 자신의 목소리와 주장, 증거가 이 과정에 반영될 것이라 생각한다"고 설명했다. 다만 "검찰 입장을 존중한다"면서 "검찰의 결정에 나름 이유가 있었을 거라 생각한다"고 했다.조 후보자는 자신의 부인이 사문서위조 혐의로 불구속 기소된데 대해 "피의자 소환 없이 기소가 이뤄진 점에 있어서는 저로서는 조금 아쉬운 마음이 있다"고 입장을 밝혔다.

인사 청문 정국에서 조 후보자 관련 각종 의혹에 대한 검찰의 압수수색과 피의사실 공표 정황을 비판해왔던 여당은 강력 반발했다. 홍익표 더불어민주당 수석대변인은 논평을 내고 "검찰 개혁의 필요성을 자인한 검찰의 기소권 남용"이라며 "6일 공소시효가 만료되는 날이라 하더라도 조 후보자 부인에 대한 소환 조사 한 번 없이, 절차도 무시한 채 일방적으로 기소한 것에 대해 강력한 유감을 표한다. 검찰이 전격적으로 조 후보자 부인을 기소한 것은 피의자로서 최소한의 방어권을 행사할 기회도 박탈한 비인권적 수사이며 명백한 검찰권 남용이며 청문회 진행 중에 이뤄진 무리한 기소는 입법부의 국무위원 인사검증 권한을 무력화시키는 것이다"라고 했다. 이어 "검찰 개혁의 필요성을 검찰 스스로 자인하는 것으로 오늘의 기소권 남용에 대한 모든 책임은 전적으로 검찰이 져야 할 것"이라고 경고했다. 이에 대해 자유한국당이 7일 조국 법무부 장관 후보자의 아내가 검찰에 기소된 것에 대해 "법무부 장관이 되겠다는 후보자의 배우자가 실제로 기소되는 일이 벌어졌다. 이런데도 더 버티겠나"라고 물었다. 전희경 대변인은 이날 국회에서 기자회견을 열고 "이런데도 버티면서 국민 눈과 귀를 괴롭히고 대한민국이 쌓아올린 법질서와 상식을 허물어뜨리겠냐"며 이같이 말했다.

청문회 당일 오후 문대통령은 아세안 순방을 마치고 귀국하였고 조 후보자 부인이 동양대 인턴증명서에 대한 사문서 위조 혐의로 기소가 되자 청와대는 침묵하면서 주말의 민심 추이를 파악하여 당정청의 의견을 주말동안 들은 뒤 문대통령은 9일 청와대에서 조 장관에게 임명장을 수여한 뒤 대국민 연설을 통해 "권력기관 개혁을 위해 매진했고 성과를 보여준 조국 장관에게 그 마무리를 맡기고자 한다"며 자신이 내린 결단의 배경을 설명했다. 문대통령은 특히 "그(권력기관 개혁) 의지가 좌초돼서는 안 된다고 생각한다"며 "이 점에서 국민들의 넓은 이해와 지지를 당부 드린다"고 호소했다. 조 장관 부인이 기소된 상황이라 문대통령 스스로 "자칫 국민 분열로 이어질 수 있는 상황을 보며 깊은 고민을 하지 않을 수 없었다"고 언급할 정도로 쉽지 않은 선택이었다. 그럼에도 불구하고 조 장관 카드를 관찰시킨 데는 개혁 의제에서 후퇴하는 선례를 남길 경우 국정운영 동력이 급격히 떨어질 수 있다는 판단이 작용한 것으로 보인다. 특히 여기서 물러날 경우 '조기 레임덕'에 빠질 수 있다는 위기감도 이번 임명의 한 배경으로 꼽힌다. 여권 한 관계자는 "촛불혁명으로 탄생한 문재인 정부에서 개혁 의제가 하나 둘 사라지게 된다면 정권을 지탱할 힘을 상실할 수 있다"며 "개혁 의제로 핵심 지지층을 결집시키는 것이 정국을 돌파할 길을 여는 유일한 해법 아니겠냐"고 말했다. 그러나 임명당일 조국 법무부 장관의 딸에 대한 가족관계기본증명서에 출생신고를 조국 법무부 장관이 청문회 중 야당의원의 수차례 질의에도 본인이 아닌 조국부친이 신고했다고 주장한 것에 대해 조 후보자로 밝혀지면서 위증이 되었다. 조국 신임 법무부 장관의 임명이 강행된 9일, 서울대 학생들이 세 번째 촛불을 들었다. 학생들은 1·2차 집회 때와 마찬가지로 "학생들의 명령이다, 지금당장 사퇴하라" "법무부 장관 자격 없다, 지금당장 사퇴하라" "우리 대한민국 청년 대학생들은 공정과 불공정의 차이를 보고 듣고 느껴온 세대입니다. 오늘, 대한민국의 정의와 공정은 죽었습니다"라는 구호를 외쳤다. 뒤 이어 조 법무부 장관 가족이 투자한 사모펀드 운용사의 실소유주로 지목된 조 장관의 5촌 조카가 자금 흐름이 드러나면 "빼도 박도 못하는 상황이 된다. 전부 난리 나고 이해충돌 문제 생긴다", "소명 안 되는 7억 3000만원, 건설사 빌려줬다고 하자", "정말 조 후보자가 같이 낙마해야 한다"며 관련 업체 대표에게 거짓증언을 요구하며 말맞추기를 시도한 사실이 10일 드러났다. 조 장관 가족이 투자한 사모펀드 운용사 코링크 프라이빗에쿼티(PE) 등이 인수한 가로등점멸기 제조업체 '웰스씨앤티' 대표 최태식씨가 조 장관의 5촌 조카 조범동씨와 통화한 내용이었다. 조범동씨는 조 장관 가족의 사모펀드 관련 의혹이 불거진 이후 해외로 도피해 들어오지 않고 있다가 검찰이 주범으로 지목하고 신병확보에 주력하던 중 9월 14일 인천공항에서 체포되어 조사를 받고 9월 16일 서울중앙지법 임민성 영장전담 부장판사는 조 씨에 대한 구속 전 피의자심문(영장실질심사)을 마친 뒤 조 씨에 대해 "범죄 혐의 상당부분이 소명되고, 이 사건 범행 전후의 일련의 과정에서 피의자의 지위와 현재까지의 전체적인 수사경과 등에 비춰 도망 내지 증거인멸 우려가 있다"며 구속영장을 발부했다.

반면 조 장관은 취임과 동시에 법무부가 조국 법무장관 일가 의혹을 수사 중인 검찰 수뇌부에 '특별수사팀' 구성을 제안한 것으로 10일 확인

됐다. 수사 종료까지 검찰총장에 대한 보고 없이 독립적으로 수사해 온 특별수사팀 전례에 비춰보면 사실상 윤석열 검찰총장에 대한 '지휘 배제'를 권유한 것이어서 법무부와 검찰 사이에 긴장감이 높아지는 양상이다. 이날 법무부와 대검찰청에 따르면 복수의 법무부 간부들은 조 장관 취임일인 전날 검찰 관계자들에게 특별수사팀 구성을 제안한 것으로 전해졌다. 제안 내용은 조 장관 일가 수사를 '강원랜드 채용비리 관련 수사단'과 같은 방식으로 진행하면 어떠냐는 것이었다고 한다. 자신을 포함한 가족비리를 차단하기 위한 시도인 것이다. 개탄스럽고 참담한 일이다. 또한 검찰개혁의 신호탄으로 수사공보준칙을 법무부 대 언론 훈령으로 개정하려고 하자 하필 조 장관이 부인의 피의자 신분으로 검찰소환을 앞두고 있는 시점에서 언론은 취재의 제한 등을 들어 적절치 않은 처사라고 보도했다. 9월 16일에 이어 22일에도 조 장관의 딸을 소환해 위조된 인턴증명서와 동양대 총장 표창장을 고려대와 부산대 의학전문대학원 등 입시에 활용한 혐의를 두고 추가 조사를 했다. 9월 23일에는 조 장관의 집을 검찰이 압수수색하였는데 부인 정경심 교수의 요청에 따라 변호사 입회하에 11시간동안 진행되었다. 이 과정에서 조 장관이 압수 수색 중이던 수사팀장과 통화를 했다는 사실이 9월26일 대정부질의에서 인정하자 자유한국당은 정회를 신청하고, 긴급 의원총회를 열었다. 의총에서 나경원 자유한국당 원내대표는 "(조 장관이 검사와) 전화 통화를 해서 '잘해 달라' 한 것은 명백한 수사 개입이다. 명백한 외압으로 직권 남용"이라고 주장하며 바른미래당과 조 장관을 직권남용혐의로 탄핵을 추진하려다 탄핵이 통과하려면 재적의원 1/3의 발의에 전체인원 과반수가 통과되어야 해서 정의당과 대안정치연대의 반대로 무산되었다. 다음 날 이어진 대정부 질문에 앞서 문재인 대통령은 미국에서 UN연설을 마치고 귀국 후 조 법무부 장관의 그동안 행태에 대해 문대통령은 이날 "검찰이 아무런 간섭을 받지 않고 전 검찰력을 기울이다시피 엄정하게 수사하는데도 검찰개혁을 요구하는 목소리가 높아지고 있는 현실을 검찰은 성찰해주시기 바란다"고 직언했다. 이에 대해 자유한국당 황교안 대표는 "문재인 대통령의 검찰 발언은 국민에 대한 선전포고"라며 검찰에 대한 겁박을 중지하라고 반격했다. 문대통령의 이런 발언에 대정부질문에 나선 이낙연 국무총리를 비롯해 이해찬 더불어민주당 대표 등은 조 장관을 옹호하는 발언을 이어가고 검찰청이 있는 서초동 법조거리에서 '조국수호와 검찰개혁'을 외치며 촛불 민심이 다시 일어났다고 주장했다.

검찰은 9월 24일에 조 장관의 아들을 소환 조사하여 서울대학교에서 인턴 증명서를 허위로 발급받은 의혹에 대해서 확인한 것으로 알려졌다. 9월 14일에는 조 장관의 5촌 조카가 사모펀드의 핵심 피의자로서 구속되었다. 9월 26일에 조 장관의 동생과 그의 전처가 '웅동학원의 위장소송의혹' 관련 소환되었다. 10월 3일에는 조 장관의 부인 정경심 교수가 검찰에 비공개 소환되어 조사를 받았다. 피의자의 인권을 보호한다는 이유로 문대통령의 강력한 지시 하에 윤석열 검찰총장이 비공개 소환원칙을 발표하여 포토라인에 서지 않고 검찰의 비밀 통로로 소환되었다. 역대 노무현, 이명박, 박근혜 대통령들도 포토라인에 다 섰다. 하필이면 이 시점에서 이러한 비공개 소환원칙이 발표되어 국민적인 알권리를 무시하고 조 장관의 부인 정경심 교수부터 적용했다는 사실에 대해 많은 언론이 이해할 수 없다는 논평을 했다.

현직 장관으로는 헌정 사상 최초로 조 장관의 일가족 모두가 검찰에 소환되는 전대미문의 사태가 발생한 것이다.

조 장관의 동생 조권은 10월 8일 웅동학원 교사채용 비리 등 사유로 법원에 구속영장실질 심사를 받았다. 그러나 영장실질심사를 앞두고 디스크 수술을 이유로 연기를 요청했지만 검찰은 의사를 대동해 검진 결과 무리가 없다고 판단하여 부산까지 내려가 서울로 압송하던 중 조 장관 동생은 변호인을 통해 영장실질심사를 포기하였지만 영장 전담 명재권 판사가 서류검토만 마치고 영장기각을 결정했다. 이에 대해 검찰은 즉각 영장 재청구를 할 예정이라고 밝히고 이어 법조계에서는 영장실질심사를 포기한 피의자에게 기각을 한 사례는 단 한 차례도 없었다며 이례적 결정이라고 평했다. 이후 검찰은 구속영장을 재청구를 하고 11월1일 신종열 서울중앙지법 영장 전담 부장판사는 "종전 구속영장 청구 전후의 수사 진행 경과, 추가된 범죄 혐의 등을 감안하면 구속 필요성과 상당성이 인정된다"며 조씨의 구속영장을 발부했다. 조씨는 6가지 혐의로 구속영장이 청구됐다. 조 전 장관 일가(一家)가 운영한 웅동학원의 교사 채용을 대가로 뒷돈 2억 1000만원을 받고, 채용 비리 과정에 관여한 브로커 2명에게 증거 인멸을 지시하거나 해외로 도피시킨 혐의를 받고 있다. 웅동학원을 상대로 허위로 공사 대금 청구 소송을 벌여 이 학원에 100억원대 손해를 끼친 혐의(배임)도 있다. 그는 이 소송에서 이긴 뒤 공사 대금 채권을 아내에게 넘기고 2009년 이혼했다. 검찰은 조씨가 웅동학원이 공사 대금 명목으로 은행에서 빌린 35억 원 등을 갚지 않기 위해 위장 이혼한 것으로 보고 강제집행 면탈 혐의를 이번에 새로 추가해 구속영장을 재청구했다.

10월 21일 11가지 혐의로 정경심 교수의 영장청구가 되었다. 정 교수 측 변호인은 정 교수의 구속 전 피의자심문(영장실질심사)을 마친 후 기자들과 만나 "영장 기재 범죄사실이 과장됐고 왜곡됐다는 점을 충분히 밝혔다"며 "법리적으로 범죄가 성립되지 않는다는 점도 상세히 설명했다"고 말했다. 또한 "검찰이 장시간 한 가정이 파탄 날 지경으로, 한 가족이 온전히 버티기 힘들 정도로 많은 고통을 받았다"며 검찰의 무리한 수사라고 항변하였지만, 10월 24일 송경호 서울중앙지법 영장전담 부장판사는 "범죄혐의 상당부분이 소명되고, 현재까지의 수사경과에 비춰 증거인멸 염려가 있으며, 구속의 상당성도 인정된다"면서 정 교수의 구속영장을 발부했다. 11월 11일에 정경심 교수는 14가지 죄목으로 기소되었다.

영장심사를 받기 위해 출두하는
조국 전 장관의 부인 정경심 교수

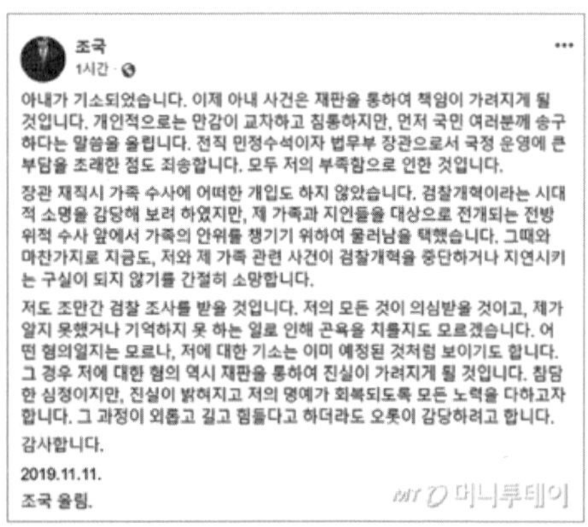

조국
1시간

아내가 기소되었습니다. 이제 아내 사건은 재판을 통하여 책임이 가려지게 될 것입니다. 개인적으로는 만감이 교차하고 침통하지만, 먼저 국민 여러분께 송구하다는 말씀을 올립니다. 전직 민정수석이자 법무부 장관으로서 국정 운영에 큰 부담을 초래한 점도 죄송합니다. 모두 저의 부족함으로 인한 것입니다.

장관 재직시 가족 수사에 어떠한 개입도 하지 않았습니다. 검찰개혁이라는 시대적 소명을 감당해 보려 하였지만, 제 가족과 지인들을 대상으로 전개되는 전방위적 수사 앞에서 가족의 안위를 챙기기 위하여 물러남을 택했습니다. 그때와 마찬가지로 지금도, 저와 제 가족 관련 사건이 검찰개혁을 중단하거나 지연시키는 구실이 되지 않기를 간절히 소망합니다.

저도 조만간 검찰 조사를 받을 것입니다. 저의 모든 것이 의심받을 것이고, 제가 알지 못했거나 기억하지 못 하는 일로 인해 곤욕을 치룰지도 모르겠습니다. 어떤 혐의일지는 모르나, 저에 대한 기소는 이미 예정된 것처럼 보이기도 합니다. 그 경우 저에 대한 혐의 역시 재판을 통하여 진실이 가려지게 될 것입니다. 참담한 심정이지만, 진실이 밝혀지고 저의 명예가 회복되도록 모든 노력을 다하고자 합니다. 그 과정이 외롭고 길고 힘들다고 하더라도 오롯이 감당하려고 합니다.

감사합니다.

2019.11.11.

조국 올림.

이에 대해 조국 전 법무부 장관이 11일 부인 정경심 교수 구속기소 소식이 전해진 후 페이스북에 입장을 밝혔다. 조국 전 법무부 장관이 11일 "저에 대한 기소는 이미 예정된 것처럼 보인다"며 "참담한 심경이지만 진실이 밝혀지고 저의 명예가 회복되도록 모든 노력을 다하고자 한다"고 밝혔다. 부인 정경심 교수가 추가 기소되고 딸이 '입시비리' 공범으로 지목된 직후 페이스북에 장문의 글을 남긴 것이다. 11월 14일 조국 전 법무부 장관이 피의자 신분으로 아내 정경심 교수와 마찬가지로 비공개로 검찰에 출석을 했는데 언론에 노출되지 않고 바로 조사실로 직행해 '대검찰청 공개 소환 폐지 방침'의 1호 수혜자가 됐는데 검찰은 인권침해를 막기 위해 지하주차장을 포함한 청사 내에서의 촬영을 금지를 해 출석했다는 사실만 보도를 통해 알 수 있을 뿐 조 전 장관의 출석 모습이 언론에 노출되지 않은 것이다. 조 전 장관은 3차례 검찰 조사에서 진술거부권을 행사했다. 11월 18일 서울중앙지검 반부패수사2부(부장검사 고형곤)는 조 전 장관의 동생 조권씨를 구속기한 만료를 하루 앞두고 특정경제범죄가중처벌법상 배임, 강제집행면탈, 배임수재, 업무방해, 증거인멸교사, 범인도피 혐의로 구속기소했다. 더불어 조씨의 배임수재 혐의와 관련한 부당이득 1억 4700만원에 대해 사무실 임차보증금 등을 대상으로 추징보전을 청구했다. 이로써 조 전 장관의 부인 정경심 교수를 비롯해 동생과 5촌 조카 모두 구속 상태에서 재판을 받게 됐다.

조국 사태는 집권당의 진보진영과 야당의 보수진영에 대한 사생결단을 건 초유의 집회가 열리기도 했다. 진보진영은 조국 장관에 대한 검찰 수사가 진행 중인 가운데 9월 28일 서울 서초동 서울중앙지검 앞에서 길 하나를 사이에 두고 '검찰 개혁'과 '조국 퇴진'이라는 상반된 요구를 내건 집회가 열었다. 사법적폐청산 범국민 시민연대는 이날 오후 6시 서초동 서울중앙지검 정문 앞에서 제7차 검찰 개혁 촛불 문화제를 열었다. 이날 참석한 시민들은 '조국 수호', '검찰 개혁' 등의 문구가 적힌 팻말을 들고 '정치검찰 물러나라', '공수처를 설치하라' 등을 외쳤다. 이들은 조 장관과 가족을 둘러싼 검찰의 대대적인 수사를 적폐라고 주장했다. 또 이를 청산하고 검찰 개혁을 이뤄야 한다고 요구했다.

그리고 보수진영은 서초동 촛불집회에 맞불을 놓으며 10월 3일 서울 광화문과 숭례문까지 '조국파면'과 '문재인 탄핵'을 외치며 자유한국당 관계자와 범보수단체 등이 집회를 열었다. 이어서 전국 50여개 대학 학생들이 모인 '전국 대학생연합 촛불집회 집행부'는 이날 오후 6시 20분쯤 서울 종로구 대학로 마로니에공원에서 '청년이여 조국을 개혁하라'는 슬로건을 내걸고 첫 연합집회를 열었다. 집회에서 참가자들은 '조로남불 그만하고 자진해서 사퇴하라' '학생들이 거부한다 조국위한 조국사퇴' '흙수저는 학사경고 금수저는 격려장학' 등의 구호를 외치며 조국 법무부 장관의 사퇴와 청와대의 검찰 수사 개입 중단을 요구했다. 10월 9일에 '문재인 하야 범국민 투쟁본부'의 2차 집회가 광화문에서 다시 열렸는데 이 자리에 조 장관과 부인의 모교인 서울대 광화문집회 추진위원회

진보진영 서초동 촛불집회

보수진영의 광화문 집회

대학생들의 대학로 촛불집회

(서울대 추진위) 김근태(재료공학부 박사과정)씨는 "개천절에 모인 사람들의 목소리에 청와대는 아무런 대답이 없고 민주당에서는 집회를 폄하하고 있다"며 "양심의 목소리가 공허한 한 번의 소음으로 끝나는 것을 막기 위해 다시 광화문으로 나갔다"고 했다. 이들은 서울 광화문 광장에 오는 서울대 재학생·졸업생에게 '인턴활동 예정증명서'를 나눠 주는 퍼포먼스도 벌였다. 조 장관 자녀가 서울대에서 전례 없는 '예정증명서'를 받은 것에 대한 풍자다. 증명서의 인턴 업무 내용 란에는 '조국 구속 및 문재인 정부 규탄 집회 참석'이라고, 근무 기간 란에는 '2019년 10월 9일부터 사회정의 실현 때까지'로 적혔다. 발급자 명의는 '서울대학교 문서위조학과 인권법센터장'이다. 서울대 추진위는 집회 참여 인원을 1000여명으로 예상하고 '인턴활동 예정증명서'는 1000장을 준비했지만 순식간에 동이 났다.

인턴십 활동 예정 증명서

인적사항	서울대학교 재학생 / 졸업생	
활동예정사항	근무기간	업무내용
	2019. 10. 9. ~ 사회정의 실현	조국 구속 및 문재인 정부 규탄 집회 참여
근무장소와 시간	낮 12시, 광화문역 5번 출구 청계광장 [illegible]	

2019년 10월 9일

서울대학교 문서위조학과 인권법센터장

발신: 서울대학교 문서위조학과 인권법센터
담당자: 서울대 집회 추진위원회
tel. 02-880-20000, fax. 02-880-20000, E-mail: free_intern@candle.ac.kr

서울대 학생들의 청계천 광장
'인턴활동 예정증명서' 배포 퍼포먼스

조 장관은 10월 14일 오후 2시 '검찰개혁을 위한 불쏘시개 역할은 여기까지입니다'라는 제목의 입장문을 내고 조국 법무부 장관이 취임한

지 35일 만에 전격적으로 사의를 밝혔다. 8월 9일 장관 후보자 지명을 기준으로는 66일 만이다. 조 장관은 "검찰개혁은 학자와 지식인으로서 제 필생의 사명이었고, 오랫동안 고민하고 추구해왔던 목표였다"며 "검찰개혁을 위해 문재인 정부 첫 민정수석으로서 또 법무부 장관으로서 지난 2년 반 전력질주 해왔고, 제가 할 수 있는 최선을 다했다"고 강조했다. 조 장관은 특히 "이유를 불문하고, 국민들께 너무도 죄송스러웠다. 특히 상처받은 젊은이들에게 정말 미안하다"며 "가족 수사로 인해 국민들께 참으로 송구했지만, 장관으로서 단 며칠을 일하더라도 검찰개혁을 위해 마지막 저의 소임은 다하고 사라지겠다는 각오로 하루하루를 감당했다. 그러나 이제 제 역할은 여기까지라 생각한다"고 했다.

조 장관은 처음부터 끝까지 말 한마디 한마디가 모두 거짓으로 일관하여 사회 지도층인사로서 너무 많은 도덕적 흠결을 남겼다. 법무부 장관 후보자로 지명되며 여야 증인합의가 불발되고 청문회 개최가 무산되면서 전대미문의 기자간담회를 통해 자신과 가족을 둘러싼 각종 비리 의혹을 소명하고 장관으로 임명된 후 하나씩 밝혀진 딸의 입시와 관련된 각종 서류 위조가 밝혀지면서 부인이 피의자 신분이 되었다. 조 장관의 부인, 동생, 5촌 조카가 피의자로 구속되고, 아들과 딸도 검찰수사를 받고도 문재인 대통령의 엄호를 받으며 '검찰개혁'이 자신만이 할 수 있다는 논리를 펴면서 '조국 사퇴' '조국 수호'를 외친 국민들을 광장으로 나오게 하는 어이없는 사태가 벌어진 것이다.

조 장관이 조 후보자 시절 사퇴했다면 가장으로서 가족들이 모두 언론에 의해 비리가 적나라하게 까발리는 사태는 막을 수 있었을 지도 모른다. 결국 조국은 가족들과 같이 만신창이가 되고 물러남으로서 안타까운 마음을 금할 수 없다. 그리고 촛불과 집회의 성격이 야당이외에 대학생, 대학총학, 교수, 변호사 등 다양한 계층이 조 장관의 퇴진을 요구하며 자발적인 참여를 했다는 점이 이전 '최순실씨 국정농단과 딸 정유라 입시사건'보다 더 다른 양상을 보였다.

2017년 5월 10일 문재인 대통령은 취임사에서 "기회는 평등하고, 과정은 공정하며, 결과는 정의로울 것"이라고 말했다. 정치인들이 내로남불(내가하면 로맨스 남이 하면 불륜)을 하였지만 조국 후보자에겐 '조로남불'이라는 신조어까지 등장하였다. 우리는 '무엇이 정의인가?'라고 스스로에게 되물어 보자. 더불어민주당은 집권여당으로서 조 후보자시절에 발표한 말과 조 장관 임명 후에 확인된 많은 입시 부정 서류와 사모펀드관련 의혹에도 끝까지 버티다가 결국 그동안 촛불로 적폐를 퇴출시키자고 한 노력들이 한순간 물거품이 되어 버렸다. 리얼미터가 tbs 의뢰로 9월 16~18일 전국 유권자 2007명을 상대로 실시한 여론조사(신뢰수준 95%에 표본오차 ±2.2% 포인트, 응답률 6.1%)에 따르면 문대통령이 국정수행을 '잘하고 있다'는 긍정 평가는 43.8%, 부정적인 평가는 53.0%로 집계됐다. 조국 법무부 장관 임명 여파로 19일 문재인 대통령의 국정수행 지지율이 취임 이후 최저치로 주저앉았다. 추석 이후 조 장관 임명에 대한 부정적인 여론이 더욱 확산되면서 내일신문과 서강대 현대정치연구소가 한국리서치에 의뢰해 9월 26일부터 10월 2일까지 전국 성인 1200명을 상대로 실시한 여론조사(신뢰수준은 95% 표본오차는 ±2.8%포인트) 결과, '문재인 정부가 국정 운영을 잘하고 있다'는 응답은 32.4%, '국정 운영을 잘하지 못하고 있다'는 응답은 49.3%로 나타났다. 급기야 리얼미터가 YTN 의뢰로 10월 7~8일, 10~11일

전국 19세 이상 성인 2,502명을 대상으로 조사(95% 신뢰수준에 표본오차 ±2.0%포인트)한 결과, 민주당의 지지율은 3.0%포인트 하락한 35.3%로 집계됐다. 결국 문대통령의 국정수행에 대한 부정적인 평가가 지속적으로 나타나면서 조국의 자진 사퇴로 끝났다.

조국 법무부 장관 사퇴

조국 전 장관이 10월 14일 사퇴하고 문대통령이 면직 안을 재가한 지 20여분이 지나고 곧바로 오후 6시쯤 팩스로 학교에 복직 신청서를 냈고 15일 서울대 법학전문대학원 교수로 복직했다. 이어서 서울대 온라인 커뮤니티인 스누라이프에서 조 전 장관 복직 관련 투표에 돌입해 이날 오후 4시30분 기준 반대 96%(1263명), 찬성 1%(21명)로 집계되며 학내 논란이 일었다. <오마이뉴스>는 조 전 장관의 사퇴 다음날인 15일 여론조사 전문기관 리얼미터에 의뢰해 전국 성인남녀 502명(총 통화 9327명, 응답률 5.4%)을 대상으로 사퇴에 대한 여론조사를 실시 조사결과 응답자의 과반을 넘긴 62.6%가 "잘한 결정"이라고 긍정 평가했다. 반면 "잘못한 결정"이라는 부정 평가는 28.6%에 그쳐, 두 응답의 격차는 34%로 두 배가 넘었다.

10월 30일에는 여당인 더불어민주당 이해찬 대표도 조국 전 법무부 장관 사퇴 16일이 지나고 '조국 사태' 이후 처음으로 "불공정에 대한 상대적 박탈감·좌절감은 깊이 있게 헤아리지 못했습니다. 국민 여러분에게 매우 송구스럽다는 말씀을 드리겠습니다"고 말했다. 이어 10월 31일에 심상정 정의당 대표는 조국 전 법무부 장관을 이른바 '데스노트'에 올리지 않은 정의당의 결정이 여론의 비판을 받은 데 대해 "제 평생 처음으로 많은 국민의 질책을 받았다"며 사과했다. 심 대표는 이날 국회에서 열린 비교섭단체 대표연설에서 "제 짧은 생각이었다. 국민의 애정 어린 비판과 격려를 겸허히 받들겠다"며 이같이 밝혔다.

더불어민주당 이해찬 대표

정의당 심상정 대표

그리고 조국 사태와 관련 청문회 과정에서 금태섭 더불어민주당 의원이 9월 6일 조국 법무부 장관 후보자 인사청문회에서 조 후보자의 '언행불일치'와 '동문서답'으로 청년들이 분노하고 있다며 진심으로 사과를 할 생각이 없느냐고 물었다. 검·경수사권 조정안 등 사법개혁 관련 쟁점에 대해서도 법무부 장관으로서 적임자인지 의문이 제기된다고 지적했다. 금 의원은 이날 "실망한 젊은 세대를 위해 첫 질문을 드린다"며 그간 조 후보자가 본인 관련 의혹에 대해 밝혀온 입장을 조목조목 비판했다. 먼저 "(딸 입시 등 관련) 위법은 없다, 결정적 한 방 없지 않느냐는 태도는 상식에 맞지 않는다. 이걸 묻는데 저걸 답변하면 화난다. 묻는 사람 바보 취급하는 것"이라며 "후보자는 금수저는 진보 지향하면 안 되냐, '강남좌파'가 많을수록 좋은 거 아니냐 했는데 역시 엉뚱한 답변"이라고 지적했다. 금 의원은 "후보자는 학벌·출신과 달리 진보적 삶을 살았다는 이유로 비판받는 것이 아니라 언행불일치 때문"이라며 "'개혁주의자가 되기 위해 노력했지만 아이 문제에 불철저한 아버지였다고 고백한다'는 말에 깜짝 놀랐다. 거기서 개혁주의자가 왜 나오나. 어제 우연히 젊은이들을 만나 식사했는데 조 후보자의 가장 큰 단점으로 '공감능력 없는 거 아닌가'라는 답변을 들었다. 젊은이들의 정당한 분노에 동문서답 답변해서 상처를 깊게 한 것에 진심 사과할 생각 없느냐"고 했다. 금 의원은 "연장선상에서 '이중 기준' 문제다. 조 후보자가 지금까지 인터넷에 올린 SNS 글에 비난이 쏟아지는 건 바로 우리 편 대할 때와 남의 편을 대할 때 기준이 다르고 편가르기 했다는 점이다. 물론 불법은 아니다. 그러나 어느 편이냐에 따라 잣대가 달라졌다는 건 공정함을 생명으로 해야 하는 법무부 장관 후보자로서 큰 흠이 될 수 있다"고 지적했다.

진보논객 진중권 동양대 교수는 11월 14일 서울대 사범대학에서 열린 '백암강좌 - 진리 이후(Post-Truth) 시대의 민주주의' 강연 중 "정의당에서 애초 얘기했던 것과 달리 조 전 장관 임명에 찬성하겠다고 밝혀서 황당해 탈당했다"고 말했다. 진 교수는 "원래 정의당은 조 전 장관 임명에 반대하고, (진보 사회에서) 비판을 받게 되면 내가 등판해 사람들을 설득하기로 했었는데 당이 의견을 바꿨다"고 설명했다. 그는 이어 "정의당에서는 조 전 장관 임명에 반대했을 경우 최소 8천명이 탈당하는 것으로 추산했다"며 "후원금이 끊어지고, 비례대표를 받지 못하게 돼 작은 정당에서는 엄청난 수"라고 덧붙였다. 그리고 11월 17일 진 교수는 자신의 페이스북에 올린 글에서 장 교수를 'J교수'로 지칭하면서 "나는 이 동양대의 '양심적 지식인'을 윤리적으로 몹시 비난한다"며 "모르고 한 일과 알고 한 일은 다르지 않겠느냐"고 말했다. 장 교수가 정 교수의 표창장 위조 의혹을 인정하고도 거짓 증언을 했다는 것이다. 조국 전 법무부 장관의 아내 정경심 동양대 교수의 표창장 위조 의혹과 관련해 실명을 밝히고 정 교수를 두둔하고 나선 장경욱 동양대 교수에 대해 "사실을 왜곡하는 데에 결정적 역할을 했다"고 주장했다. 또한 조 후보자의 딸이 들었다고 말한 그런 강의는 존재하지 없었다고 하고 진 교수가 대학에 사직서를 제출했다. 그는 12월 19일 페이스북에 사직서를 올리며 "오늘 마지막 수업을 마치고 미리 써놓았던 사직서를 냈다"고 적었다. 사직서에는 '일신상의 사유로 2019년 9월 10일 자로 사직하고자 한다'고 적혔다. 9월 10일은 문재인 대통령이 조국 전 장관을 임명한 바로 다음 날이다. 진중권 교수는 "내가 돈이 없지 '가오'(체면·자존심을 뜻하는 말, 일본어로 잘못된 표현)가 없나. 이젠 자유다!"라고 적었다. 그러면서 12월 22일 "총장이 부도덕하다고 표창장이 진짜로 둔갑하는 것은 아니다"고 말했다. 진중권은 2020년 1월 11일 정의당을 탈당했다. 그는 "정의를 표방하는 정당이라면 못난 부모 만난 죄로 열심히 공부하고도 기회를 빼앗긴 힘없는 아이 편에 서야 한다"며 "당신들이 의석수에 눈이 멀어 지켜야 할 자리를 떠난 것"이라고 비판했다. 윤소하 정의당 원내대표는 "요즘 좌충우돌 모습 빼고 그동안 고마웠다"면서도 "보다 진중하게 세상 살펴주달라"고 뼈있는 말을 했습니다. 이에 대해

진중권은 "당에서 받아 간직했던 감사패를 쓰레기통에 버렸다"며 맞받아쳤다. 2020년 2월 9일 안철수가 주도한 '국민당' 창당발기인대회에서 얼마 전 정의당을 탈당한 진 전 교수가 '무너진 정의와 공정의 회복'이라는 제목으로 강연에 나섰다. 전 교수는 현 정권을 조목조목 비판했다. 그는 "조국 사태는 제게 트라우마였다"며 "지금 정권은 기준 자체를 바꿔버린다. 정의의 기준, 법의 기준, 도덕의 기준을 바꿔서 잘못 안 한 걸로 한다"고 지적했다. 진 전 교수는 '기회는 평등하고 과정은 공정할 것이며 결과는 정의로울 것'이라는 문재인 대통령의 말을 언급하며 "저는 이 말을 정말 믿었다. 기회의 평등은 아빠찬스, 과정의 공정은 문서위조, 결과의 정의는 부정입학이 됐다. 조국 사태는 저한테 트라우마였다"고 토로했다. 이어 그는 조국 전 법무부 장관이 인사청문회 당시 '나는 사회주의자'라고 말한 것을 두고 울컥한 듯 말을 잇지 못하기도 했다. 그는 "하나의 세계가 무너진 느낌이었다. 사회주의는 아주 강력한 평등주의 사상이다. 과정이 평등하면 결과까지 평등해야 한다. 어떻게 그렇게 살아놓고 사회주의를 말할 수 있나. 모독이라고 생각했다"고 했다.

시민단체의 선언도 있었다. 참여연대 김경률 참여연대공동집행위원장은 9월 29일 자신의 페이스북을 통해 "문재인 정부 출범 이후 2년 반 동안 조국은 적폐청산 컨트롤 타워인 민정수석의 자리에서 시원하게 말아 드셨다. 윤석열(검찰총장)은 내가 기억하는 것만 MB 구속, 사법농단 사건, 삼성바이오로직스 회계사기 사건 등을 처리했거나 처리하고 있다"며 "전자(조 장관)가 불편하냐, 후자(윤 총장)가 불편하냐"고 조 장관을 공개 비판했다. 이후 참여연대는 김경률 위원장의 징계위원회

회부를 하자 사퇴를 결정했다. 10월 1일 김경률 전 참여연대공동집행위원장은 MBC 라디오 '김종배의 시선집중'에 출연해 지난달 29일 페이스북에 조 장관과 그를 지지·두둔하는 친문(親文) 진영 지식인 집단을 직설적으로 비판한 것에 대해 "의도적이었으며 들으라는 의미였다"고 말했다. 그는 "그 내용을 처음 말한 것도 아니고 참여연대 텔레그램방에서도 비슷한 얘기를 했었다"고 덧붙였다. 그러면서 "시민단체의 본연의 임무는 정치권력과 경제 권력을 감시하는 것"이라며 "그런데 지금 참여연대는 참여연대 출신들에 대해 입을 막고 어떤 감시행위도 하지 않고 있다"고 주장했다. 이어 "이러한 행위가 조국 사태에서 가장 적나라하게 드러났다"며 "조국 법무부 장관도 참여연대 출신이고, 이분에 대해선 남들보다 더 가혹하고 신랄하게 감독을 해야 하는 것이 맞다"고 덧붙였다.

한편 경제정의실천시민연합(경실련) 정책위원장을 맡고 있는 박상인 서울대 행정대학원 교수도 10월 2일 조 장관이 사퇴해야 한다는 입장을 밝혔다. 박 교수는 이날 문화일보와의 통화에서 "조 장관이 물러나기에는 지금이 가장 적절하다"며 "그의 부인 정경심 동양대 교수가 곧 검찰 수사를 받아야 하는 상황일 뿐만 아니라 조 장관 본인도 수사대상이 될 수 있는 가능성이 높은 가운데 검찰에서 공정한 수사가 이뤄지도록 하려면 현재 시점에서 법무부 장관직에서 물러나야 한다"고 말했다. 박 교수는 경실련 등 시민단체에서 활동하며 재벌 개혁의 필요성을 주장하는 등 대표적인 진보 성향 학자로 꼽힌다. 박 교수는 "사회가 양 극단으로 분열돼 합리적 의심이 사라지고 모든 관심이 정쟁으로만 쏠리게 된 원인은 결국 조 장관 임명에서 시작됐다"고 비판했다. 이를 해결하기 위해 박 교수는 "대중을 동원하는 경쟁은 그만두고 정부와 여당이 국정 운영을 풀려면 조 장관이 자진 사퇴하는 게 바람직하다"고 설명했다.

2020년 6월 30일 조국 전 법무부장관 일가의 사모펀드 의혹 핵심인물로 꼽히는 조 전 장관의 5촌 조카 조범동씨가 1심에서 실형을 선고받았다. 조 전 장관 일가에 대한 법원의 첫 판단이다. 법원은 조씨가 코링크프라이빗에쿼티(PE)의 실질적인 의사결정권자였다고 봤다. 하지만 재판부는 정경심 교수를 횡령 공범으로 볼 수는 없다고 판단했다. 서울중앙지법 형사24부(소병석 부장판사)는 30일 조씨의 특정경제범죄가중처벌법 위반(횡령), 업무상 배임, 증거인멸 교사 등 혐의 선고기일에서 징역 4년에 벌금 5000만원을 선고했다. 재판부는 조씨가 코링크PE의 실질적인 운영자였다고 본 검찰의 판단을 받아들였다. 재판부는 "피고인은 코링크PE의 대주주로서 WFM과 코링크 활동 수행과 의사결정 과정에 공동 혹은 단독으로 참여하는 등 의사결정자의 지위에 있었던 것으로 판단된다"고 설명했다.

2020년 12월 5일 자녀 입시비리·사모펀드 투자 의혹으로 기소된 조국 전 법무부 장관의 부인 정경심 교수의 재판이 서른네 번째 공판을 끝으로 1년여 만에 마무리됐다. 마지막 재판에서 검찰은 "우리 사회의 공정의 가치를 침해했다"며 정 교수에게 징역 7년을 구형했다. 정 교수 측은 "조국 장관 낙마를 위한 표적수사였다"며 무죄를 주장했다. 검찰은 서울중앙지법 형사25-2부(재판장 임정엽) 심리로 열린 정 교수의 결심 공판에서 정 교수에게 징역 7년, 벌금 9억원, 추징금 1억 6400여만원을 선고해달라고 재판부에 요청했다. 검찰은 "우리 사회의 공정의 가치를 침해한 정경심에게 그에 상응하는 책임을 물어야 한다"며 실형이 선고돼야 한다고 주장했다. 검찰은 정유라씨 이화여대 부정입학 사건, 숙명여고 시험지 유출 사건 등을 거론하면서 "모두 징역 3년이 선고됐다"며 "형사재판에서 평등의 원칙은 사회 고위층에게도 똑같이 적용돼야 한다"고 말했다. 검찰이 구형을 하는 동안 정 교수는 손수건으로 눈물을 닦았다. 법원 판결 후 이례적으로 부산대 의전원은 조민의 입학 취소여부는 "법원 판결 후 결정하겠다"입장문을 발표하였다. 4개월이 지난 2021년 3월 23일에서야 교육부는 부산대에 보낸 공문에서 정경심 교수 1심 재판에서 의전원 입학 서류 일부가 허위로 인정됐다며, 부산대 차원의 일련의 조치가 필요하다고 밝혔다. 이와 관련해 교육부는 국회에 제출한 자료에서 "형사재판과는 별도로 대학이 사실관계를 조사하고 조치를 취할 수 있는 권한이 있다"면서 "부산대 학칙과 모집요강에 따라 입학 취소가 가능하다"고 밝혔다. 유은혜 부총리 겸 교육부 장관은 3월 24일 정부세종청사에서 열린 제18차 교육신뢰회복추진단회의에서 조민씨의 부산대 의전원 입시 비리 사건과 관련해 "입학 취소 권한을 가진 대학이 입시부정 관련한 사실관계를 조사한 후 일련의 조처를 하는 것은 무죄추정의 원칙에 위배되지 않는다"며 "대학은 법원 판결과 별도로 학내 입시 비리 의혹을 조사하고 일련의 조처를 해야 한다"고 말했다. 이어 "부산대는 관계법령에 따라 청문 등의 절차를 진행해야 하며, 교육부는 부산대의 조처 계획이 충실히 이행될 수 있도록 지도·감독할 것"이라고 덧붙였다. 반면 4월 8일 고려대학교가 조국 전 법무부 장관의 딸 조민씨의 입학 취소 여부 등을 검토해 그 내용을 교육부에 공문 형태로 제출했다. 한편 조민 씨는 2010년 고려대 환경생태

공학부에 입학했고 2015년도 부산대 의전원 수시모집에 합격했다. 조씨 모녀의 고려대 입시 업무방해 혐의는 공소시효가 지나 검찰의 기소 대상에 포함되지 않았다. 그러나 2019년 11월 정진택 고려대 총장은 "중대한 하자가 발견됐다고 판단할 경우 절차를 거쳐 입학 취소 처리가 될 수 있다는 입장은 전혀 바뀌지 않았다"고 밝힌 바 있다. 고려대는 공문에서 "입시자료 폐기 지침에 따라 현재 제출 여부가 입증된 전형자료를 갖고 있지 않으며, 현재 사법적 판단이 진행 중"이라며 조민씨의 부정입학 의혹과 관련해 교육부에 "최종 판결 이후 관련 규정에 따른 조치를 진행하겠다"는 내용의 공문을 발송했다.

2021년 1월 20일 조국 전 장관 아들의 인턴 확인서를 위조해 대학원 입시 업무를 방해한 혐의를 받은 최강욱 열린민주당 의원에게 서울중앙지법 형사9단독 정종건 판사는 업무방해 혐의로 기소된 최 의원에게 징역 8개월에 집행유예 2년이라는 의원직 상실형을 선고받았다. 법원은 당시 최강욱 법무법인 청맥 대표가 2017년 10월 발급한 인턴확인서가 허위라고 판단했다. 조씨가 대학원을 다닌 연세대는 4월 22일 "조씨 입학 취소 절차를 검토할 위원회 구성을 논의 중"이라고 밝혔다. 2017년 10월 연대 대학원 입시에 응시한 조씨는 2019년 말 검찰이 조 전 장관과 정경심 교수를 함께 기소한 공소장에는 아들 조씨의 연대 대학원 지원 당시 상황이 나온다. 검찰에 따르면 당시 조씨는 온라인으로 입학원서를 냈는데, 원서 마감 직전에 경력란에 아무것도 적지 않고 관련 서류도 첨부하지 않은 걸 알게 됐다. 접수된 원서가 온라인으로는 수정이 불가능하자 조 전 장관 부부는 원서 양식을 다운받아 당시 최강욱 대표가 운영하는 법무법인 청맥에서 받은 허위 인턴 확인서와 조지워싱턴대

허위 장학증명서 등의 서류를 첨부해 연세대에 e메일로 제출했고, 이후 조씨가 최종 합격했다는 것이 검찰의 공소 사실이다.

저자가 근무하는 한성대학교는 입학 실기시험시 응시자가 소지한 휴대전화 벨소리만 울려도 부정행위로 간주하여 퇴실될 정도로 엄격하게 관리될 정도인데 하물며 위조 서류문제로 오랜 시간 시비를 가리지 않고 정권의 눈치를 보는 부산대와 고려대의 행태는 입시의 공정성을 훼손하고 입시를 준비하는 학생과 부모들에게도 참으로 씻을 수 없는 부끄러운 일이며 책임을 져야한다.

그동안 정권이 교체될 때마다 적폐청산이나 과거 부정으로 자신의 입지만을 주창했던 위정자들이 평범하게 살아가는 국민들에게 '우리 편이 하는 말은 무조건 맞다'는 극적인 논리를 펴며 국론을 분열하고 무엇이 진실인지 호도하는 말을 뱉으며 할 수 있는 자격이 있는 것인가?

더불어민주당 2030 초선의원들의 반성문 발표자리

서울시민들이 더불어민주당에 등을 돌렸다. 2021년 4월 7일 서울시장 보궐선거에서 박영선 민주당 후보는 25개 자치구 모두에서 오세훈 국민의힘 후보에게 완패했다. 2017년 대선에서 문재인 대통령과 2018년 지방선거에서 박원순 당시 서울시장이 25개 구에서 승리했던 것과 정

반대다. 강남 등 8곳을 제외한 41개 선거구에서 승리했던 1년 전 21대 총선과 비교해도 상상하기 힘든 결과다. 서울시장과 부산시장 재보선에서 더불어민주당이 재보선 참패를 하자 더불어민주당 2030의원들과 초선의원들이 '조국 전 장관을 옹호하고 민주당 소속 지자체장들의 성추행 사건에도 불구하고 후보를 냈다'고 자성하고 반성문을 발표하고 이어 혁신의 주체가 되겠다고 나섰지만, 곧바로 일부 강성 당원들의 뭇매를 맞았습니다. 국회 앞으로 달려온 권리당원들은 초선 의원들이 당의 분열을 조장한다며 반발했습니다.

경향신문은 11일 전화인터뷰로 2017년 이후 선거에서 민주당을 지지했다가 이번 선거에서 등을 돌린 서울시민들의 생각을 물어본 결과 2030세대에선 정부·여당의 '위선을 심판해야 한다'는 답변이 많았다. 한때 자신이 '대깨문'(강성 문 대통령 지지자)이었다는 대학원생 이모씨(29)는 "배신당한 느낌"이라고 밝혔다. 그는 조국 전 법무부 장관 딸의 입시특혜 의혹을 거론하며 "민주당이 도덕적으로 우월한 척, 깨끗한 척하는 게 꼴보기 싫었다"고 말했다. 직장인 김모씨(27)도 조국 사태를 거론하며 "'우리 편이니까 보호해야 한다'는 식의 태도가 마음에 들지 않았다"고 말했다. 그는 "합리적인 비판을 제기하는 사람마저 '적폐'라고 몰아세웠다"며 "최순실 국정농단 사건 당시 민주당이 비난하던 모습과 다르지 않았다"고 했다. 주택 소유 여부와 관계없이 부동산 문제는 민주당에 대한 기대를 접게 한 요인 중 하나로 거론됐다. 무주택자인 공무원 박모씨(31)는 "아파트값이 6억~7억원이던 몇 년 전만 해도 맞벌이해서 내 집 마련을 할 수 있겠다 생각했는데 남은 건 좌절감뿐"이라고 말했다. 영등포구에서 전세살이를 하는 차모씨(41)도 "과거 보수당이 집권했을 땐 투기지역에서만 집값이 올랐는데, 지금 정부에선 나라 전체가 투기판이 됐다"며 "무조건적인 규제가 효과를 내지 못하는 것 같다"고 했다.

정치가와 정치에 몸담은 사람들은 '자신의 언행이 잘못되었다면 그 사실을 인정하는 자세가 중요하다'고 생각한다. 그리고 우리사회에서 지도층은 '자신이 한 말에 대해 책임을 지고 국민들에게 신망을 주어야 한다' 과거부터 우리 사회는 거짓말에 무척 관대했다. 이제 더 이상 거짓말하는 정치인들은 사라져야한다. 거짓말은 거짓을 합리화시키기 위해 또 다른 거짓말을 지속적으로 반복적으로 하게 된다. 거짓말을 한 사실이 들통이 나면 자신의 인생이 끝날 수 도 있음을 두려워하기 때문이다. 거짓말은 용납되어서는 안 된다. 이는 우리 사회가 해결해야할 커다란 숙제다. 여기에는 역사적 문화적인 요소가 수백 년 동안 복합적으로 섞이며 잦아들었다. 오랫동안 이런 고질병은 고칠 수는 없었지만 이번 사태를 교훈으로 고리를 끊어내기 위해 충분하다. 무려 66일 동안 국민은 진보와 보수로 갈라졌다.

이번 조국 장관의 사퇴는 그동안 진보의 대표주자로서 정의와 공정을 주장했던 그 당시 소중한 가치들을 정작 본인의 거짓말과 비리에 대해서는 스스로 인정하지 않은 국민적인 실망감이다. 진보든 보수든 잘못된 것은 잘못된 것이다. 그 사실은 인정해야 한다. 그리고 진보와 보수의 가치에 걸 맞는 정치를 해야 할 것이다. 우리 모두가 힘을 합쳐 국민적 공감대를 형성하고 다양한 채널을 통하여 토론과 합의를 거쳐 새로운 출발을 준비해서 미래의 세대들에게 비전을 제시해야 할 것이다.

11. 정치 지도자들의 성폭행이 국민에게 준 상처

2020년 7월 9일은 더불어민주당 출신 박원순 서울특별시장이 자살한 날이다. 이날 오후에 언론들이 박시장의 딸이 "아버지가 이상한 말을 하고 사라졌다"며 실종 신고보도를 하면서 그가 다음 날 새벽에 변사체로 발견된 날이다. 경찰은 그의 사인은 자살로 판명되었다고 발표했다. 그러나 그의 자살 이면에는 자신의 비서로 재직했던 한 여비서의 고소장이 종로경찰서에 접수되고 전날 고소인 조사가 이루어진 시점이었다.

그러자 서울시는 박원순 시장의 장례에 대한 내부 협의를 거쳐 서울특별시장(葬)으로 결정하자 청와대 국민청원 게시판에 '박원순씨 장례를 5일장, 서울특별시장(葬)으로 하는 것을 반대합니다'라는 청원이 올라와 2일 만에 50만을 돌파했다.

청와대 국민청원

오후 5시17분	박 전 시장 딸 경찰에 실종신고
10일	0시1분 박 전 시장 숨진 채 발견

박원순 고소~사망까지 주요 비서 · 보좌진 행적

8일	
오후 3시	임순영 젠더특별보좌관 박원순 전 시장에 "불미 스러운 일" 첫 보고
오후 4시30분	고소인 측 서울경찰청 민원실에 고소장 접수 및 참고인 조사
오후 5~7시	박 전 시장 피소건 서울경찰청장 거쳐 경찰청(본청) 보고
오후 7~9시	박 전 시장 전현직 구청장들과 저녁식사
오후 8~9시	경찰청 관련 내용 청와대 국정상황실에 보고
오후 9시30분	박 전 시장 피고소 관련 회의 (임 특보·서울시 변호사 등 참석)
9일	
새벽 2시반	고소인 참고인 조사 종료
오전 9~10시	고한석 비서실장 박 전 시장과 1시간 가량 면담
오전 10시44분	박 전 시장 유서 남기고 공관 나와
오전 11시~ 낮12시	서울시 대책회의(고 실장 등 참석)
오후 1시39분	고 실장 박 전 시장과 마지막 통화

이런 청원에도 서울시는 일정대로 서울특별시장(葬)으로 장례를 치렀다. 문제는 장례를 치룬 오후 2시 고소인 측이 기자회견에서 4년간의 지속적인 성추행이 있었으며 이로 인해 2차 3차 피해까지 우려되고 진실은 밝혀져야 한다는 내용이었다. 법적으로 피고소인이 사망하면 사망에 따른 공소권 없음으로 종결된다고 한다. 그러나 여러 사람들이 사실은 밝혀져야 한다며 다시 한 번 세상을 시끄럽게 만들었다.

특히 박원순 서울시장의 경우 안희정 전 대전시장의 성폭력 사건이 일어나자 '성인지감수성'을 거론하면서 피해자에 대한 철저한 보호를 주문한 적이 있었다. 2020년 5월 내놓은 '성희롱 성폭력 재발 방지 종합대책'에 따르면 고충심의위원회에서 지난 2년 간 시에서 발생해 처리한 성희롱 및 성폭력 사건은 13건에 이른다. 서울시가 성희롱, 성폭력 없는 성평등 도시 추진계획을 세우고, 2019년 1월에는 시장의 여성정책을 보좌할 '젠더 특별보좌관'까지 신설했던 시기이다.

박시장의 장례절차가 마무리 되자마자 14일에는 야권, 여성단체, 민변 여성인권위원들의 철저한 진상조사요구에 더불어민주당 여성 국회의원들은 "시정에 차질을 빚고 국민들께 큰 실망을 드린 데 대해 깊이 사과드린다"고 밝혔다. 이들은 외부인사가 참여하는 시 차원의 진상조사 및 재발방지 대책 위원회를 마련하고 지방자치단체장을 포함한 당내 인사들의 성비위 일제점검을 요구했다. 그리고 박시장과 같이 서울시 행정1부시장을 지낸바 있는 윤준병 국회의원은 박시장을 두둔하는 글을 올렸다가 여론의 질타에 사과문을 올렸다. 예기치 못한 시장 유고 사태로 극심한 혼란을 겪고 있는 15일 서울시가 여성단체와 법률전문가 등 외부전문가가 참여하는 '민관합동조사단'을 구성해 진상규명에 나서겠다고 밝혔다. 그러나 강제 수사권이 없는 조사단의 활동에 문제가 있다는 비난이 일자 서울시가 고(故) 박원순 전 시장의 직원 성희롱·성추행 진상규명을 위한 합동조사단을 전원 외부전문가로 구성하기로 했다. 서울시는 17일 보도 자료를 통해 "성희롱·성추행 피해 고소사건에 대한 사실관계 규명과 재발방지대책 수립의 객관성, 공정성을 확보하기 위해 전원 외부전문가로 구성된 합동조사단을 구성한다"고 밝혔다. 조사단의 공식 명칭은 '서울시 직원 성희롱·성추행 진상규명을 위한 합동조사단'이다. 서울시는 합동조사단을 여성권익 전문가 3명, 인권 전문가 3명, 법률 전문가 3명 등 9명의 조사위원으로 구성할 계획이다. 조사단장은 조사단에서 호선으로 선출하기로 했다. 그러나 민관합동조사단에 피해자 측 여성단체가 참여를 거부하면서 민관합동조사단 구성이 좌초되었다. 7월30일 국가인권위원회가 故박원순 전 서울시장의 성희롱 의혹에 대한 직권조사를 결정했다.

한편 경찰은 박시장의 고한석 전 비서실장을 소환하여 조사를 하고 고실장은 박시장과 사망전날 오후 1시 39분에 통화를 했다고 기자들에게 대답했다.

공동장례위원장을 맡았던 이해찬 당대표는 '피해자'대신 '피해호소인'이라는 용어를 사용하며 역시 15일에 국회에서 직접사과하며 당 차원이 아닌 서울시에게 조사를 미루는 발언으로 실망을 안겼다. 그는 "우리 당 광역단체장 두 분이 중도에 사임을 했습니다. 당 대표로서 너무 참담하고 국민께 뭐라 드릴 말씀이 없습니다. 다시 한 번 국민 여러분께 송구하다는 말씀을 드립니다. 국민들께 큰 실망을 드리고 행정공백이 발생한 것에 대해서 책임을 통감합니다. 아울러 피해 호소인께서 겪으시는 고통에 깊은 위로의 말씀을 드리며 이런 상황에 대해 민주당 대표로서 다시 한 번 통렬한 사과의 말씀을 드립니다. 우리 민주당은 피해자중심주의를 견고하게 지켜왔습니다. 이 사안도 마찬가지로 피해자 입장에서 진상을 규명하는 것이 당연하지만 당으로서는 아시다시피 고인의 부재로 인해서 현실적으로 진상조사가 어렵다는 점은 이해를 해 주시기 바랍니다. 피해 고소인의 뜻에 따라 서울시가 사건경위를 철저하게 밝혀주시기 바랍니다. 또한 피해 호소인에 대한 근거없는 비난을 멈추고 당사자의 고통을 정쟁과 여론몰이 수단으로 활용하지 않을 것을 다시 한 번 간곡하게 부탁을 드립니다. 민주당은 당 소속 공직자들의 부적절한 행동을 차단하고 기강을 세울 특단의 조치를 마련하도록 하겠습니다. 아울러 당 구성원들을 대상으로 성인지 교육을 강화할 수 있는 당규를 개정하도록 하겠습니다. 다시 한 번 국민 여러분께 깊은 사과의 말씀을 드립니다"라며 사과를 표했다. 그리고 '피해호소인'에 대한 명칭에 비난이 일자 '피해자'로 바꾸었다. 2021년 4월 서울시장 보궐선거에서 국민의 힘 오세훈 후보가 시장에 당선되고 박원순 시장 성폭행 피해자를 만나 비공개 면담을 갖고 업무 복귀에 대해 논의했다. 피해자의 법률대리인인 김재련 변호사는 "지난주에 서울시와 피해자 쪽의 비공개 면담이 있었다"며 "심각한 2차 가해가 이뤄지고 있는 상황을 설명하고, 업무 복귀 관련 논의 했다"고 밝혔다. 이 자리에서 오 시장은 피해자와 가족에게 위로를 전했고, 피해자 측은 성폭력 처리 과정에서의 문제점과 예방대책 필요성 등에 대해 말했다.

안희정 전 대전시장

오거돈 전 부산시장

박원순 전 서울시장

2020년 4월 22일에는 오거든 전 부산시장이 시장실 여직원 성추행 사건으로 사직하고 2021년 6월 29일 징역 3년형을 받고 법정구속되었다. 2018년 3월에는 안희정 전 대전시장의 경우도 자신의 수행 비서를 성폭행 한 혐의로 고발되어 4년형을 복역 중이다. 모두 업무상 위력에 의한 성폭력 사건이라는 점이다. 더불어민주당이 2021년 4월 서울·부산 시장 보궐선거 후보 공천 문제를 놓고 난감한 상황에 처하게 됐다. 더불어민주당의 당헌 96조 2항에는 '당 소속 선출직 공직자가 부정부패 사건 등 중대한 잘못으로 그 직위를 상실해 재·보궐 선거를 하게 된 경우 해당 선거구에 후보자를 추천하지 않는다'고 규정돼 있다. 이 조항은 문재인 대통령이 당 대표시절 만든 조항으로 그러나 당헌을 지키자고 집권 여당이 서울시장과 부산시장 보궐선거에 후보를 내지 않을 수도 없고, 당헌 규정을 무시하고 후보를 공천했다가는 역풍을 맞을 수도 있기 때문에 '이러지도 저러지도' 못하는 상황에 처하게 됐다. 그럼에도 불구하고 더불어민주당은 당헌 당규를 개정하여 서울과 부산시장 후보자들을 냈지만 보궐선거에서 압도적으로 참패했다.

우리나라의 차기 대권주자들로 거명되었던 정치인의 한 일탈행위가 우리 국민들에게는 시간이 지나서 어떻게 평가 될 수 있을까? 정치인,

사회 저명인사, 고위 공무원, 회사의 임원들 역시 똑 같은 잣대로 평가되어 질 것이다. 또한 보궐선거에 공천이 된다면 아전인수 격으로 당헌 당규를 무시하고 후보를 내는 논리에 대해 국민들은 무엇을 배울 것인가? G20 선진국가로 진입하고 있는 우리나라가 이런 문제에 대해 원칙적이고 단호하게 대처해야 보다 건강한 사회가 되지 않을까.

12. 최고령 미국 대통령 조 바이든

조 바이든 대통령

제46대 미국 대통령 조 바이든(Joe Biden)은 반세기 동안 공직 생활을 해 온 민주당의 대표적 정치인이다. 그는 풍부한 경험과 대중적 인지도를 기반으로 카말라 해리스(Kamala Harris) 상원의원을 러닝메이트로 지명하며 '대권 3수' 끝에 마침내 백악관의 주인이 되었다. '관록'의 바이든은 정치 '이단아'로 불린 도널드 트럼프 대통령과는 대척점에 있는 정치인이다. 누구에게나 친근하게 다가가는 모습으로 대중적 인기를 얻어 '조 아저씨'라는 뜻의 '엉클 조'라는 별명도 가지고 있다. 그는 올해 77세로, 2021년 1월 대통령으로 취임하며 취임식 기준으로 미 역사상 역대 최고령(78세) 대통령이 되었다. 종전 기록은 70세 7개월이 되는 달에 대통령 취임 선서를 한 트럼프 대통령이다.

대권 도전은 이번이 3번째였다. 1988년 민주당 대통령 후보 경선에 나섰지만 논문 표절 의혹으로 낙마했고, 2008년 다시 당내 경선에 나섰지만 버락 오바마 대통령의 돌풍에 밀려 좌절됐다. 2016년 대선을 앞두고 출마를 준비했지만 2015년 장남 보 바이든이 뇌암으로 사망하자 슬픔에 빠져 결국 출마의 뜻을 접었다. 이번 대선에서도 바이든은 '대세론'을 구가하며 당내 경선에 나섰지만 초반 아이오와 코커스와 뉴햄프셔 프라이머리에서 연패하는 극심한 부진으로 대권 도전이 무산될 위기에 몰렸다. 그러나 백인 중심 지역을 벗어나 흑인과 라티노 등 다양한 계층이 포함된 전국 각지 경선이 진행되면서 승기를 잡기 시작하여, 3월 '슈퍼 화요일' 대승으로 선두로 올라서는 대역전극을 이뤄내며 3수 끝에 마침내 민주당 대선 후보직을 꿰찼다. 외교정책 분야를 중심으로 한 실력을 인정받아 오바마 대통령의 러닝메이트가 돼 당시 행정부에서 8년 간 부통령을 지냈다.

1942년 11월 20일 펜실베이니아 주 스크랜턴에서 출생한 바이든은 자동차 영업사원인 아버지와 전업주부인 어머니 사이에서 4남매 중 첫째로 태어났다. 스스로 넉넉하지 않은 집안 환경에서 시작(Humble Beginnings)했다고 표현하는 이른바 '흙수저' 출신이다. 어린 시절 말을 더듬고 왜소한 체격으로 학교에서 자주 놀림을 당했다. 하지만 자신과 같은 장애가 있다는 이유로 평생 삶을 비관한 삼촌처럼 되고 싶지 않아 조약돌을 입에 물고 시를 통째로 암송하는 등 부단한 노력으로 말 더듬는 것을 고치는 데 성공한다. 어린 시절 말더듬증이 심했던 바이든은 자서전 '조 바이든, 지켜야 할 약속'에서 자신의 어린 시절 별명을 '조 임페디멘타'라고 소개하고 있다. 임페디멘타는 장애를 뜻하는 라틴어다. 각고의 노력으로 그는 델라웨어 대에서 역사학과 정치학을 전공했다.

하지만 청소년기부터 그는 당시 미국 사회에 큰 영향을 끼친 인물들을 보면서 큰 꿈을 키웠다. 델라웨어대학에 들어간 그는 '평등·공정·정의를 지키고, 우리 세상을 더 나은 곳으로 만들기 위해 노력해야 한다'는 존 F. 케네디 대통령의 취임 연설(1961년)을 듣고 정치인이 되기로 결심한다. 바이든이 언제부터 대통령을 목표로 삼았는지 알려주는 유명한 일화가 있다. 첫 아내인 인 닐리아를 처음 만난 대학교 3학년 때 닐리아의 어머니가 바이든에게 물었다. "자네는 무엇으로 생계를 꾸릴 계획인가" 대학생 바이든의 대답은 이랬다. "미국의 대통령이 되겠습니다"

그는 자신처럼 부유하지도 않고 연줄도 없는 사람이 스스로 힘으로 워싱턴에 입성하려면 변호사가 되는 방법에 없다는 걸 깨닫고 시러큐스 로스쿨에 들어간다. 로스쿨을 졸업한 뒤 대형로펌 '프리켓, 워드 버트 & 샌더스'에 입사했다가 안전사고로 심하게 화상을 입은 용접공을 상대로 대기업 편에서 변론을 하는 상사의 재판을 보고 퇴사를 결심한다. 바이든은 당시를 회상하며 "제도의 손길이 닿지 않는 사람들의 편에 서는 게 내 일이라고 생각했다"며 "무언가에서 멀어지는 느낌이 아니라 목표한 바를 향해 걸어가는 느낌이 들었다"고 언급했다. 소수자와 노동자, 가난한 사람들을 위한 정치를 하겠다고 다짐한 것이 이때다.

바이든은 선거운동 웹사이트에서 청소년기와 대학 시절에 많은 이가 "나라를 바꾸고 있었다"면서 마틴 루서 킹 주니어, 존 F. 케네디, 로버트 케네디 등을 예로 들고 "나는 그들의 웅변, 신념, 상상할 수 없는 꿈의 순전한 크기에 휩싸였다"고 말했다. 이미 당시부터 존 F. 케네디 대통령을 동경하며 '큰 꿈'을 키워왔다는 고백인 셈이다. 그 꿈은 수십 년 뒤 결국 현실이 됐다.

바이든의 이면에는 애절한 가족사(史)도 있다. 그는 1972년 11월 델라웨어 주 상원의원에 당선된 지 한 달 뒤인 그해 12월 교통사고로 아내와 13개월 된 딸을 잃었다. 두 아들은 다쳐 입원했다. 그는 충격으로 의원직 사퇴까지 고려했지만 주변의 만류로 위기를 넘기고 이듬해 아들들의 병실에서 취임 선서를 했다. 조 바이든 미국 대통령 당선인의 책상 위엔 수십 년간 간직해 온 조그만 액자 하나가 놓여있다. 액자에 담긴 건 두 컷짜리 만화. 그는 평소 "이 만화가 필요할 때마다 나를 겸손하게 만든다"고 말해왔다. 만화는 미국 유명 작가 딕 브라운(1917~1989년)의 '공포의 헤이가르'다.

주인공인 헤이가르는 거칠지만 가정적인 바이킹이다. 그는 자신이 탄 배가 폭풍우 속에서 벼락에 맞아 좌초되자 신을 원망하며 하늘을 향해 외친다. "왜 하필 나입니까?(Why me?)" 그러자 신은 그에게 이렇게 되묻는다. "왜 넌 안 되지?(Why not?)" 영국 유명 언론인 피어스 모건은 바이든 당선인의 대선 승리가 확정된 뒤인 7일(현지시간) 영국 데일리 메일에 기고한 칼럼을 통해 이 만화에 얽힌 사연을 전했다. 모건에 따르면 바이든 당선인은 2015년 장남 보 바이든이 뇌암으로 세상을 떠난 후 모건에게 전화를 걸었다. 그리고 모건에게 "피어스, 조 바이든입니다"라고 인사를 건넸다. 모건은 바이든 당시 부통령과 일면식도 없었지만, "개성 있는 목소리"를 듣고 그가 맞는다는 것을 확신했다고 했다. 바이든은 모건에게 "아들에 관해 쓴 기사에 감사 인사를 전하고 싶어 전화를 걸었다"고 했다. 델라웨어 주 법무장관을 지낸 보는 46세에 요절하기 전까지 바이든의 정치적 후계자로 꼽혔다. 전도유망한 젊은 정치인의 죽음을 접한 모건은 '보 바이든은 미국 최고의 대통령이 되었을지도 모른다'는 제목의 칼럼을 썼다. 당시 부통령이었던 바이든은 이때 모건에게 이 만화에 대한 이야기를 들려줬다. 바이든 당선인은 29세였던 1972년 상원의원이 되자마자 부인과 딸을 교통사고로 잃었다. 아들 보와 헌터도 이 사고로 중상을 입었다. 그는 신을 원망하며 왜 하필 자신에게 이런 불행이 닥쳤는지 그 이유를 거듭 묻고 있었다. 모건과의 통화에서 "당시 아버지는 내가 인생에서 처음으로 믿음을 잃기 시작했다는 걸 알아차렸다"고 회상했다. 그러면서 "하지만 아버지는 내가 그렇게 되도록 내버려 두지 않을 작정이었다"고 말했다. 바이든의 아버지는 아들에게 만화를 넣은 액자를 건넸다. 그 만화가 바로 딕 브라운의 '공포의 헤이가르'였다. "아버지는 내가 낙심해 있을 때마다 '얘야, 세상이 네 인생을 책임져야 할 의무라도 있니? 어서 털고 일어나'라고 말해줬다"고 전했다. 이어 "이 만화는 나에게 '이미 일어난 일은 합리화할 방법이 없다', '누구에게나, 언제든지 불행은 찾아올 수 있다'는 메시지를 주는 아버지의 방식이었다"고 회상했다. 그는 이 만화를 통해 "아무리 나쁜 일처럼 보여도 많은 사람이 나보다 훨씬 더 안 좋은 일을 겪고 있고, 위로의 손길을 내미는 사람들과 '삶의 목적'을 찾으려는 노력을 통해 힘든 일을 극복해 나갈 수 있다는 점을 깨달았다"고 했다. 그러면서 그는 "털고 일어서지 않으면 일어난 일에 짓눌려질 것이다. 나는 처음엔(아버지가 만화를 주었을 때) 그 뜻을 충분히 이해하지 못했지만, 아들 보가 세상을 떠난 후에 만화가 주는 메시지가 너무나 소중한 것이 됐다"고 말했다. 바이든의 아버지 조셉 바이든 시니어(1915~2002년)는 보일러 청소와 중고차 판매 일을 했다. 그는 선거 운동을 하면서 "아버지는 항상 제게 '사람을 평가할 땐 그가 얼마나 자주 쓰러졌는지가 아니라 얼마나 빨리 일어섰느냐를 봐야 한다'고 말씀하셨다"고 자주 말해왔다. 바이든은 자신의 아들을 기리는 칼럼을 쓴 모건에게 "내가 당신에게 빚을 졌다. 언젠가 갚을 수 있길 바란다"고 했다. 이에 모건은 "당신은 내게 진 빚이 없다. 보에 대한 글은 내가 그렇게 믿기 때문에 쓴 것이다. 보의 죽음은 당신의 가족뿐 아니라 미국에도 크나큰 손실"이라고 답했다. 바이든은 모건에게 "아이들을 매일 안아줘라. 자식보다 더 소중한 것은 없다"며 통화를 마쳤다.

현재 부인인 질 바이든과 1977년 재혼하기 전까지 혼자 두 아들을 돌봤다. 2016년 대선 도전을 고려하던 2015년 5월에는 델라웨어 주 법무장관이던 장남 보 바이든이 뇌암으로 사망하는 불운도 겪었다. 바이든은 이런 고통을 이겨내고 공감 능력과 친화력을 앞세워 통합과 치유의 메시지를 보여 왔으며 이는 트럼프 대통령과 대조된다는 평가를 받아왔다.

그의 정치입문은 국선 변호사로 활동하다 뉴캐슬카운티 의회 선거를 거쳐 1972년(만29세) 케일럽 보그스라는 정치 거물을 대역전극으로 꺾고 델라어웨 주 상원의원에 당선되는 기적을 만든다. 20대 신예가 26년 간 주 전체에서 한 번도 진 적 없는 노정치인을 꺾은 것이다. 이어 내리

6선에 성공하며 36년간 상원의원을 지냈고 민주당 대표적 정치인으로 자리매김한다. 그는 변호사 경력을 살려 상원 법사위원장을 지냈고 외교위원회로 옮긴 뒤에는 외교위원장을 세 차례 역임하며 공화당 의원들과도 협치와 상생정치의 모습을 보였다. 그는 의정 활동 기간에 여성폭력방지법과 기후변화 대처 법률 제정을 주도했으며 테러리즘과 대량살상무기 대응 등과 관련한 입법에도 힘을 쏟았다.

바이든은 당선인 신분으로 가장 먼저 국민들에게 반드시 마스크를 쓰라고 권고하고 첫 인사 조치로 코로나 바이러스 감염증 자문단을 발족했다. 그리고 동맹을 복구하고, 대북한정책과 의료정책 등 트럼프가 탈퇴한 기후협약 재가입 등 트럼프가 취했던 정책을 다시 복원하기로 했다.

2021년 1월 20일 바이든은 취임식을 가졌다. 그는 취임 선서 후 일성으로 "내 모든 영혼은 미국을 다시 합치고 통합하는데 걸겠다"며 "분노, 원한, 증오, 극단주의, 불법, 폭력, 질병, 직업과 희망의 상실이라는 공통의 적과 싸우기 위해서는 통합해야한다"고 역설했다. 취임식을 앞두고 자신의 당선을 인정하지 않은 시위대가 의사당에 난입할 정도로 분열된 미국을 하나로 묶겠다는 의미다.

13. 화이트리스트와 일본 수상 아베

2019년 8월은 한국과 일본 간의 갈등이 폭발했다. 9일 아베내각이 이끄는 일본 정부가 수출 우대국, 즉 '화이트 리스트'에서 한국을 제외하는 법령 개정안을 공포했다. 일본은 한국에 수출규제를 한 이유는 불화수소를 북한으로 밀반출했기 때문이라고 주장했다. 일본 반도체·디스플레이 소재 수출 규제 관련 통계를 보면 포토리지스트, 에칭가스, 플루오드 폴리이미드 3개 품목에 대해 1차 제제를 가했다. 이러한 주장을 펴는 이들은 "1~5월 한국이 일본에 수출한 불화수소가 39.65t인데, 일본이 한국에서 수입한 에칭가스 물량은 0.12t에 불과해 계산해보면 99.7%에 해당하는 39.53t가 사라졌다"며 우리 관세청과 일본 재무성 통계를 근거로 제시한다.

이로 인해 우리나라에서는 정부차원의 산업별 강력한 대처방안을 모색하고 특히 반도체 산업의 대표 기업인 이재용 삼성전자 부회장을 비롯한 기업인들이 일본 네트워크를 통해 대책을 강구하고 있지만 당장인 기술 격차로 인해 뾰족한 대안을 내놓지 못하고 있는 현실이다. 이재용 부회장은 제기 되고 있는 모든 "반도체 주요 소재 관련 100% 국산화를 하겠다"고 말했다. 민간인들은 일본제품 불매운동을 제기하고 촛불 집회를 일으키며 강하게 대응하고 있다. 일본의 대표 브랜드 자동차, 유니클로 등이 급격함 매출 감소로 이어지고 일본으로 가는 비행기가 1달 사이에 무려 500여 편이 최소 되는 등 일본에 대한 역사 재인식까지 확대되고 있다.

지금 이런 상황을 촉발시킨 아베 수상은 누구인가? 아베의 집안에는 정치가를 지낸 이들이 많으며, 조부와 증조부도 수상을 지낸 세습 정치 가문으로 잘 알려져 있다. 조부는 중의원 의원을 지낸 아베 간(安倍寬)이고, 외조부는 제56·57대 총리를 역임한 기시 노부스케(岸信介), 외종조부는 제61·62·63대 총리를 지낸 사토 에이사쿠(佐藤榮作), 고조부는 1894년 경복궁을 점령하고 청일 전쟁의 도화선이 되었던 오시마 요시마사로 요시다 쇼인(吉田 松陰, 1830~1859)은 에도막부 시대 말기의 교육자, 사상가, 혁명가. 본명은 노리카타(矩方). 쇼인은 아호. 통칭은 토라지로(寅次郎)의 정한론을 배우기도 하였다. 아버지는 일본의 외무대신을 지낸 아베 신타로(安倍晋太郎), 남동생은 참의원인 기시 노부오(岸信夫)이다. 부인은 모리나가 제과(森永製菓株式会社) 사장 마쓰자키 아키오의 딸 아베 아키에(安倍 昭恵)이다. 아베 신조(安倍 晋三, 1954년~)는 에도막부 시대의 사상가로 29세에 요절한 요시다 쇼인의 정한론에 뿌리를 둔 혼슈의 서쪽 끝에 위치한 죠수번(山口県, 야마구치현)

아베 신조

요시다 쇼인

출신으로 이러한 정치적 집안 배경으로 성장했고 자유민주당 소속의 중의원 의원이자 제90·96·97·98대 일본의 내각총리대신으로 제21·25대·26대 자유민주당 총재를 맡고 있다. 일본에서 정치적으로 성공하려면 세 가지가 필요한데 기반(지역), 간반(간판), 가방(돈)을 다 가지고 태어난 금수저이다.

아베는 1965년 한일청구권 협상으로 우리나라에 이미 전쟁으로 인한 피해 보상을 다 했다고 주장하고 있고 특히 정부와 개인 간 해결되어야 할 징용과 위안부 문제에 대해서는 더 이상 추가적인 한국 정부와 한국인의 배상을 포함한 일체의 조치는 끝났다고 주장하고 있다. 아울러 독도도 다케시마(竹島)로 자국의 영토임을 주장하며 어린이들의 교과서에도 내용을 기록하는 등 우리나라와 갈등을 지속적으로 일으키고 있다.

이번에 제기된 화이트리스트건도 속내는 우리 대법원의 강제 징용에 대한 미쓰비시 상대 손해배상 청구소송확정 판결로 국내의 미쓰비시 재산 압류 조치가 진행되고 지난 박근혜 정부시절 위안부문제 해결을 합의했던 화해치유재단(100억 출연)의 해체로 아베에게는 아킬레스건이 된 것이다. 아베의 수상취임 후 태평양 전쟁 전범이 합사되어있는 야스쿠니 신사참배와 강한 우경화로 입지를 다져오고 있어 더 이상 한일 간에 미래를 위한 협상은 어려운 게 현실이다.

2020년 8월 29일 아베 총리가 지병인 궤양성대장염의 악화로 사임을 발표했다. 그는 2012년 12월 재집권한 뒤 7년 반 이상 넘게 연속 재임하며 역대 최장수 총리 기록되었다. 그는 일본이 집단자위권을 행사하도록 안보법제를 변경했고 개헌을 필생의 과업으로 꼽았다. 그러나 여론악화와 신종 코로나바이러스 감염증 확산 등의 영향으로 뜻을 이루지 못했고, 경제 부문에선 '아베노믹스'를 앞세워 디플레이션으로부터의 탈출을 시도했으나 역시 코로나 바이러스 감염증으로 인해 최근 성장률은 전후 최악을 기록했다.

그럼 우리는 어떤 자세를 가져야할까? 지정학적으로 중국, 일본, 러시아 3대 강국의 접경에 위치하고 우방인 미국은 트럼프대통령과 북한의 비핵화 협상 교착과 미국의 대 중국 관세폭탄으로 경제 위기마저 우려할 사항이 되었다. 우리나라는 1996년 12월 12일 OECD(경제협력개발기구(經濟協力開發機構), Organization for Economic Co-operation and Development)에 가입한 후로 세계 9위의 경제대국으로 발전했다. 그러나 우리나라를 둘러싼 주변 국가들과의 외교 문제에 대해서는 우리의 경제 위상과는 다르게 아무것도 할 수 없는 국가이다. 그들 사이에서 줄을 타는 위험에 노출되어있다. 우리의 역할은 우리의 역량을 바탕으로 주변국가와의 노련한 협상전략이 필요한 것이다. 지금 현실을 모면하려는 조치가 아닌 중장기적인 전략을 수립하고 대처하는 자세가 요구된다. 이를 위해 민관이 합쳐 정치 외교 경제 분야 등 다양한 대처 시나리오를 수립하고 정권이 바뀌더라도 대한민국이라는 하나의 위대한 나라를 당당하게 지킬 수 있는 정체성이 요구된다.

14. 희망의 빛이 되어준 가황 나훈아

2020년 9월 30일은 추석명절을 앞두고 10개월 동안 코로나 바이러스로 인해 우울해진 국민들을 위하여 KBS가 2020 한가위 대기획 '대한민국에게인 나훈아 스페셜'을 관객 없이 비대면으로 온라인 생방송을 진행했다. 2시간 30분 동안 진행된 1000명의 온라인 관객과 함께한 공연은 시청율은 29%를 기록했다.

비대면으로 이루어진 KBS 무대

나훈아가 '무관중 콘서트'를 하며 "고생하는 의료 관계자 여러분 응원한다"며 소감을 말했다. 그는 자신의 곡 '홍시'를 부른 뒤 최초로 펼쳐진 언택트 공연 소감을 말했다. 먼저 "저는 오늘 같은 공연을 태어나서 처음 해봅니다"라고 운을 뗐다. 이어 "우리는 지금 별의별 꼴을 다보고 있습니다"라고 말했다.

조선일보는 '만물상'에 나훈아의 소신 있는 발언을 몇 가지 소개했다. 삼성이 이건희 회장 생일에 나훈아에게 와서 노래해 달라고 했을 때 그가 거절하며 했다는 말은 유명하다. "나는 대중예술가요. 내 공연을 보기 위해 표를 산 대중 앞에서만 공연합니다. 내 노래를 듣고 싶으면 표를 사세요" 1996년 일본 공연에서 '쾌지나 칭칭나네'를 부르며 즉석 가사로 "독도는 우리 땅"을 외쳤다. 이후 일본 우익 세력으로부터 죽여 버리겠다는 협박을 받고 "때리 직일려면 직이삐라캐라"고 했다고 훗날 인터뷰에서 말했다고 한다. 무대 매너와 가창력도 여전했지만 쇼 중간 중간 한 말이 큰 화제가 됐다. "왕이나 대통령이 국민 때문에 목숨 걸었다는 사람은 한 사람도 본 적이 없다" "이 나라를 누가 지켰느냐 하면 바로 오늘 여러분이 지켰다. 여러분이 세계 1등 국민이다", "KBS는 국민의 소리를 듣고 같은 소리를 내는 정말 국민을 위한 방송이 됐으면 좋겠다" 같은 말이었다. 인터넷에는 "속이 시원하다", "하고 싶은 말 대신 다 해줬다"는 반응이 올라왔다. 나훈아가 정확히 무슨 뜻으로 그런 말을 했는지는 알 수 없다. 다만 자신의 발언을 절대로 편집하지 못하게 했다는 걸 보면 분명 작심하고 한 말일 게다. 화병 걸린 국민은 나훈아라는 슈퍼스타와 이심전심으로 통한 것 같아 고맙고 통쾌하다. 나훈아는 소크라테스를 '테스 형'이라고 부른 신곡에서도 한국인들을 위로한다. "그저 와준 오늘이/ 고맙기는 하여도/ 죽어도 오고 마는/ 또 내일이 두렵다/ 아! 테스 형/ 세상이 왜 이래/ 왜 이렇게 힘들어…."

대중의 힘으로 가황(歌皇)이라는 칭호를 받는 나훈아가 가수로서의 직분과 자신만의 소신으로 전하는 메시지는 국민들과 같이 한 소중한 2시간 반이 29%라는 경이로운 시청률을 기록할 만하다. 그는 이 공연에 출연료를 받지 않고 참여했는데 KBS는 23일 "나훈아가 출연료 없이 공연에 임한다"며 "단순한 방송 출연이 아닌 온 국민과 함께 힘을 내고 희망을 전달하자는 취지에서 기획된 공연인 만큼 그 어느 때보다 진심을 다하고 싶다는 가황의 마음이다"고 전했다.

제 5 장

미래를 창조한 사람들

미래는 누가 창조하는가?
오늘도 창의적인 발상으로 미래를 만드는 사람들은 누구인가?
그들은 실패를 두려워하지 않았다.

미래를
창조한
사람들

1. 실패를 두려워하지 마라

에이브러햄 링컨

토마스 에디슨

실패를 겪어 본 사람만이 성공할 수 있다. 에이브러햄 링컨은 미국의 제16대 대통령(1861~1865)으로 남북 전쟁에서 북군을 지도하여 점진

적인 노예 해방을 이루고 대통령에 재선되었으나 안타깝게도 이듬해 암살당하였다.

링컨의 어린 시절은 무능력한 아버지로 인해 극도로 가난한 생활을 하였으나 자애롭고 강한 정신력을 지닌 어머니 밑에서 자랐다. 링컨의 아버지 토머스 링컨은 이름을 서툴게 사인할 때 외에는 글자를 써본 적이 없는 사실상의 문맹이었고, 목수와 농장 일꾼으로 전전하는 처지였다. 반면 어머니 낸시 행크스는 어린 링컨에게 성경을 읽어주고, 읽고 쓰는 법을 가르쳤으며, 사랑으로 돌본 현명하고 자애로운 어머니였지만 안타깝게도 링컨이 9살 어린 나이에 죽었다. 링컨의 생애는 수많은 실패의 연속이었다. 낙선전문가 링컨이라고 불려도 과언이 아니다. 22세에 사업에 실패했고, 23세 때 주 의회에 출마하여 낙선하였고, 24세에도 사업에 실패하였고, 25세에 주 의회 의원으로 당선되었다. 26세에는 사랑하는 여인 죽음으로 신경쇠약과 정신분열증에 걸렸고, 29세에도 주 의회 의장 선거에 낙선하였다. 31세에도 대통령 선거의원에 낙선하였고, 34세에도 하원의원을 출마하여 낙선하였고, 37세에도 하원의원에 당선되었다. 39세에도 하원의원에 낙선되었고, 46세에도 상원의원 낙선하였으며, 47세에도 대통령에 출마하여 낙선하였다. 49세에도 상원의원에 낙선하였고, 51세에 대통령 당선 되었다. 그의 인생 역정에서 살펴보듯이 남들이 다 포기할 때도 포기하지 않고 차근차근 자신의 뜻을 이루기 위해 끊임없이 노력해 나갔다는 사실이다.

토마스 에디슨은 "천재는 1%의 영감과 99%의 노력으로 만들어진다!" 고 했다. 그가 개발한 백열전구 특허번호는 223,898이다. 필라멘트 재료를 무수히 바꿔가며 수많은 비용을 들여 실험을 계속하여 실패에도 불구하고 1,238번째 만족스런 결과를 얻었다. 지금 우리가 사용하고 있는 백열전구는 세상을 밝혀 주는 빛이 되고 있다.

2. 미래는 부익부 빈익빈

지금의 시대는 그야말로 부자의 특권시대이다. 특히 4차 산업혁명으로 IT와 바이오 시대의 전성기이다. 이들 회사는 그동안 축적해온 사람들의 모든 정보를 가지고 겉으로는 기술혁신이라는 최첨단시대가 주는 편리성과 혜택을 포장하면서 사실상 그들의 지배아래 은밀히 장악하면서 조지 오웰의 '빅 브라더'보다도 무서운 독재자의 길로 가고 있는 듯하다. "전쟁은 평화, 자유는 굴종, 무식은 힘" 모순된 것처럼 보이는 이 구호는 조지 오웰이 소설 『1984』에서 묘사한 미래사회를 지배하는 키워드다. '빅 브라더'로 불리는 절대 권력은 집안과 거리에 설치된 '텔레스크린'을 통해 사람들의 행동을 감시한다.

빅 브라더작가 조지 오웰

인공지능

이제는 단순히 행동을 감시하는 수준에서 자신의 사업을 확장시키기 위해 구글, 페이스북 등 글로벌 기업들은 축적된 빅데이터와 신기술을 통해 기존의 산업구조를 폐허로 만들며 그 속에 속했던 많은 종사자를 사지로 몰고 있다. 예를 든다면 우버가 고객의 편리성과 저렴한 이용가격을 내세워 택시운전자의 일자리가 사라지며 각국의 운전을 생업으로 해 온 택시 드라이버와 목숨을 건 싸움을 벌이고 있고, 무한한 지식으로 무장한 인공지능으로 인해 자동화로 인한 산업분야, 물품 계산원, 드론으로 인한 수많은 산업 종사자의 일자리가 사라지고 있다. 자동차 분야는 제조업체의 자동화로 더 심각하게 잠식당하고 있다. 심지어 변호사, 판사, 의사 등 소위 지식층의 영역까지 미래에 없어지는 직업으로 바뀌고 있다.

이러한 암울한 시대에 사는 우리의 미래는 과연 있는 걸까? 우리는 소박한 일반인들을 의미하고 기술혁명으로 스스로 자멸하고 있다. 본인의 직업이 없어짐으로 인해 가족이 와해되고 있다. 돈을 버는 사람은 첨단 기업을 운영하는 종사자에게만 국한되고 있다. 이로 인해 사회불안이 가속화되고 있다. 요즈음 미국에서는 벙커사업이 히트를 치고 있다고 한다. 빅 브라더만을 위한 지하도시를 만드는 것이다. 실리콘벨리의 억만장자들은 노아의 방주를 지하에 만들고 그들만의 세상을 건설하고 있는 것이다. 이러한 사회 현상을 어떻게 볼 것인가? 우리는 누구를 위해 일하고 있는가? 아프리카 노예처럼 이용만 당하고 누구도 돌보지 않는 하류층의 빈곤만 양산하고 있는 것은 아닌가? 이제 사업을 하려면 하이 프리미엄 비즈니스만 해야 사람답게 먹고 살 것이 아닌가? 이제 우리는 자녀들에게 무엇을 가르칠 것인가?

스포츠 분야도 다를 게 없다. 세계의 탑 10선수가 그 산업의 모든 운동선수의 몫을 차지하고 있다. 골프만 하더라도 10위권 이내의 선수가 받는 상금수입보다 관련 산업의 홍보모델을 하면서 수입이 수십 배로 늘어나며 시장을 석권하고 있는 현실이다. 그들은 자가용으로 비행기를 타고 다니면서 세계를 누비고 있다. 축구나 야구는 더 하다. 탑 10에 드는 선수의 수입은 한 나라의 그 분야에 소속된 선수들의 총 수입보다 못하기도 하다. 이런 세상이 맞는 것일까? 2017년 미국 경제전문지 포브스 발표 1위는 '농구 황제' 마이클 조던 18억 5000만 달러 수입을 올렸다. 타이거 우즈는 1996년 프로로 전향 미국프로골프(PGA) 투어에 뛰어들어 지금까지 17억 달러(1조 8436억원)를 벌었다. 우즈는 PGA 투어에서 메이저대회 14승을 포함해 79승을 올리며 상금으로만 1억 1006만 달러를 벌어 역대 상금순위 1위에 올랐는데 유일한 1억 달러 상금을 벌은 선수로 이름을 올렸다. 포브스는 선수들이 받은 연봉, 보너스, 상금, 광고료, 상품 출시에 따른 라이선스 계약금, 서적 출판 고료, 골프장 설계비, 그리고 각종 행사 초청료 등을 산출하고 시대에 따른 물가상승 비율을 적용해 선수들의 프로 입문 후부터 벌어들인 평생 자산을 비교했다. 프로 축구 선수로 5번째로 발롱도르를 수상한 포르투갈의 특급 골잡이 크리스티아누 호날두는 7억 2500만 달러를 벌었다.

프로골퍼 타이거 우즈

프로축구선수 크리스티아누 호날두

이렇듯이 스포츠 분야에도 일부 선수가 독식하고 있다. 이들이 물론 스포츠 분야에 공헌한 바는 크다. 자본주의가 낳은 인기 영합주의의 대표적인 산물이다. 모든 것들을 사람들이 만들었다. 그만큼 대중에게 인기가 있고 파급력이 있어 돈을 지급하였을 것이다. 그러나 그들이 사람들에게 무엇을 심어주었을까? 사회 평등에 맞는 정의의 실현을 위해 무엇을 했을까?

3. 미래를 실천하는 사람들

전문가란 '어떤 분야를 연구하거나 그 일에 종사하여 그 분야에 상당한 지식과 경험을 가진 사람'을 말한다. 사회복지학측면에서는 '가치 지향이나 지식의 특정한 목표가 문제에 집중되어 있고, 특정 활동에 대한 기술적인 전문성과 기법이 고도로 발달되고 세련된 사회사업 실천가'를 말한다.

전문가가 된다는 것은 평생을 공부해야 전문가로서 유지가 된다는 것이다. 그러나 야속하게도 소위 전문가라고 불리는 일부 사람들은 전문가의 위치에 도달한 다음 새로운 지식을 지속적으로 공부하지 않는 것이 현실이다.

19세기 초 이탈리아 경제학자이며 사회학자인 빌프레도 파레트(Vilfredo Pareto)는 페레토 법칙인 "새로운 20대 80대의 사회가 온다"고 주장하며 '이탈리아 인구의 20%가 국가가 가진 전체 부의 80%를 가지고 있다'는 말을 했다.

100년이 지난 지금 '새로운 20대 80의 사회'는 2017년 두바이에서 열린 '세계 정부 정상 모임'(World Government Summit)에서 미국 전기자동차 회사인 테슬라의 CEO인 일론 머스크(Elon Reeve Musk)는 "미래 사회는 AI의 상용화로 인간의 20% 만이 의미있는 직업을 갖게 될 것"이라고 주장했다. 머스크는 'TESLA 전기자동차'를 상용화하여 세계를 놀라게 했다. 2017년에는 LA터널 프로젝트로 "교통 체증은 영혼을 파괴하는 짓이다"라는 모토로 시작하여, 2018년 12월 18일 미 캘리포니아주 호손에서 자신이 공동 설립한 보링 컴퍼니의 초고속 지하터널 시범 공개 행사에서 터널에 관해 설명을 하며 "2년의 공사 기간을 거쳐 캘리포니아 남부 호손 지역의 스페이스X 본사 주차장에서 LA국제공항 인근까지 약 3.2㎞ 구간에 지하터널을 뚫었는데 여기엔 신호등도 없고 다른 차량이 끼어들 염려도 없어 교통 체증을 피할 수 있다"고 하였다. 행사 참가자들은 이날 스페이스X 본사에서 오리어리역(O'Leary Station)까지 약 1.6km를 시승했는데 속도는 최고 시속 64km였고 소요시간은 약 1분이 걸렸다고 전했다.

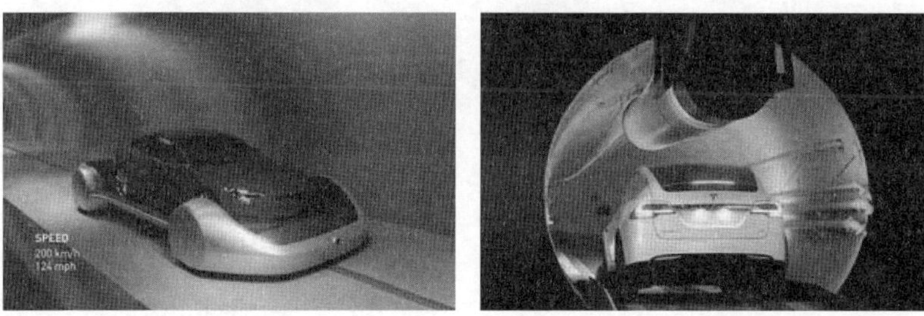

LA터널 프로젝트

또한 우주여행을 위해 무한 투자를 하고 있는데 머스크가 2014년 10월

세계 최초 상용우주선 버진갤럭틱의 '스페이스십2'이 시험비행에서 추락하기도 했다. 시장조사업체 앳모스피어 리서치그룹 헨리 하트벨트 애널리스트는 "현재는 비행 시기마저 불분명하다"고 지적했다. 그러나 2019년 그는 트위터를 통해 최근 조립을 완료한 길이 36m의 시험용 유인 우주왕복선 '스타십 호퍼'의 모습을 공개했다. 스타십은 스페이스X의 차세대 재사용로켓인 '빅팰컨헤비(BFR)'의 2단에 해당한다. BFR은 1단과 2단 모두 재사용이 가능한 첫 완전 재사용 로켓으로 2023년 민간인 7~8명을 태우고 달 궤도를 돌아오는 민간 달 여행에 활용된다. 2020년대 무인 화성탐사와 2030년대 유인 화성 탐사 및 식민지 건설에도 활용될 예정이다. 2021년 7월 12일에 리차드 브랜슨 버진 그룹회장이 버진갤럭틱 우주 비행선 'VSS 유니티'를 타고 우주 관광 시험 비행에 성공했다.

스페이스 십2

유인우주선 스타십 호퍼

2020년 5월 31일 스페이스X CEO 일런 머스크는 민간 기업으로서 최초로 민간여행우주선 '크루 드레곤'을 실은 로켓이 발사하여 엔진 분리와 점화가 이루어졌고, 우주 정거장이 있는 궤도 진입에도 성공했다. 일런 머스크는 18년 만에 꿈을 이룬 머스크는 아이처럼 펄쩍펄쩍 뛰면서 그간의 소회를 밝혔다. "저는 솔직히 오늘 감정이 복받쳐 올라서 말하기가 좀 힘듭니다. 전 이 목표를 위해 18년간 일해 왔어요" 2021년 4월 23일에는 3번째 유인우주선이 발사되어 우주정거장에서 임무를 수행중이다.

그리고 2021년 4월 27일 일론 머스크가 이끄는 스페이스X의 위성 인터넷 서비스 사업 '스타링크'에 활용될 인공위성의 궤도 하향 조정 요청이 경쟁사들의 반대에도 미국 연방통신위원회의 승인을 받았다. '스타링크'는 스페이스X가 저궤도 소형 인공위성 1만 2천개를 쏘아올려 전 지구적인 초고속 인터넷 서비스를 구축하려는 사업이다. 이와 관련해 스페이스X는 2019년부터 이미 위성 1천 584개를 쏘아 올렸으며 향후 위성 2천 814개의 고도를 당초 계획(고도 1천100㎞ 이상)과 다르게 570㎞ 이하로 변경하겠다는 수정 제안을2020년 4월 FCC에 제출했다.

그의 아름다운 도전은 아무도 예측할 수 없다. 이제까지 꿈의 전기자동차도 실현하였듯이 현실화될 것이라 생각한다.

크루 드레곤

현대 사회는 산업화와 자본주의라는 시스템이 인간을 자신의 체계에 맞는 구성원으로 길들인 결과라며 슬로베니아 철학자 슬라보예 지젝(Slavoj zizek)은 "전문가는 많은데 지식인은 없다"고 말한다. 전문가는 해당 분야에서 드러난 문제를 즉각적으로 해결하는 사람이다. 지식인은 특정 분야를 넘어서 사회 전반의 부조리와 모순을 지적하는 사람이다. 전문가와 지식인이 조화를 이룬다면 머스크의 꿈은 실현될 것이고 아름다운 세계가 펼쳐지리라 기대한다.

4. 실리콘벨리의 회사들

실리콘 밸리에는 세계적인 기술을 보유한 꿈의 직장으로 불리는 기술베이스 회사들이 포진해있다. 그런데 이런 회사에 다니는 직원들의 충성도는 그다지 높지 않은 것 같다. 고용 서비스 플랫폼 링크트인이 대표적인 실리콘 밸리 회사에 다니는 직원들의 평균 근속 년수를 조사 자료에 의하면, 2017년 한 해 동안 소프트웨어 및 인터넷 회사들의 직원 이직률이 다른 주요 산업과 비교해 단연 높은 것으로 나타났다.

실리콘 밸리 기업들은 무료 식사, 교통편 제공, 자녀 보육 등, 직원들에게 모든 직장인들이 부러워할 만한 복지제도를 제공하는 것으로 유명하다. 수십억 달러에 달하는 최첨단 사무실 공간은 말할 것도 없다. 그러나 이러한 특전이 직원들의 장기근속을 보장하기에는 충분하지 않았다. 실리콘밸리의 근속연수가 이 같이 짧은 이유로는 신상필벌의 성과주의, 실적 압박과 그에 따른 노동 강도가 큰 영향을 미친 것으로 전문가들은 보고 있다.

리스트의 맨 위에는 평균 근속 년수 7.8년을 기록한 IT·네트워킹 기업 시스코(CISCO)가 차지했다. 시스코의 최근 기업 가치 평가액은 2071억 5천만 달러(221조 6천억원), 체육관, 자원 봉사 활동을 위한 5일간의 유급 휴가, 학비 상환, 분기당 팀별 사회 활동 지원 수당 등을 운영한다.

현실적인 문화로 유명한 오라클에서는 7년 근무가 보통이다. 최근 기업 가치 평가액이 1881억 1천만 달러(201조 2천억원)로 평가된 오라클은 기저귀 및 식료품 같은 일상용품의 구매에서부터 휴대 전화 같은 가격이 높은 제품에 이르기까지 '회사 요율'을 적용한다. 이 외에 재택 근무 옵션, 무제한 휴가 제도 등을 운영하고 있다.

애플이 평균 근속 년수 5년으로 체면을 유지했다. 애플 직원의 상당수는 지난 해 새로 입주한 50억 달러짜리 '우주선' 본부에서 일하고 있다.

애플의 최근 기업 가치 평가액은 8865억 8천만 달러(948조 2천억원), 애플 제품 할인, 스티비 원더 등 유명 가수 콘서트 무료입장권, 그리고 직원 부모들의 학자금 상환, 사내 의사 및 마사지 치료사 이용료를 지원하는 애플 케어 칼리지 프로그램(AppleCare College Program)을 운영하고 있다.

직원들의 평균 근속 년수가 가장 짧은 회사는 1.8년을 기록한 우버였다. 우버의 가장 최근 기업 가치 평가액은 720억 달러(77조원)였으며, 무료 식사 및 간식 제공, 무제한 유급 휴가, 체육 시설 이용권, 우버와 우버이츠(UberEats) 서비스 이용 할인 혜택 등의 복지를 제공하고 있다.

대형 IPO로 사람들을 놀라게 했던 클라우드 기반의 파일공유 플랫폼 드롭박스(Dropbox)도 인재 붙잡기에 애를 먹고 있는 것으로 나타났다. 이 회사의 평균 근속 년수는 2.1년. 가장 최근 기업 가치 평가액은 117억

6천만 달러(12조 6천억원), 하루 세끼 식사, 사내 체육시설, 전화비 지원 등의 혜택을 제공하고 있다.

혁신의 아이콘으로 불리는 테슬라가 역시 평균 근속 년수는 2.1년으로 꼴찌에서 공동 2위를 차지했다. 테슬라의 가장 최근 기업 가치 평가액은 507억 3천만 달러(54조 3천억원)였으며 이사 비용 지원, 여행비 지원, 스톡옵션의 혜택을 제공하고 있지만 근무 시간이 길고 주말에도 일하는 것으로 유명해 직원들이 조기에 탈진한다는 이야기가 떠돈다.

세계 최대 SNS 회사 페이스북도 평균 근속 년수가 2.5년에 불과해 뜻밖에 하위권에 머물렀다. 페이스북의 최근 기업 가치 평가액은 4779억 3천만 달러(511조원), 세탁 및 드라이클리닝 서비스, 무료 자전거, 체육관 및 피트니스 강좌, 본사 셔틀서비스, 어린이집, 인턴 무료 주택 등 화려한 복지 제도를 운영하고 있다.

트위터의 리더십 순위는 많은 변화를 겪으면서 직원들의 평균 근속 년수도 3년을 넘지 못했다. 최근 기업 가치 평가액은 216억 달러(23조 1천억원), 체육관 시설, 무료 식사 및 간식, 여행, 달리기 동호회 등과 같은 사교 활동 등을 지원하고 있다.

구글의 모회사 알파벳이 평균 근속 년수 3.2년으로 그나마 양호했다. 알파벳의 최근 기업 가치 평가액은 7186억 9천만 달러(769조원). 24시간 무료식사, 무료 요리 교실, 유명인사 강연, 사내 마사지 치료사, 학자금 지원, 구글 버스 등이 주요 혜택이다. 특히 "직원이 사망할 경우, 이후 10년간 사망 직원의 배우자에게 연봉의 50%를 지급하는" 사망 보험도 제공하고 있다.

넷플리스

에어비앤비

세일즈포스

세계최대 동영상 서비스 업체 넷플릭스. 평균 근속 년수는 3.1년이었다. 넷플릭스의 최근 기업 가치 평가액은 1352억 4천만 달러(144조 7천억원), 무료 넷플릭스 접속은 물론, 점심 도시락, 무제한 휴가, 가족 휴가 혜택 등을 제공하고 있다.

숙박공유 플랫폼 에어비앤비의 평균 근속 년수는 2.6년. 최근 기업 가치 평가액은 300억 달러(32조원), 분기마다 2000달러 상당의 에어비앤비 여행 쿠폰, 하루 세끼 무료 식사, 댄스, 요가 교실도 운영하고 있다.

샌프란시스코에 가장 높은 사옥을 지은 글로벌 CRM 솔루션 선두주자 세일즈포스(Salesforce)의 평균 근속 년수 3.3년. 이 회사의 최근 기업 가치 평가액은 870억 6백만 달러(93조원)이었고, 학자금 상환, 재학생 채무 지원, 통근 수당, 직원들이 선택한 자선 단체에 기부하도록 매년 수 천 달러의 기부금도 지원한다.

5. 초일류기업의 창업자들이 전하는 메시지

구글의 창업 모토는 'To organize the world's information and make it universally accessible and useful'(세계의 정보를 정리하여 누구에

게나 접근 가능하고 사용하게 만들자)이다. 2001년 러시아계 유대인인 세르게이 브린, 래리 페이지 등 구글 창업자와 임직원들이 토론 끝에 사훈은 'Don't be evil'(악하지 말자)인데 이 말 뜻은 나쁜 일을 하지 않아도 돈을 벌 수 있다는 의미이다. 레리 페이지는 1000개가 넘는 특허를 보유해 부자가 된 발명왕 토마스 에디슨에게 분노를 느꼈다고 한다. 기업의 목표는 주주를 위한 이윤창출이다. 그런데 시대의 역행과도 같은 구글의 사훈은 21세기 자본시장에 신선한 충격을 준다. 구글의 메시지는 '기술을 사업기반으로 하되 깨끗한 기업경영으로 사회에 보답하자'로 분명하다.

트위터의 본사에 거꾸로 달려있는 사명은 'Let's make better mistakes tomorrow'(내일을 위해 더 나은 실수를 만들어보자)이다. 남과 다른 생각, 남과 다른 '실수'로 태어난 회사인 만큼 그 정신을 잊지 말자는 말이다.

애플의 사훈은 'Think Different!'(다르게 생각하라!)이다. 스티브 잡스가 행한 '스탠포드 대학교 졸업식 연설'에서 그가 마지막으로 남긴 "Stay Hungry, Stay Foolish!"는 졸업을 하는 '젊은 그대들이여, 미래를 위하여 지금 당장은 배고프고 힘들겠지만 꿈을 이루기 위해서는 시간이 너무 부족하기에 바보처럼 열심히 노력하라'는 메시지를 전하고 싶었을 것이라 생각한다. 애플이 사람들에게 공감을 얻는 이유는 우리의 혁신에 깊은 인간애가 흐르고 있기 때문이다. 언제나 혁신을 꾀하기 위해 노력해야 한다. 진화, 그것이 언제나 내가 노력하며 시도한 것이다. 끊임없이 나아가야 한다는 것이다.

알리바바의 사명은 '천하에 하기 어려운 사업이 없게 하는 것'이다. 마윈은 항상 오늘날의 회사는 사회의 갖가지 문제들을 발견하고 해결하는 회사가 되어야 한다고 말했다. "창업은 자신이 가장 좋아하는 일, 가장 열정을 쏟을 수 있는 일, 가장 많은 에너지를 쏟을 수 있는 일을 해야 합니다. 돈을 벌기 위해 창업을 한다면 영원히 돈을 버는 것보다 더 좋은 일은 없게 될 것입니다. 20세기의 기업인들은 기회를 잘 잡아 성공한 기업인들이 되었습니다. 하지만 다음 세대의 기업인들은 사회 문제를 해결할 수 있어야 성공한 기업인이 될 수 있을 것입니다. 여러분들의 미래를 생각하십시오. 사회를 위해 뭔가 문제를 해결하실 수 있기 바랍니다"

우리나라의 삼성그룹을 창업한 이병철 회장은 사업보국, 인재제일, 합리추구를 경영철학으로 삼고, 현대그룹을 창업한 정주영 회장은 근면, 검소, 친애를 경영철학으로 삼았다.

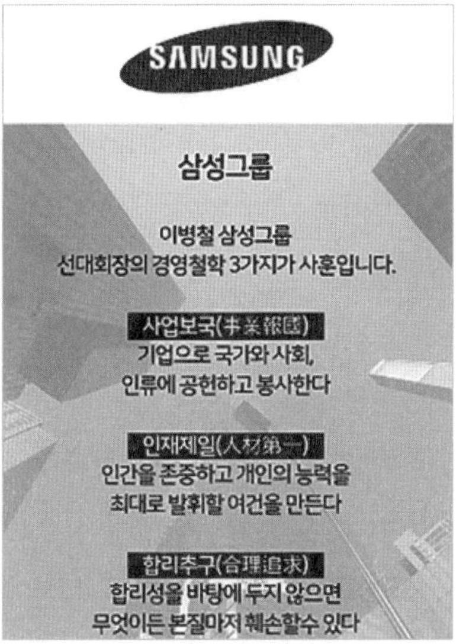

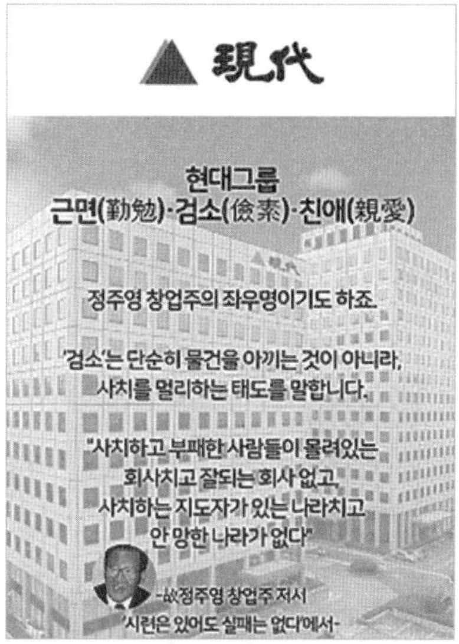

일본 최고 부자 사이토 히토리(斎藤一人)는 1948년 도쿄 출생으로 중학교 졸업으로 화장품·건강식품을 판매하는 회사 '긴자마루칸'(銀座まるかん)과 '일본한방연구소'의 창업자로 일본에서 여러 해 연속 '납세액 1위'를 기록하고 있는 거부(巨富)로 알려져 있다. 그의 저서『부자의 운』에서 '운'으로 성공했다며 운이 좋아지는 습관 56가지를 소개했는데 '웃음, 긍정적인 마인드 등' 초일류기업들의 사훈과 다를 바가 없다. 또한 씨를 뿌리고 열매가 맺기 위해서는 복숭아는 3년, 감은 8년, 부자가 되고 싶다는 씨를 심어서 부자가 되는 것은 최소 10년을 준비해야 한다고 했다. 사마천의『사기』화식열전에 '부를 얻는 데는 일정한 직업이 없고, 재물에는 일정한 주인이 없다. 재능이 있는 자에게는 재물이 모이고, 우매한 자에게는 재물이 흩어진다'는 글도 눈여겨 볼 필요가 있다.

그렇다면 인생을 사는 우리들의 좌우명은 무엇일까? 글로벌 초일류 기업의 사훈과 같이 만들어도 성공한 기업이 걸어온 길을 본다면 무방할 것이다. 나의 좌우명은 '바른 생각(正心), 바른 태도(正言), 바른 행동(正行)'이다. 목표를 정하고 사는 사람과 아무 생각 없이 사는 사람과는 시간이 지나 은퇴를 하게 되면 알게 된다. 그 차이가 얼마나 큰지. 목표를 세우는 사람들이 성공의 지름길을 간다. 자신의 인생목표와 비전에 대해서 설계를 한 사람은 1/100, 설계를 하고 의지를 가지고 노력한 사람은 1/1,000, 즉 설계를 하고 노력한 자는 1/100,000에 불과하다는 것이다. 결국 그들이 성공하는 사람이다. 사람에게 주어진 시간은 누구에게나 같다. 그러나 성공하는 사람은 대부분 역경을 이겨내고 미래를 위하여 시간을 쓰는 방식이 다르다는 것이다. 길지도 않은 인생을 살면서 긍정적이고 밝은 에너지를 발산하며 사는 삶은 무엇보다도 중요하다고 생각한다. 그것이 바로 성공의 지름길이다.

6. 펩시코 회장 인도출신 인드라 누이를 만든 어머니

인드라 누이가 2018년 10월 3일자로 24년간 몸담았던 펩시코를 떠났다. 86세 노모와 더 많은 시간을 보내기 위해서다. 2017년 포춘 가장 영향력 있는 여성 지도자 2위, 2012년 포브스 세계에서 가장 영향력 있는 어머니 3위, 2007년 포춘 가장 영향력 있는 여성 경영인 1위를 한 '펩시콜라'로 유명한 음료·식품회사 펩시코의 최고경영자(CEO)이자 회장이다. "위기에 직면한 펩시코를 구했다"는 평을 받는 누이는 12년간 펩시코 CEO로 재직했다. 누이는 세계 탄산음료 시장에서 '코카콜라'에 밀려 만년 2위에 머물렀던 후발주자 펩시를 100년 만에 1위로 올려놓았다.

인드라 누이 회장

인도 남부 첸나이(Chennai)의 중산층 가정에서 태어난 인드라 누이는 마드라스 크리스천대학에서 화학을 전공하고 인도 경영대(IIM)에서 경영학 석사(MBA)를 취득했다. 인드라 누이의 어린 시절, 어머니는 매일 자식들에게 '앞으로 자라서 뭐가 되고 싶은지'를 물었고, 매번 가장 좋은 꿈을 말한 사람에게 상을 주었다고 한다. 인드라 누이는 2015년 9월 여성 리더십 패널에 참석해 자신을 성공으로 이끈 어린 시절을 소개했다.

"어머니는 낭하 언니에게 매일 저녁 식탁에서 이렇게 물었다. '애야, 넌 무엇이 되고 싶으니?' 어머니는 우리가 대통령이나 총리가 되면 어떤 일들을 할 것인지 연설문을 쓰게 했고, 연설문을 낭독하고 토론하도록 했다. 저녁 식사 끝엔 둘 중 누가 더 뛰어난 토론을 했는지 투표로 결정했다. 우승자가 '두 사람은 오늘 되고자 했던 세계적인 지도자가 되는데 성공했다'고 쓰인 종이에 서명하는 것으로 이 의식 같은 놀이는 마무리됐다. 어머니는 대학도 나오지 않았고, 직장도 없었지만 두 딸이 원하는 것을 이루는 모습을 보고 싶었던 것 같다. 그래서 보수적인 인도 사회에서 태어났지만 늘 '네가 원하는 무엇이든 될 수 있다'는 말을 듣고 자랐다. 사춘기에 접어들면서부터는 더 이 놀이를 하지는 않았지만, 나와 언니는 어머니께 매우 감사했다. 우리는 실제로 '원하는 것은 무엇이든 될 수 있다'는 자신감을 갖게 됐으니까"

그녀는 대학 졸업 후 인도에서 직장생활을 하다 1978년 미국으로 건너왔다. 예일대 경영대학원에서 다시 경영학석사(MBA)를 딴 인드라 누이는 보스턴컨설팅그룹, 모토로라 등에서 전략기획 분야를 담당하며 꿈을 실현해 나갔다. 1994년 펩시코에 합류할 당시 그녀는 제너럴일렉트릭(GE)에서도 러브콜을 받았다고 한다. 당시 펩시코 CEO 웨인 칼로웨이(Wayne Calloway)는 인드라 누이를 만나 이렇게 설득했다. "잭 웰치는 내가 아는 최고의 CEO이고, GE는 아마도 세상에서 가장 뛰어난 회사일 겁니다. 하지만 나는 당신과 같은 사람이 꼭 필요합니다. 펩시코를 당신을 위한 특별한 공간으로 만들겠습니다" 훗날 인드라 누이는 "그 말을 듣고 주저 없이 펩시를 선택했다"고 회고했다. 인도 여자로 태어나 자란 경험은 오히려 그에게 성공의 밑거름이 됐다고 한다. 그는 "여자로, 외국인으로 태어났다면 그 누구보다도 더 영리해져야 한다"고 말해왔다.

누이는 회사에서 가정의 중요성을 강조했다. 무슨 일을 하던 가정에서의 역할에도 충실해야 한다는 것이다. 이런 신조도 어머니의 가르침에서 나왔다. 누이가 펩시코 회장이 됐다는 소식을 어머니에게 전하려 하자 어머니는 대뜸 누이에게 "나가서 우유를 사 와라"고 했다. 누이는 서운한 마음에 어머니에게 "펩시코 회장이 됐는데 왜 내게 우유나 사오라고 하냐"고 물었다. 돌아온 건 어머니의 꾸짖음이었다. "펩시코 회장이라는 왕관은 차고에 두고 오렴. 펩시코의 회장일지라도 네가 집에 오면 넌 우선 아내이자 엄마란다"

누이는 사업을 다각화하고 시장 변화에 발 빠르게 적응해 펩시코를 1위 음료·식품 회사로 탈바꿈시켰다. 2005년 12월 펩시코가 112년 만에 시가총액으로 코카콜라를 앞지른 것이다. 2018년 포춘 500대 기업에서도 45위에 이름을 올리며, 87위인 코카콜라를 따돌렸다. 전략기획과 구조조정 업무에 뛰어난 누이는 콜라를 필두로 한 탄산음료 시장의 한계를 예측했다. 누이는 펩시코에서 탄산음료 이미지를 지우고 종합음료·식품 회사로 거듭나겠다고 선포했다. 누이는 음료 사업 분야를 넓혔다. 누이는 타코벨과 피자헛, KFC 등 펩시코의 패스트푸드 부분을 정리하고 주스업체 '트로피카나'와 스포츠음료 업체 '퀘이커오츠'를 인수했다. 또 스낵업체 토스티토스 등도 인수해 식품으로도 영역을 넓혔다. 최근에는 야채·과일칩 업체인 '베어 푸드'를 인수했다. 이 중 2001년 인수한 퀘이커오츠가 '게임체인저'가 됐다. 퀘이커오츠는 시리얼과 이온음료 '게토레이' 생산업체다. 당시 스포츠음료 시장에서 80%가 넘는 시장 점유율을 보이며 코카콜라의 '파워에이드'를 크게 앞섰다.

누이는 퀘이커오츠를 선두에 두고 건강식품 중심으로 사업을 재편해 실적을 향상시켰다. 그 결과 소비자의 탄산음료 퇴치운동으로 선호도가 크게 떨어진 콜라보다 이온음료·주스 등을 앞세워 코카콜라를 이길 수 있었다. 2010년 누이가 청소년 건강을 위해 "2012년까지 전 세계 학교에서 고열량 탄산음료를 팔지 않겠다"고 선언한 것도 이런 펩시코의 이미지에 도움을 줬다.

7. 유대인의 교육

유대인을 소통과 리더십의 화두로 둔 이유는 세계의 금융, IT, 패션, 미디어와 엔터테인먼트를 장악한 지도자를 배출했기 때문이다. 정신분석의 창시자 프로이드, 조지 소로스 펀드매니지먼트 회장, 벤 버냉키와 제닛 옐런 연방준비제도 의장, 마이크로소프트 CEO 스티브 발머, 구글의 공동창업자 세르게이 브린과 레리 페이지, 페이스북의 창업자 마크 저커버그, 인텔의 창업자 앤디 그로브, 델컴퓨터의 최고경영자 마이클 델, 스타벅스의 최고경영자 하워드 슐츠, 캘빈클라인의 설립자 캘빈 클라인, 초콜릿 전문기업 허쉬의 밀튼 허쉬, 체코의 소설가 카프카, 디자이너 랄프로렌, 화장품업계의 에스티로더, 스티븐 스필버그 영화감독 등 너무나 많은 인사가 세계를 주름잡고 있다고 해도 과언이 아니다. 가장 영향력이 있는 매스컴 뉴욕 타임즈 사장 슐츠버그(Shultzburger), 워싱턴 포스트지 사장 캐서린 그레이엄(Catherine Graium), 가장 출판을 많이 하는 랜덤하우스(Randum House)사장이 유대인이다.

특히 노벨상을 수상한 사람은 지금까지 모두 300명 정도이다. 그 중에 93명이 유대인이다. 경제 분야에서 65%, 의학 분야에서 23%, 물리 분야에서 22%, 화학 분야에서 12%, 문학 분야에서 8%를 유대인이 수상하였다. 미국에서는 하버드 등 유명 대학 교수의 25~30%, 총장 및 책임자의 90%, 뉴욕 중고등학교 교사의 50%, 미국 상하원의 10%, 변호사의 15%, 의사의 15%, 400대 재벌의 23% 그것도 상위 40대 재벌의 무려 40%가 유대계라고 할 정도로 파급력은 막강하다.

유대인은 '유대인과 결혼하여 유대교를 믿는 자'로 혈통적 유대인이라 하며, 유대교인은 '유대인이 아니지만 유대교를 믿는 자'로 종교적 유대인, 정치적 유대인으로 구분한다. 유대인 인구는 1500~1600만(2017년)으로 이스라엘(570만), 미국(680만), 프랑스, 캐나다, 영국, 러시아, 아르헨티나, 호주 등 전 세계에 거주하고 있다. 참고로 유대교(Judaism)는 고대 이스라엘의 종교로 올라가지만 바빌론 포로(BC 586~BC 536) 이후 '모세의 율법'을 근간으로 하여 발달한 유대인의 고유 종교를 말한다. 구약성서를 근간으로 모세를 민족의 지도자로 섬기며, 천지만물의 창조자인 유일신을 신봉하면서, 스스로 신의 선민(選民)임을 자처하며 메시아(구세주)의 도래 및 그의 지상천국 건설을 믿는 종교이다.

유대교 성경인 구약성경은 율법서인 토라와 예언서 그리고 성문서로 구성되어 있다. 토라(Torah)는 모세 오경인 「창세기, Genesis, 創世記」「출애굽기, Exodus, 出埃及記」「레위기, Leviticus, 一記」「민수기, Numbers, 民數記」「신명기, Deuteronomy, 申命記」, 이 다섯 권을 가리키나 좀 더 넓은 의미에서 오로지 구약성경만을 가리킨다.

탈무드(Talmud)는 '배움, 가르침, 연구'라는 뜻이다. 히브리어로 된

'말로 내려오는 율법을 글로 적은 미슈나'(Mishnah)와 셈족 언어인 아람어로 된 '부록, 완성, 전통을 뜻하는 게마라'(Gemara)로 미슈나에 대한 랍비의 주석과 해설로 구성되어 있다. 탈무드는 두 종류로써 팔레스타인 탈무드(350~500)와 바빌로니아 탈무드(500~600)가 있다. 바빌로니아 탈무드는 250만 단어의 6000페이지 분량으로 팔레스타인 탈무드의 4배 수준이다. 주요내용은 유대교의 율법, 전통적 습관, 축제, 민간전승, 해설 등을 총망라한 유대인의 정신적 문화적인 유산으로 법, 철학, 신학, 윤리, 예식, 의학, 과학, 천문학, 역사, 위인전기, 꿈 해몽, 마술, 속담, 전설, 우화, 민담을 다뤘다. 탈무드는 '심판의 날'에 종교적, 윤리적인 응답해야 한다는 질문을 살펴보면, '메시아의 구원을 받았는가?', '가정을 꾸렸는가?', '성경 공부할 시간을 따로 두었는가?', '정직하게 장사를 했는가?' 등이 흥미 있는 구절이 있다.

유대인은 유아시절 5세부터 토라를 시작으로 10세에 미슈나를, 13세에 계명을, 15세부터 『탈무드』를 죽을 때까지 공부한다. 부모의 역할은 가르치는 사람이 아닌 보여주는 사람이다. 교육은 신사를 만든다. 너희들이 사회를 주관하는 사람이다. 내면이 좋은 사람이 외면이 좋다. 변화를 주도하고 변화하는 사람에게 영향을 줄 수 있는 사람이 되어야 한다고 가르친다고 한다. 유대인의 성인식, '브나이 미츠바'(B'nai Mitzvah)는 남자아이는 13세, 여자아이는 12세에 유대교의 규율에 따라 개인의 행동을 스스로 책임질 수 있는 나이에 도달했다고 인정하는 가족 행사이다. 이 행사는 가족, 친지와 모든 지인들이 축복해주는 일생일대의 가장 큰 행사로 우리나라의 성인식에 비하면 본보기로 삼을 만하다.

유대인은 전통 모자인 키파를 쓴다.

키파를 쓰고 통곡의 벽에 손을 대고 있는 트럼프 대통령

유대인은 금요일 오후나 토요일엔 외부인과의 약속을 하지 않는다. 오직 가족들과 같이 안식일을 준비하고 지낸다. 사회활동보다 가정과 '시너고그'(Synagogue, 회당)에서 유대인의 삶의 기초이자, 법이자, 지혜이자, 기둥인 구약성경과 탈무드를 읽고 서로 대화를 통해 소통한다. '하브루타'(Havruta, 친구 또는 짝을 의미하는 단어)는 가정에서 탈무드를 함께 읽고 대화하는 것과 초·중·고교와 대학에서의 토론식 학습까지 포괄하는 유대인들의 교수·학습법을 일컫는다. 부모와 자녀, 학생과 교사가 동등한 입장에서 얘기하는 것이 핵심이다. 어린 자녀를 세상의 모든 아이들이 '저마다의 빛나는 별'로 생각하고, '예시바'(Yeshiva, 도서관 좌석에서 모두 목소리를 높이며 토론하는 것)와 '라브루타'(Chavruta, 서로 짝을 이루어 공부하는 스터디 그룹)와 '후츠파'(Chutzpah, 지위 고하를 막론하고 자기주장을 내세우는 것)를 통해서 일생동안 가정과 사회에서 소통의 훈련을 받는다. 유대인 부모들은 자녀가 좋은 대학과 직장에 들어가기를 바라며 공부시키지 않는다. '멘쉬'(Mensch)라는 주위로부터 완전한 신뢰를 받는 사람을 키우며, 타인과의 관계에 있어 정직하고 반듯한 윤리적인 인간을 만들고, '쩨다카'(Tzedaka)라는 기부문화 실천을 가르친다.

8. 루이비통 회장 베르나르 아르노의 명품

베르나르 아르노(Bernard Arnault, 1949년 3월 5일~)는 프랑스 기업가로 Louisvuitton, Dior, Fendi를 비롯한 50여개의 명품 브랜드를 소유한 세계적으로 가장 큰 명품 업체인 루이뷔통 모에 헤네시 그룹의 창업자이자, 회장 겸 최고경영자이다. 그는 2018년 순자산 1726억 달러로 《포브스》에서 세계 2번째, 유럽 최고의 부자로 선정 되었다.

그는 지난 1990년 푸조 205 GTi를 구입했다. 기사 딸린 고급 세단대신 남의 눈에 띄지 않고 매일 직접 운전해 출근하기 위해 이 차를 샀다. 그리고 최소한의 신변 보호를 위해 방탄차로 개조했다. 푸조 205 GTi는 랠리 퍼포먼스가 담긴 소형 해치백으로, 과거 유럽에서 큰 인기를 끌었던 모델이다. 이번에 무대에 오른 차량은 아르노 회장의 개인 컬렉션으로 관리 받아 왔으며 주행거리는 1만 4,700km에 불과하다. 판매대행사 룩셈부르크의 오토 & 레브 컬렉션은 29년이나 된 이 차량의 가격을 3만7,500유로(한화 약 4,930만원)로 책정했다.

베르나르 아르노 회장

푸조 205 GTi

베르나르 아르노는 1949년 프랑스의 북부 루베에서 사업가 장 레옹 아르노(Jean Leon Arnault)의 아들로 태어났다. 그는 에콜 센트랄 파리 출신의 공학자인 아버지의 발자취를 따라 공학 교육과정을 선택해 에콜 폴리테크니크에 조기 진학하여 1971년 공학 학위를 취득한 후 그의 아버지가 운영하는 페리넬 건설 회사에 입사해서 가족 경영에 참여하여 충실히 경영수업을 받을 수 있었다. 1976년 사업 수완이 좋았던 그는 입사 5년 만에 아버지를 설득해 사업 일부를 4000만 프랑(480억원)에 매각하고 부동산 사업에 집중해 큰 성과를 냈다. 이어 1979년 그는 아버지의 뒤를 이어 회사 대표직을 맡게 된다.

1981년 사회당 출신의 프랑수아 미테랑이 대통령에 선출되자 돌연 미국행 비행기를 탔다. 자유스러운 그의 성향과 맞지 않았기 때문이다. 그는 뉴욕을 방문하면서 택시기사에게 프랑스에 대해 알고 있는 게 무엇인지 물어 보았는데 '디올'이라고 대답하자 명품사업의 영향력에 대해서 생각하게 되었다. 그는 미국 플로리다로 떠나 팜비치에서 콘도개발로 상당히 많은 돈을 모았다. 이후 사회주의를 표방하는 정부가 경제정책 방향을 보수적으로 바꾸자 다시 프랑스로 돌아왔다. 당시 프랑스 정부의 사회주의 표방으로 정책을 바꾸면서 파산 위기에 닥친 크리스티안 디올의 모기업인 부삭그룹을 1984년 인수하여 8000명의 직원을 감원하는 대규모 구조조정으로 2년 만에 흑자로 전환하였다. 이후 40세의 나이에 코냑과 샴페인으로 유명한 모에 헤네시와 루이비통을 합병하는데 성공하여 최대 주주로 회장직에 올랐다.

그는 자신의 일대기를 저술하여 La Passion creative(2001)발행하였는데 우리나라에서는 '나는 내 꿈에 뒤진 적이 없다'(출판사 수수꽃다리)로 번역 출간되었다.

9. 버거킹 회장 다니엘 슈워츠

다니엘 슈워츠 회장

버거킹은 맥도날드 뒤를 이은 세계 2위 햄버거 프랜차이즈다. 세계 3대 햄버거 프랜차이즈 '버거킹(Burger King)'은 1953년 첫 매장을 오픈한 이후부터 50여 년 동안 승승장구해왔다. 미국 플로리다 잭슨빌에 첫 매장을 오픈한 이후 1년 만에 프랜차이즈로 확장하여 8년 만에 미국 전역에 250개의 매장을 확보했다. 1963년 푸에르토리코를 시작으로 해외사업을 본격화하면서 2000년대 들어서는 전 세계 70여 개 나라에 1만개 이상의 매장을 보유할 만큼 성장했다. 그러나 2008년 세계 금융위기로 버거킹은 침체기를 맞았고, 당시 경쟁사이자 업계 1위 맥도날드는 오히려 크게 성장하면서 격차는 더욱 벌어졌다. 부진한 판매실적으로 글로벌 매출은 지속 감소했다. 경쟁사인 맥도날드는 되레 4%대 성장을 이루면서 매출 차이는 더 벌어졌다. 결국 2010년 버거킹은 브라질 사모펀드 3G에 32억6000만 달러(약 3조8400억원)에 매각됐다. 3G에 매각할 당시 7억 달러(약 8200억원)에 달하는 부채를 안고 있었던 버거킹은 2014년 기업가치 90억 달러(약 10조6000억원)를 인정받으며 다시 확고한 2위 햄버거 프랜차이즈 브랜드로 일어섰다. 지금은 버거킹의 지주사

레스토랑 브랜드 인터내셔널(RDI)의 시가총액은 443억 달러(약 52조 2000억원)에 달한다.

2010년 TPG금융과 합자회사(베인 캐피털, 골드만삭스)들은 버거킹 대부분 지분을 3G캐피털(3G Capital, 이하 3G)에 매각하기까지 했는데 3G의 호르헤 파울루 레만(Jorge Paulo Lemann) 회장은 버거킹을 인수한 직후 월스트리트 금융맨으로 일하던 29세 다니엘 슈워츠(Daniel Schwartz)를 최고재무관리자(CFO)로 영입했고, 2013년에는 32세였던 그를 버거킹 최고경영자(CEO)로 임명했다. 당시 맥도날드 CEO 돈 톰슨의 나이는 50세였다는 점을 고려하면 파격적인 인사였다.

경력이 거의 전무한 수준의 슈워츠가 CEO로 임명된 후 전문가들은 우려를 표하기도 했지만 슈워츠는 '젊음'을 무기로 버거킹을 경영하기 시작했다. 그는 가장 먼저 찾은 곳은 현장이었다. 매장에서 유니폼을 입고 직접 주문을 받고 햄버거를 만들었다. 화장실 청소도 직접 했다. '문제는 늘 현장에 있다'고 생각했기 때문이다. 몇 달 동안이나 사무실과 매장을 오가며 문제점을 찾아냈다. 현장에서 찾아낸 문제점은 외우기도 어려운 수십 개의 메뉴였다. 너무 많은 메뉴 탓에 매장별로 제조가 가능한 메뉴도 달랐고, 직원들은 레시피를 일일이 기억할 수 없는 수준이었다. 그는 단 12개만 남기고 메뉴를 모두 삭제했다. 재료비가 절감됐고 서비스 속도는 향상됐다. 매장의 간소화는 해외 매장 확장의 발판이 돼 5년 만에 매장을 21%나 늘릴 수 있었다.

메뉴 간소화만으로 극적인 비용절감을 기대할 수는 없었다. 그래서 슈워츠는 대대적인 비용절감에 나섰다. 일반적으로 구조조정으로 시작되는 비용절감 방식과 달리 슈워츠는 특권을 폐지하는 것부터 시작했다.

회사가 소유 중이던 전용 항공기를 매각하고 매년 이탈리아에서 개최하던 초호화 간부 파티를 없앴다. 이 파티에만 100만 달러(약 11억 7800만원)가 들었다. 직원들에게 "회사 돈을 내 돈처럼 쓰라"고 강조했다. 슈워츠는 부임 2년 만에 46억 달러(약 5조 4200억원)였던 기업 가치를 90억 달러(약 10조 6000억원)까지 끌어올렸다. 4년 만에 연 매출은 2012년(140억 달러) 대비 30% 증가한 182억 달러(약 21조 4450억원)를 달성했다.

10. 노벨 생리의학상 윌리엄 케일린 교수의 과학과 인생

윌리엄 케일린 교수

미국 하버드대 데이나파버 암연구소 윌리엄 케일린(William G. Kaeilin) 교수는 2019년 노벨 생리의학상 수상자로 우리 몸의 세포가 산소 공급이 변화하는 환경에 어떻게 반응하는지 그 과정을 유전자와 단백질을 사용해 밝혀 피터 랫클리프 영국 프랜시스크릭연구소 교수, 그레그 서멘자 미국 존스홉킨스 의대 교수 등과 함께 11월 7일 노벨 생리의학상 수상자로 결정된 바 있다.

그는 울산과학기술원(UNIST) 첨단소재연구관에서 가진 기자간담회에서 연구과정에서 자신의 위기 극복 경험을 털어놓으며 "큰 목적을 달성하기보다 작은 목표를 잡아서 하나씩 달성하려고 했다. 처음부터 상이 목표가 아니었다. 연구라는 여정은 실망과 실패의 연속이고 과학자들은 이러한 실패를 이겨내고 연구를 즐기는 사람들이라는 점에서 긍정적인 사고방식을 가진 사람들"이라고 말했다.

"과학자는 긍정적이어야 합니다. 인생이 실패와 좌절의 연속이니까요. 그러니 모든 순간을 큰 성공을 위해 투자하지 말고 작은 발견을 통해 '소확행'(small joy)을 얻어야 합니다. 이런 기쁨이 10년, 20년 쌓여 큰 발견이 옵니다" 인류의 가장 큰 적 중 하나인 암을 연구하는 노벨상 수상자의 조언은 의외로 소박했다.

케일린 교수의 삶과 연구는 기초과학이 갖는 특유의 '예측 불가능성'을 제대로 보여준 극적인 사례로 꼽힌다. 대학에서 수학을 전공하던 그는 큰 두각을 나타내지 못했고, 우연한 기회에 의학으로 진로를 변경했다. 그중에서도 기초연구에 몰두하게 된 그는 노벨상 수상 업적과는 언뜻 전혀 관련이 없는 유전병 분야를 연구했다. 특히 망막이나 신경, 혈관 등에 악성종양을 발생시키는 유전병인 폰히펠린다우 증후군을 연구하던 중에 이 병과 관련한 유전자가 세포의 체내 산소 농도 감지 및 조절에 핵심 스위치 역할을 한다는 사실을 발견했다. 이 연구로 그는 20여 년 뒤 노벨상을 수상했고, 이를 응용한 각종 치료제 연구도 활발하다. 유머러스한 성격의 그는 "낚시를 좋아하는 아버지 말씀이 어디서 낚시를 하는지가 가장 중요하다고 했는데 나는 운 좋게 그런 분야를 택했던 것 같다"며 웃었다.

젊은 과학자와 연구자들에게 꼭 하고 싶은 말이 있다며 "과학자의 안목도 중요할 것이다. 어떤 면에서 보면 과학은 예술과 닮았다. 예술도 안목이 있어야 하듯, 과학도 좋은 결과물을 내기 위한 안목이 있어야 한다. 어떠한 연구를 할 지 선정하고 추진하는 것도 결국 안목에서 비롯된다. 또한 함께 연구하는 협력자들도 중요하다. 좋은 파트너들과 연구를 할 때 좋은 연구 성과물을 만들 수 있기 때문이다. 아울러 실망에서 그치면 안 된다. 의학 연구의 경우 인체 질병에 대한 메커니즘을 연구하는 것이기 때문에 예상과 다른 수치나 결과물이 나올 수도 있다. 이 과정을 즐기고 항상 질문하고 연구를 하다보면, 결국 노벨상이라는 영광에 도달할 수 있다. 위대한 산으로 가기 위한 연구를 위해서는 인내가 필요하다"

11. 광군제와 알리바바 회장 마윈

광군제(光棍節)는 중국판 블랙 프라이데이로 불리며, 11월 11일에 개최된다. '광군(光棍; 빛나는 막대기)'이란 배우자나 애인이 없는 '싱글(single, 독신)'을 의미한다. 즉, 광군제란 '싱글들을 위한 날'이라는 뜻으로, '싱글데이(솔로데이)'라고도 불린다. 11월 11일이 광군제가 된 것은 혼자임을 상징하는 듯한 '1'이라는 숫자가 4개나 겹쳐 있는 날이기 때문이다. 그런 이유로 쌍십일절'솽스이(雙11)'이라고도 한다.

1993년 난징대학교의 학생들이 애인이 없는 사람들끼리 챙겨주고 위로하자는 취지에서 만든 일종의 기념일로, 이들은 파티를 열고 서로 선물을 교환하며 이날을 즐겼다. 난징대학교에서 시작된 이런 풍습은 인터넷시대를 맞아 중국 전역의 젊은이들에게 빠르게 전파되었다.

광군제가 청년층의 문화로 자리 잡자 2009년 중국의 전자상거래업체인 알리바바(Alibaba) 마윈(马云)사장은 여기에서 착안해 '물건을 사며 외로움을 달래라'는 의미로 이날을 마케팅에 활용하였는데 젊은이들에게 쇼핑을 통해 외로움을 달래야 한다고 광고하며 이날을 '구매를 즐기는 날'(狂欢购物节)이라 선포하고 자회사인 오픈 마켓 타오바오를 통해 대대적 온라인쇼핑 할인행사를 열었다. 이 행사가 성공하자 이때부터 다른 전자상거래 업체들도 속속 동참하면서 광군제는 점차 '쇼핑의 날'로 탈바꿈되기 시작하였고, 중국 최대의 소비시즌으로 자리 잡았다.

알리바바 마윈 사장

2019년 11월 11일 광군제

2009년부터 할인 행사를 시작하며 매년 규모를 키워가며 10년째인 2018년에는 첫해 보다 4000배 이상 늘어난 매출을 기록했다. 사우스차이나모닝포스트(SCMP)에 따르면 이날 자정을 기점으로 시작된 광군제 행사는 1분36초 만에 매출액 100억 위안(17조원)을 돌파하며 작년 100억 위안 돌파 시점인 2분 5초 기록보다 31초를 단축했다고 보도했다. 하루 5억명이 28억건을 쇼핑한 셈이다.

나는 서울산업통상진흥원 통상본부장으로 재직시 마윈 사장과의 인연이 있다. 2005년에 서울시 중소기업들의 수출 진흥을 위하여 Alibaba 사이트를 활용한 중국 바이어와의 네트워크 구축을 위하여 같이 일한 적이 있다. 그 당시에 Alibaba는 그저 크지 않은 중국의 B2C & B2B 사이트로 운영되고 있어서 그는 내가 제안하는 무엇이든지 다 할 수 있다고 했던 말들이 생각난다. 나에게는 그의 그런 의지들이 Alibaba를 전 세계에서 가장 영향력 있는 포털사이트로 만들 수 있었던 원동력이 아니었나 생각된다. 지금도 그를 만난 순간들이 생각난다. 그의 독특한 얼굴 모습과 작은 외모로 남들과 형색이 궁했지만 그의 눈동자는 별처럼 빛나고 있었다.

마윈은 중국을 상징하는 3대 IT 기업인 BAT(바이두·알리바바·텐센트) 중 하나인 알리바바 설립을 이끈 인물이다. 그는 처음 저장성 항저우사범대학을 졸업하고 영어 교사로 재직했다. 당시 거센 개혁개방의 흐름 속에 인터넷 산업을 미래를 보고 이후 1999년 동료 17명과 함께 저장성 항저우(杭州)의 한 아파트에서 자본금 50만 위안(약 8300만원)으로 Alibaba를 창립했다. 중국 정보통신(IT) 업계 거인으로 성장한 마윈은 2018년 알리바바 회장직을 내려놓는다.

20년 전 창업한 알리바바가 내놓은 전자상거래 플랫폼인 타오바오(淘寶)와 이와 연동된 결제시스템 즈푸바오(支付寶)는 14억 중국인의 생활에 없어서는 안 되는 '생활필수품'으로 자리 잡았다. 알리바바 현 시가 총액은 4600억 달러(약 549조원)에 달한다. 마윈은 2018년 알리바바 창립 20년이 되는 2019년 9월 10일 공식 은퇴하고, 장융(張勇) 현 최고경영자(CEO)에게 알리바바 이사국 의장직을 이양했다. 포브스는 2019년 11월 7일 마윈의 재산이 382억 달러(40조원)로 중국 부자들 중 1위라고 밝혔다. 마 회장은 2018년 9월 뉴욕타임스(NYT)와 인터뷰를 통해 "50대에는 후배들을 가르쳐야한다며 교육에 초점을 두고 더 많은 시간과 재산을 쓰고 싶다"고 은퇴의사를 밝혔다. 또 자신의 롤모델로 각종 자선 사업을 펼치고 있는 빌 게이츠 마이크로소프트 공동 창업자를 꼽기도 했다.

제 6 장

분노를 극복한 사람들

분노의 5단계(five stages of grief)는
엘리자베스 퀴블러 로스가 거론한 죽음과 관련된 임종 연구
(near-death studies) 분야의 이론이며
퀴블러 로스 모델(Kübler-Ross model), '죽음의 5단계' 등으로 불리기도
한다. 인간이 자신의 죽음을 서서히 맞이하는 데에 부정에서부터
분노, 타협, 우울감, 납득의 단계들을 거치면서
이를 받아들이게 되는 심리상태를 가리킨다.

"이 또한 지나가리라"

(This shall also come to pass.)

– 유대경전 주석서 미드라쉬의 '다윗왕의 반지' 중에서

어느 날 다윗 왕은 궁중 세공인에게 이런 명령을 내렸습니다.

"나를 위한 아름다운 반지를 하나 만들되 반지에는 내가 큰 승리를 거두어 기쁨을 억제하지 못할 때도 결코 교만하지 않게 하고, 큰 절망에 빠져 낙심할 때도 결코 좌절하지 않으며 스스로에게 용기와 희망을 줄 수 있는 글귀를 새겨 넣어라"

이에 궁중 세공인은 아름다운 반지를 만들었습니다. 하지만 아무리 고민해 봐도 반지에 세길 글귀가 떠오르지 않았습니다.

결국 그는 지혜롭다고 소문난 솔로몬 왕자를 찾아가 도움을 청했습니다.

세공인의 이야기를 듣고 잠시 생각에 빠진 솔로몬은 이렇게 적으라고 일러주었습니다.

"이 또한 지나가리라!"(This shall also come to pass.)

분노를 극복한 사람들

1. 화(火)와 타협할 수 있을까

화를 왜 낼까? 답은 간단하다. 남의 생각이 나와 같지 않아 생기는 나 스스로의 충동 조절 실패이다. 내 사례를 살펴보자. 나는 직설적이고 성질이 좀 급한 편이다. 반면 아내는 내성적이고 좀 느긋한 편이다. 성격 분석 측면에서 본다면 서로 조화가 잘 이루어진 부부라고 볼 수 있다. 그럼에도 불구하고 결혼 후 서로 다툰 적이 있는데 음식의 양 때문이었다. 나의 생각은 음식을 많이 하면 남기도하고 같은 음식을 여러 차례 먹기 때문에 좀 질릴 수 도 있고 남겨진 음식물을 버리는 경우도 있기 때문이다. 반면 아내의 생각은 음식이란 기본적으로 들어가는 재료가 있어 음식점이 아닌 이상 어느 정도의 양을 할 수 밖에 없고 자신은 손이 커서 음식을 좀 넉넉하게 하는 것이 맞는다고 생각한다. 이런 차이로 인해 나는 아내에게 수차례 음식의 양을 많게는 2끼 이상은 하지 말라고 부탁을 하지만 아내는 습관적으로 내가 원하는 양의 2배 이상으로 하고 아무리 줄이라고 해도 고치지 못해 나는 아내가 차려준 정성스럽게 만든 음식으로 인해 스트레스를 받고 급기야는 화를 내기도 한다. 나도 아내를 이해하고 아내도 나를 이해해주면 서로 합치가 될 터인데 수십 년을 같이 살아왔지만 지금도 그 문제는 서로 냉전 중이다. 이렇게 되면 서로의 마음이 불편하게 된다. 둘 중 어느 한편에서 상대방에게 말을 걸어 풀어주어야 한다. 주로 내가 풀어 주는 편이지만 아내는 그 일에 대해 고치려고 하는 마음보다 오히려 자신의 마음을 알아주지 못한 남편을 섭섭하게 여긴다. 이처럼 작다면 작은 문제이지만 서로의 타협점을 찾기란 참으로 어려운 일이다. 이를 극복하기 위해서는 서로가 다르다는 점을 인식하고 상대방을 인정해주는 수밖에 해결책이 없고 이렇게 할 때 가정의 평화가 찾아온다.

아인슈타인은 "만약 당신이 그 것을 쉽게 설명할 수 없다면, 당신은 그 것을 잘 이해하지 못한다"(If you can't explain it simply, you don't understand it well enough)라며 아내든 남편이든 자신의 의사를 잘 표현하지 못하는 문제점을 자신이 인식하고 고쳐야 본질적으로 고칠 수 있는 것이다. 그러나 상대방이 잘 알아들을 수 있도록 말할 수 있는 기술은 오랜 동안 습관적으로 익힌 당신의 성향으로 쉽게 하루아침에 고쳐지는 것이 아니다. 많은 시간을 투자해서 자신의 말씨를 바꾸고 자신의 성격을 잘 알고 고칠 줄 아는 자세가 필요한 것이다.

심리학에서 '화'와 '분노'의 차이점은 무엇일까? 화가 몸의 건강에 영향을 미치기 때문에 이를 병이라 하고 이는 세계적인 의학 용어 'Whabung'으로 이시형 박사에 의해 등재되었다고 한다. 화가 나면 뜨거워진 혈액에 의해 몸에 염증이 생기고 더 나아가 암으로 발전하게 된다는 것이다. 이는 주로 참고 사는 한국의 여성들에게 나타나는 증상이라 한다. '분노'란 뇌와 관계가 있는 것으로 어떤 특정 대상이나 사람에게 나타나고 오래 지속되지 않는 특성이 있으며 이는 주로 남성들에게 나타난다고 한다. 즉, 차를 운전하다가 상대차를 운전하는 사람에게 하는 욕설이나 행동은 분노에 의한 것으로 이를 잘 통제하지 못할 때 우리는 분노장애라고 한다. '화'와 '분노'의 공통점은 스트레스(Stress)로 인하여 발생된다는 점이다. 헝가리 의학자가 캐나다로 이민을 와서 쓴 논문에 이를 'Strain'이라 써야하는 데 잘 모르고 'Stress'라고 쓴데서 용어가 사용되기 시작했다고 한다.

나의 직장생활을 돌아보면 어떤 사안에 대해 부서 간에 회의를 진행하면서 서로 극단적인 의견 차이를 보이고 상호 조정이 되지 않아 상대방에 대해 화를 내고 그런 일로 부서 간에 서먹서먹한 관계를 넘어서 끝까지 서로의 마음에 담아두고 있는 경우를 주변에서 많이 보아왔다. 그러나 정작 직장 생활을 할 때는 그런 일이 있어도 서로 화를 내고 분노로 이어져도 마음속에 있는 자신의 불편한 생각을 감추고 사는 게 대부분 직장생활의 현실이다. 이는 퇴사를 하고 전 직장동료들과 친목모임이 만들어 질 때 구성원들 간에 호 불호가 분명한 걸 보면 알 수 있다. 예를 들어 그 사람이 모임에 들어오면 자신은 이 모임에 참석하지 않겠다는 것이다. 직장 생활하면서도 스트레스를 받았는데 퇴사를 하고도 그 사람과 엮이고 싶지 않다는 것이다.

2. 화를 내면 내 마음이 좀 풀릴까

나는 골프를 좋아한다. 골프를 직업상 필요해서 배우게 되었지만 직장 생활을 하며 딱히 다른 운동을 하지 못해 주말에 지인들과 골프장을 가는 것이 나에겐 큰 즐거움 중에 하나였다. 그렇게 즐긴 골프가 벌써 30여년이 흘렀다. 골프를 치는 것은 다른 운동과 많이 다르다. 공으로 하는 대부분의 운동이 움직이는 공을 가지고 상대방과 겨루지만 골프는 지면에 있는 상태의 공을 자신이 골프채로 치는 운동이다. 그런데 골프는 자신의 스윙이 잘 된 때를 생각해서 공을 똑바로 치지 못하고 좌우측으로 잘못 쳐서 오비라도 나게 되면 잘못도 하지 않은 클럽을 땅에 내리찍거나 자신에게 불같이 화를 내며 동반자들의 눈살을 찌푸리게 한다. 이는 하루에 600개 이상의 골프공을 치며 연습하는 프로 선수도 마찬가지다. 프로 선수가 대회가 나가서 자신이 원하는 방향으로 공을 치지 못하고 마음에 들지 않게 심한 실수를 하는 경우를 많이 보면 십중팔구는 죄도 없는 클럽을 땅에 내리찍거나 화를 내며 얼굴이 붉히곤 하는 것을 수없이 보아왔다. 물론 자신의 실수를 인정하고 마음속으로 조절하며 잊어버리고 다음 홀에서 좋은 샷을 하는 선수들도 많다.

골프 선수 김비오는 2019년 9월 29일 경북 구미의 골프존 카운티 선산 컨트리클럽에서 열린 코리안 투어 DGB 볼빅 대구경북 오픈 마지막 라운드 16번홀에서 우승이 걸린 찬스 홀이라 캐디는 "갤러리 분들께 핸드폰 사용을 자제해달라고 부탁했다"고 그런데 김비오가 백스윙을 하고 치는 순간 카메라 촬영소음이 났고 이로 인해 백스윙을 멈추지 못하고 스윙하여 공이 채 100m도 날아가지 못했다. 순간 김비오는 화를 참지 못해 갤러리를 향해 노려보며 손가락 욕설을 하고 참지 못해 골프채를 땅에다 내려찍었다. 김비오가 1위를 달리고 있어 TV로 생중계 되는 바람에 전파를 타게 되었지만 16번홀을 파로 세이브하고 18번홀까지 잘 마무리를 하여 우승을 하게 되었으나 프로선수 답지 못한 행동으로 우승은 퇴색되었다.

손가락 욕하는 김비오 선수

이 일로 한국프로골프협회는 10월 1일 긴급 상벌위원회를 열어 김비오에게 자격정지 3년과 함께 벌금 1000만원 부과를 결정했으나 이사회에서 자격정지 3년에서 출전정지 1년으로 낮췄다. 프로골프선수로는 치명상을 입은 것이다. 물론 김비오는 경기가 끝나고 자신의 경솔한 행동에 대해 사과했고 상벌위원회를 마치고 무릎을 꿇고 눈물을 흘리며 모든 책임은 자신에게 있다고 하며 진정성 있는 사과를 했다. 따지고 보면 원인행위를 제공한 갤러리에게 문제가 있지만 한국 골프 역사상 첫 번째로 발생한 이 사건에 대해 엄중한 문책을 한 것이다. 만약에 김비오가 갤러리를 향해 분노의 눈빛을 오랫동안 보내기만 했더라도 아무런 문제가 없었을 것이다. 김비오는 2010년 KPGA 코리안 투어에 입성한 루키로서 명출상(신인상), 덕춘상(최저타수상), KPGA 대상을 휩쓸며 파란을 예고했었다. 2011년 호기롭게 PGA투어에 진출했지만 기대보다 성적이 좋지 못해 긴 슬럼프에 빠졌다. 2019년 4월 'NS홈쇼핑 군산CC 전북오픈'에서 우승 후 감격의 눈물을 흘린 김비오는 " '우승을 다시 할 수 있을까?'라는 생각을 은연중에 했던 것 같다. 아내와 함께하면서 좋은 모습을 보여주지 못해 미안하고 아쉬웠는데, 그런 생각들 때문에 눈물이 났던 것 같다. 골프라는 게 실력이 뒷받침되어야 하는데 슬럼프가 길어져 스스로 작아졌었고 나를 의심했다. 동생이 심리학 박사과정을 밟고 있어 많은 도움을 받았다. 무엇보다 아내와 작년 미국 2부투어인 웹닷컴 투어를 다니면서 지금까지 경험해보지 못한 투어생활을 했는데 그런 부분이 좋았다"며 슬럼프 극복을 위해 도움을 준 아내와 동생에게 고마움을 전하기도 했다. 그의 아픔은 지금은 고통스럽겠지만 시간이 지나면 해소될 수 있을 것이다. 몇 년 후에는 이를 계기로 더 훌륭한 선수가 되기를 바란다. 사람은 누구나 실수를 할 수 있다. 그게 '인간으로서 사람다움'이다. 그것을 슬기롭게 극복하는 것은 자신의 몫이다.

스포츠 선수는 스스로 화를 다스릴 줄 알아야 대선수가 될 수 있다. 지도자는 인내심을 갖아야 한다. 기다릴 줄 알아야 한다. 사람을 대할 때는 성차별을 하지 않고 생김새로 판단하지 말고 부자든 가난하든지 상호 존중하고 평등하다는 생각을 갖고 대해야 한다.

3. 나를 바꿔준 터닝 포인트

인생은 부나방 같은 삶이다. 왜 이 말이 나에게 터닝 포인트가 되었을까? 어느 날 삶에 지쳐 아니 솔직하게 수도권에서 자가용으로 출퇴근하는 나는 서울로 들어오는 길목에 들어서면 저 멀리서 뿌연 회색도시 속으로 들어가며 '내가 목구멍이 포도청이라 가기 싫은 이런 삶을 언제까지 해야 하나?' 라며 서울로 출퇴근 하지 않는 직업을 갖고 싶어 했다. 엄동설한 한겨울에도 새벽에 일어나 출근하며 사는 삶이 너무 서글프다는 생각은 한시도 내 머리 속에서 떠나질 않았다. 내 소원은 새벽시간이 아닌 10시경에 출근하고 회사에 가면 즐거운 마음으로 열심히 일하며 일이 끝나면 언제든지 퇴근할 수 있는 직장을 만들거나 다니는 것이었다. 그러던 중 28년의 회사생활을 접고 대학교수로 가면서 나의 생활은 조금 달라지기 시작했다. 출퇴근 시간에 제약은 받지 않았고 청년들에게 미래의 꿈을 심어주는 강의를 하면서 나름 행복을 느꼈다. 다만 아쉬운 것은 집에서 편도 2시간동안 마을버스를 타고 지하철을 3번이나 갈아타고 마을버스나 도보로 학교로 가야하는 긴 여정이 문제였다. 새로운 일에 대한 열정과 비교적 여유로운 시간활용에 즐거웠다. 장거리 출퇴근 시간 동안에 학교 도서관에서 빌린 다양한 서적을 읽고 평소 하고 싶었던 취미 생활도 하며 노후를 준비하고 남은 길게는 40년의 인생을 어떻게 보낼 것인가 하는 고민을 오랫동안 숙고하고 미래의 나의 직업과 할 일을 정리하고 나니 지난날들이 우리 인간이 부나방 같았음을 알게 되었다.

사람은 누구나 비슷한 삶을 산다. 부모로부터 태어나 학교에 들어가기 까지 보살핌을 받고 학교에 들어가면 대학갈 때까지 입시준비에 공부를 하고 대학 졸업 후에 직장에 들어간다. 이 때 까지는 부모의 보살핌 하에 사회에 나갈 준비를 한다. 그러나 직장에 들어가고 부터는 자신의 인생을 스스로 개척하는 고단한 삶이 펼쳐진다. 모두가 그렇게 고단했던 공부를 마치고 삶의 비열한 전선으로 다시 들어가는 셈이다.

직장에서의 삶은 아주 먼 이웃과 같은 동료와의 경쟁에서 살아남기 위해 서로의 이해관계에 따라 총성이 없는 전쟁을 치루고 영혼이 없는 삶을 살며 가깝고도 남보다 못한 삶을 산다. 회사를 떠나면 남보다 못한 존재가 되는 것이 직장에서의 삶이다. 조금이라도 손해를 보거나 이해타산이 맞지 않으면 순수하게 서로의 미래를 도전하는 상대자로서 만난다는 것은 참으로 어려운 것이 현실이다.

사람들은 말한다. '가족이외에는 아무도 믿을 사람이 없다'고 그런데 실상은 직장 생활을 하다보면 정작 가장 소중한 가정은 돌볼 수가 없다. 회사일이 우선이기 때문이기도 하고 주말에는 직장의 동료들과 시간을 보내는 시간이 많아진다. 그런데 우리는 그 사실을 잘 모르고 지낸다. 그 시간에 사랑하는 아이와 아내와 가족들과 시간을 보낸다면 그 시간은 미래를 보장해주는 시간임엔 틀림없다. 그러나 현실은 그렇지 못하다. 직장에서 주니어시절에는 친구들과 어울리고 중견 간부가 되고 부터는 더 일찍 일어나 출근하고 동료들과 경쟁을 하고 일에 치여서 돈 벌어다 주는 기계는 될지 모르지만 가족들과 시간을 보내는 시간은 더 짧아진다. 임원이 되면 사회적인 시선은 별을 달아서 남들이 부러워하는 삶일지는 몰라도 실적에 쪼들려 하루하루 부나방 같은 삶을 산다. 돈을 많이 주는 회사는 그만큼 나로부터 가정과 멀어질 수 있는 계기를 만들 수밖에 없다. 그만큼 내 시간을 회사에 투자하지 않으면 도태가 되고 하루아침에 실직을 하게 되는 것이 현실이기 때문이다. 여기서 우리는 '회사 친구들과 지인들과 밤늦게 까지 시간을 보내며 돈을 쓰고 보냈던 시간들을 가정에 투자했더라면 어떤 투자가 더 바람직했을까?' 질문을 던지고 싶다. 무엇이 옳은 결정일까? 그 답은 '가정'이다.

돈은 삶의 도구일 뿐이지 삶의 목적이 아니다. 돈으로 키운 자식은 부모를 진심으로 섬기지 못한다. 부모는 자식에게 올바른 교육을 시켜야 할 책임이 있다. 그 책임은 직장 생활하는 것보다 우선이 되어야 하고 아내에게도 마찬가지이다. 사랑은 서로의 헌신과 배려가 중요하다. 그러나 돈으로부터 받을 수 있는 즐거움은 한 때 임을 명심해야한다. 어느 날 돈이 떨어지면 친구도 동료도 없다. 그러나 가정은 내가 평소에 오랜 시간동안 가꾸고 뿌린 씨로 거둘 수 있는 열매이기 때문이다.

4. 화(火)와 돈

나는 1997년 국가부도 사태를 직면한 적이 있다. 김영삼 정부시절 외환의 부족으로 IMF(국제통화기금)의 지원을 받고 비교적 단단했던 경제의 기초 펀더멘탈(fundamental)로 경제 위기를 극복한 적이 있다. 2008년에는 미국의 경제위기로 글로벌 은행인 리먼브라더스가 파산했다. 2015년 6월에는 그리스의 채무불이행으로 유럽이 경제위기로 지금까지 고전하고 있다. 일본의 부동산 버블은 1990년 도쿄내 92m^2의 아파트 가격이 3,600만 엔을 기록하고 2011년 400만 엔까지 떨어졌다.

2020년 1월 서울의 강남지역 84m² 아파트 가격은 20억 선에 거래되고 있다. 경제위기가 와서는 안 되겠지만 나는 1997년의 혹독한 경제위기로 많은 가장들이 직장을 잃었고 가정은 파괴된 사실을 보았다.

만약이 우리가 먹고 사는 문제가 현실이 되어 길거리에는 부랑아와 거지가 즐비하고 하루 한 끼 먹는 문제가 시급해진다면 지금 잘 살면서 내고 있는 화가 사치가 아닐까? 실직을 해 본 사람들은 고용노동센터에 가서 실업급여를 신청한 경험이 있을 것이다. 우리나라가 먹고 살만 하니 간단한 교육을 받고 간단한 구직 활동을 했다는 사실만 보고하면 지금 12개월 동안 일정금액을 국가로부터 받을 수 있다. 국가가 그런 형편이 되지 못한다면 지금처럼 받을 수 있을까?

돈이 인간을 지배하는 시대는 지금부터 2100년 전 사마천(司馬遷)의 사기(史記)를 보면 알 수 있다. 기원전 91년에 완성된 동양 역사서의 근간이자 인간학의 보고이며 중국의 사상가 겸 문학가 노신(魯迅)이 '사가(史家)의 절창(絕唱)'이라 극찬한 사기의 화식열전(貨殖列傳)에 나오는 제(齊)나라 관중(管仲)의 말 중에 '창고가 가득차야 예절을 알고, 먹고 입는 것이 넉넉해야 영욕을 안다'(倉庫實而知禮節 衣食足而知榮辱), '평범한 사람들은 상대방의 재산이 자기보다 열배가 많으면 헐뜯고, 백배가 많으면 두려워하고, 천배가 많으면 그의 일을 하고, 만 배가 많으면 그의 하인이 되는데 이것이 사물의 이치다'(凡編戶之民 富相什則卑下之 伯則畏憚之 千則役 萬則僕 物之理也)는 인간의 행위는 자연스러운 본능이라고 본다.

우리 시대는 냉혹하게 말해서 돈으로 줄서 있는 계급화된 사회이다. 돈만 주면 우리나라도 누구든 소위 VIP라는 명분아래 특별계층으로 분류되어 어디를 가든 혜택을 볼 수 있는 자본주의 만능 시대에 살고 있다. 중국은 공산당이 지배하고 있는 나라이다. 중국인들은 새해인사를 '공시파차이'(恭喜發財, 부자되세요)로 한다. 최근 내가 중국에 여행을 갔을 때 조선족 가이드로부터 이미 중국은 돈이 명예보다 우선인 국가가 되어 가고 있다고 했다. 평생 동안 모은 재산도 비싼 의료비에 노인이 되어 아프면 감당할 수 없는 현실이 되었다며 부지런히 돈을 벌어야 한다고 하였다.

돈은 내가 통제할 수 있는 것이 아니다. 처해진 위치에 따라 최선의 노력을 하는 만큼 벌 수 있지만 막상 그렇게 돈을 모은 다는 것은 많은 희생을 필요로 한다. 그러나 화는 자신이 얼마든지 통제가 가능하다. 화를 내는 당사자는 바로 나이기 때문이다. 빚을 져보면 빚쟁이들이 당사자가 죽기 전까지 따라다니며 돈을 갚으라고 하는 현실이다. 우리나 민법은 '당연 승계주의' 원칙을 갖고 있다. 누군가 사망하면 재산이나 빚이 혈연을 타고 대물림된다. 본 적 없는 엄마건, 존재도 몰랐던 형제건 상관없다. 서류상 가족이면 빚은 기어코 따라붙는다. '화'보다 '돈'이 더 무섭지 아니한가?

5. 분노로부터 자유로워질 수 있을까

분노로 부터 멀어지는 단어는 불교에서의 '해탈' 이나 '멸(滅)'이 아닐까? 사람에게서 분노는 언제부터 생길까? 참으로 아이러니한 이야기지만 태어나면서부터 생긴다고 해도 과언이 아니다. 아기는 배가 고프거나 아프면 무조건 울어서 해결한다. 좀 더 커서 아이가 되면 요구사항이 생기고 그것을 부모가 들어주지 않으면 소위 큰 소리로 울어서 자신의 목적을 달성한다. 학교에 들어갈 나이가 되면 자신에게 잘해주지 않으면 그동안 헌신적으로 키워 준 할머니 할아버지에게 '할머니 No', '할아버지 No'라고 말한다. 학교에 들어가면 '선생님 No'라고 하고 자기 주장을 관철하려한다. 그러다가 회사에 입사하게 되면 '상사에게 Yes'로 바뀐다. 소위 자신의 운명을 좌지우지 하는 권력에 싫어도 복종하게 된다. 그러다가 분노가 쌓이면 사직을 하거나 마음의 병을 치유하기 위해 여행이나 템플 스테이등 자신의 방식으로 해소하고자 한다. 사람들은 은퇴를 하고도 절에 들어가 '은퇴 출가자'를 하기도 한다. 그곳에서 명상을 하며 지난날을 반성하고 '나는 누구인가?'라는 근본적인 고민을 하게 되며 자신을 참회하고 남은 인생을 의미있게 지내기 위해 노력한다.

분노를 해결하는 방법을 알아보자. 나의 대답은 '중간만 가자!'이다. 군대에 가서 편하게 지내려면 '중간만 해라!'고 한다. 회사 생활을 하면서 진급으로 고민하는 모든 사람들은 '그저 남들 진급할 때나 조금 늦더라도 나도 진급하면 된다!' 그러나 그렇게 하기란 쉽지 않다.

또 하나 답은 '평범하게 살자!'이다. 우리가 태어나 가장 이루고 싶어하는 것은 '행복'이다. 행복은 내가 무엇인가 하고 싶을 때 할 수 있고 갖고 싶을 때 가질 수 있는다면 최고다. 어려서는 부모의 사랑을 많이 받고 자라는 것이고, 학교에 입학해서는 공부를 열심히 하고 친구와 잘 지내는 것이며, 졸업을 하면 직장에 취업하거나 본인이 하고 싶은 일을 하고, 혼기가 되면 사랑하는 사람과 연애와 결혼을 하고 아이를 낳아 키우며 단란한 가정을 꾸리고, 나이가 들어 은퇴하면 먹고 사는 걱정이 없이 여행도 다니며, 하고 싶은 것도 하면서 그동안 쌓은 지식을 재능 기부하고, 치매나 암에 걸리지 않고 건강하게 살다가 어느 날 세상을 떠나 땅으로 돌아가는 것이다. 우리는 이런 아주 당연할 것 같은 누구나 자연스럽게 할 수 있을 것 같은 것들을 하지 못하는 현실이다.

지혜롭게 사는 방법에 대해 1776년에 아담 스미스는『도덕감정론』에서 삶이란 "마음의 평온을 얻기 위해서는 최저 수준 이상의 수입을 가지고 건강하고, 빚이 없고, 양심에 부끄러움이 없는 생활을 해야 한다. 그러나 그 이상의 재산을 추가하는 것은 행복을 크게 증진시키지 못한다" 또한 "세간에서 지혜와 덕은 잘 보이지 않는 반면, 부와 지위는 잘 보이는 법이다. 그 때문에 세상의 존경은 지혜와 덕이 있는 사람보다 부유한 사람, 사회적 지위가 높은 사람을 향하는 경향이 있다"고 하였다.

인도의 힌두교 3대 경전 중 하나인 '바가바드기타'(산스크리트어로 '거룩한 자의 노래')는 고대 인도 왕자 아르주나가 스승인 크리슈나에게 고뇌를 털어놓으면서 나눈 대화를 묶은 것으로 모두 7백구의 시로 이루어져 있다. 나는 대학시절 졸업논문인 Thomas S. Eliot의 'April is the cruelest month'(4월은 가장 잔인한 달)이라는 유명한 시를 연구하면서 '나'는 누구이고 왜 살며 어떻게 살아야 할지 공부하는 계기가 되었다. '바가바드기타'에 사람이 신과 다른 점은 오관(五官)이 불완전한 요소를 갖고 태어났기 때문이라 한다. 앞에만 붙어 있어 뒤를 볼 수 없는 시각을 가진 눈, 조그만 소리를 들을 수 없는 청각을 가진 귀, 동물과 다른 후각을 가진 코, 맛을 다 알 수 없는 미각을 가진 혀, 제한적인 촉각을 가진 피부 가지고 태어났기 때문에 이를 극복하기 위하여 많은 노력을 하고 인생을 살아가면서 실수를 줄이고 행복한 삶을 가질 수 있다한다.

티베트의 영적 지도자 달라이 라마(바다와 같은 스승)는 수천 년의 고행을 통해 '나'는 누구이며 왜 살지에 대한 터득을 위하여 아침에 일어나 마음을 정갈하게 하고 오랫동안 수행을 통해 그 답을 알게 되었는데 '행복하기 위하여 사는 것'이다.

6. 우리는 누구를 섬기고 살까

중국의 황제들은 두 가지를 섬기며 정치를 펼쳤다. 하나는 하늘을 섬기는 것이고 다른 하나는 조상을 섬기는 것이다. 하늘을 섬기는 이유는 황제 자신이 할 수 없는 '비' 등 오직 하늘만이 할 수 있는 일을 위해 모시는 것이고, 조상을 섬기는 이유는 우리의 뿌리가 선조에게 있으며 조상님들을 잘 섬겨야 자손들이 잘된다고 생각했기 때문이다.

인생을 잘 살기 위해서는 '네 명의 어른'을 잘 모셔야 한다. 네 명의 어른이란 '아버지, 선생님, 사장, 아내'이다. 어릴 적 에는 아버지와의 관계를 잘 하고, 학교가면 선생님께, 회사에선 사장에게, 가정에서는 아내와의 관계를 잘 처신해야 인생이 행복해 질 수 있다고 한다.

중국 『한고조 열전』(漢高祖 列傳, 131~140)에 보면 한나라 유방(劉邦)이 황제로 등극 후 자신을 위해 수많은 전쟁을 승리로 이끌고 자신을 황제로 만들어 준 3대 장수인 한신(韓信), 팽월(彭越), 영포(英布)를 죽인다. 한신은 유방이 자신을 위협할 수 있는 존재로 여김을 알고도 부인의 만류에도 불구하고 승상 소하(蕭何)가 쳐 놓은 덫에 황후 여태후에 의해 죽고, 팽월은 한신과의 밀서를 받고 따르다가 유방에 의해 죽고,

영포는 한신과 팽월의 억울한 죽음에 분기탱천하여 유방에게 맞서다가 죽는다. 이를 보면 우리가 직장 생활을 하며 주의를 해야 할 교훈을 일깨워 준다. 첫째, 직장에서 상사가 자신보다 모자라다 싶을 때, 그 상사 앞에서는 물론 없는 자리에서도 절대로 잘난 채 해서는 안 된다. 둘째, 기회는 왔을 때 잡아야지, 사또가 떠난 뒤 나팔을 불어서도 안된다. 셋째, 평소와 다르게 '하지 말라'는 부인의 말을 가볍게 흘려 들어서는 안 된다. 넷째, 예나 지금이나 주인(主公)다운 사람을 가려서 모셔야한다. 항우(項羽)가 책사 범증(范增)의 말만 들었어도 천하의 주인은 소심하고 겁쟁이이며 교활한 유방이 아니라 한신 범증과 더불어 천하를 움켜쥐었을 것이다.

열국지에 보면 기원전 2세기 중국 한나라 승상 소하가 한나라 왕인 유방에게 초나라 항우와 대적하기 위하여 대원수(大元師)를 건의하기 위하여 고민하던 중 한신에게 군대의 최고 사령관인 대원수의 자질에 대해 묻자 한신은 오재십과(五才十過)에 대한 말을 한다.

한신장군

소하

소하는 한신의 말을 듣자, 3년 묵은 체증이 한꺼번에 뚫리는 듯한 삼쾌(三快: 유쾌, 상쾌, 통쾌)함을 느꼈다. 소하는 한신을 집으로 초대하여 큰 상을 차려오게 하여 술잔을 기울이면서 다시 묻는다. "전쟁의 승패는 대원수의 정신 자세로 결정된다고 들었소이다. 대원수는 어떤 자세를 가져야 하는지, 장군의 견해를 한번 들어 보고 싶소이다" 한신은 잠시 생각에 잠겨 있다가 조용히 말한다. "일국의 대원수는 오재십과의 조건에 통과한 사람이어야만 하는 법이옵니다. 〈五才〉란 다섯 가지의 재능을 말한 것이옵고, 〈十過〉란 열 가지의 허물을 말하는 것이옵니다. 五才란 지(智), 인(仁), 신(信), 용(勇), 충(忠)의 다섯 가지를 말하는 것이옵니다. 智가 있어야만 혼란을 막아낼 수가 있고, 仁이 있어야만 휘하 장졸들을 사랑할 줄 알고, 信이 있어야만 기회를 놓치지 않게 되고, 勇이 있어야만 배반자들을 막아낼 수가 있고, 忠이 있어야만 두 마음을 가지지 않게 되는 것이옵니다. 적어도 대원수가 되려면 이와 같은 다섯 가지의 재능을 반드시 갖추고 있어야 합니다. 十過란 대원수가 될 수없는 열 가지의 허물을 말하는 것이옵니다.

첫째, 용기가 있어도 죽음을 가볍게 여기는 사람은 안 되고,
둘째, 급(急)한 때를 당하여 행동을 서두르는 사람은 안 되고,
셋째, 이재(理財)에 눈이 어두워 재물을 탐내는 사람은 안 되고,
넷째, 仁을 갖추고 있어도 사람을 죽일 용기가 없는 사람은 안 되고,
다섯째, 智를 갖추고 있어도 敵을 두려워할 줄 모르는 사람은 안 되고,
여섯째, 信을 갖추고 있어도 남을 무조건 믿기만 하는 사람은 안 되고,
일곱째, 아무리 청렴결백해도 경우에 따라 남을 이해할 줄 모르는 사람은 안 되고,

여덟째, 지략(智略)에 밝아도 결단력이 없는 사람은 안 되고,

아홉째, 강직한 것은 좋으나 자기 고집만 부리는 사람은 안 되고,

열 번째, 성품이 유약하여 모든 일을 휘하 장수에게만 맡기려 하는 사람은 안 되는 것이옵니다. 이상과 같은 열 가지 중에서 어느 한 가지의 허물만 있어도, 그런 사람은 대원수를 시켜서는 안된다고 생각합니다" 소하는 그 말을 듣고 더욱 탄복한다.

지금 우리는 누구를 섬기고 살고 있을까? 자본주의가 만능인 이 시대를 살아가는 사회에서 돈이 없으면 가정이 무너지고 친구가 사라지고 혼 술에 혼 밥을 먹고 산다. 차라리 자본주의가 아닌 먼 옛날로 돌아가 인간미 넘치는 사회가 그리워진다. 그러나 이 또한 우리가 이겨내야 미래가 있다. 과거는 거울로 삼고 미래는 누가 만들어 주는 것이 아니라 내가 도전하여 만드는 것이다.

7. 아이는 어떻게 자신을 표현할까

아기가 태어나면서 7살이 될 때까지 부모로부터 세상살이에 필요한 많은 것을 배우는데 세포 생물학박사 브루스 립튼은 무의식 컨트롤을 통한 인생변화 방법에 대해 아이가 어떻게 지식을 습득하는지 그 과정을 강의하여 많은 사람들에게 깨달음을 주었다. 그는 "어린 시절에 수많은 관찰(watch)을 통해 자연스럽게 프로그램 되어 그 지식으로 평생을 가져간다"고 했다.

브루스 립튼(Bruce Lipton) 박사는 '우리가 태어나서 어떻게 프로그램

되는지 알아야 합니다'라는 강연에서 "우리의 인생은 잠재된 의식 행동의 인쇄물이다. 가난한 사람들은 가난해지고 부자들은 부자가 되는 것이다"라고 하며, "우리 인생은 95%는 7살까지 만들어진 삶의 프로그램에서 나옵니다"라고 주장했다. 어린 아이는 말을 할 줄 모르기 때문에 주변에서 보고 듣는 것만으로 스스로를 배우고 익힌다. 말을 못하는 유아시절부터 그야말로 엄청난 지식을 눈으로 보고 귀로 들으며 블랙홀처럼 빨아드린다. 이는 놀라운 사실이 아니다. 그러나 브루스 립튼 박사가 한 이야기는 소름끼칠 정도로 어린 시절의 교육이 얼마나 중요한지를 알려주는 일깨워 주고 있다. 참고로 브루스 립튼 박사는 신 생물학을 이끌어가는 세계적인 학자로 세포생물학을 전공한 후 위스콘신 대학교 의과대학에서 강의를 했고, 스탠포드 대학에서 줄기세포 연구를 수행했다. USA BOOK NEWS가 뽑은 2006 미국 최고의 과학 책『믿음의 생물학』(The Biology of Belief)의 저자로, 인간의 운명을 바꾸는 것은 유전자가 아니라 '믿음'과 '환경'이라는 사실을 대중들에게 일깨워 왔다. 이런 노력으로 과학계의 공로를 인정받아 2009년 고이 평화상(Goi Peace Award)을 수상했다.

초등학교 1학년 손주 그림

손주가 초등학교 입학을 하고 그린 그림이다. 선생님이 바다를 그려보라고 하자 30분간의 밑그림을 그리고 30분간의 수채화 물감으로 채색했다고 한다. 그리고 그림 그리는 것이 자기는 즐겁다고....... 솔직히 나는 무척 놀랐다. '이게 초등학교 학생의 그림이라니'하고 그러면서 손주는 자라면서 무척 호기심이 많았다. 아기 때는 보이는 것마다 "이게 뭐야?"하면서 자랐고 어린이집을 다니면서 곤충과 들꽃에 대한 관심이 많았고 유치원을 다니면서는 공룡, 로봇과 바다 생물에 대하여 관심이 많아지면서 BBC Earth에서 방영하는 자연 다큐멘터리를 좋아했다. 미술심리학에서 보면 그림을 통해 아이의 성격과 성장과정을 볼 수 있다고 한다. 부모들은 자식들을 미술학원에 보내면서 미술 선생님에게 아이가 발전하는 모습을 기대한다. 그림을 그려오면 "우리 아들! 그림 아주 잘 그렸네"하며 칭찬을 하고 그 칭찬 덕에 미술 선생님들은 아이에게 생각을 표현하는 그림보다는 잘 그리는 그림을 가르친다고 한다. 어린이가 그림을 잘 그리면 얼마나 잘 그리겠는가? 유명한 화가에 비견이 될 수는 없다. 아이는 자신의 생각을 그림에 그대로 표현하는 것이다. 미켈란젤로가 살던 시대는 그림의 주인이 있었다. 그래서 주인이 요구하는 대로 그림을 그려주고 돈을 받아야 먹고 사는 시대였다. 그러나 르네상스를 거치면서 화가들이 자신의 생각과 내면을 표현하고 지금의 시대는 그림을 보면서 그림에 표현된 화가의 마음을 읽어내는 비평가의 한 마디에 그림 값이 매겨지고 있다. 본래 미술가들은 '그림을 잘 그렸다. 못 그렸다'는 표현은 맞지 않다고 한다. 그림을 그린 기준에 의해 결정된다는 것이다. 더 중요한 것은 그림을 통해 화가의 내면을 읽어내는 눈이 더 필요하다고 한다. 이제부터라도 사람을 대하면서 그 사람을 보는 것이 중요하고 왜 그런 말을 하는지 그 사람의 마음을 읽어낼 수 있다면 얼마나 아름다운 세상이 될까?

아기는 천재(genius)라고 한다. 말을 할 줄 몰라도 오직 단 한 가지 '울음'으로 자신의 의사소통을 한다. 배가 고프거나 아프거나 응가나 쉬를 하여 불편할 때 표현하는 방식이다.

인생을 살면서 우리는 가장 먼저 지식(knowledge)을 배우고 그로 인해 자신감(confidence)을 가지며 성공(success)의 과정을 간다. 그런 일련의 과정에 하나라도 태만하거나 소홀히 함으로 인해서 다시 반복하는 어리석음을 지속적으로 반복한다. 이 과정이 적을수록 남보다 성공 확률이 높고 미래의 목표를 달성할 수 있는 것이다.

8. 서운한 단 한마디에 남이 되는 세상

'검은 머리 짐승은 반드시 배신한다'는 격언이 있다. 반백년을 같이 살아온 부부도 단 한마디에 남보다 못한 존재가 되기 일 수다. 왜 이렇게 인간은 나약한 존재일까?

나는 대기업의 회장실에 근무한 적이 있다. 주변에서 회장의 성격에 대해 이야기를 하는데 "귀가 얇다"는 것이다. 그 말은 듣기 싫은 소리를 듣게 되면 그 누구도 살아남지 못한다는 말이다. 특히 남녀는 더 다르다. 남자는 듣기 싫어하는 소리를 한 번을 하지만, 여자는 살면서 남자가 실수한 일들을 죽을 때까지 수시로 반복하며 말은 한다.

생각해보면 나 역시 다를 바 없다. 아내가 싫은 소리를 하면 나도 모르게 아내에게 화를 내곤 한다. 시간이 지나 사과를 해도 멍든 아내의 가슴은 지워지지 않고 시간이 지나가면 꺼내어 내 속을 뒤집어 놓기도 한다. 우리 속담에 '똥 묻은 개가 겨 묻은 개 나무란다'는 말이 있다. 자기는 더 큰 흉이 있으면서 도리어 남의 작은 흉을 볼 때 쓰는 속담이다.

누구든 자신을 험담하는 소리를 듣게 되면 화를 내고 분노하게 된다. 그리고 만나서 그 이유를 따져 묻고 급기야 싸움으로까지 번지기도 한다. 왜 이렇게 사람들은 참지 못하는 것일까? 우리는 우리 자신의 문제이기에 생각을 해볼 필요가 있다.

사람들이 스트레스를 받거나 자기 가치를 낮게 느끼고 있을 때 쉽게 사용하게 되는 의사소통의 유형과 건강한 의사소통 유형에 대해 알아보자. 의사소통에는 언어적 의사소통과 비언어적 의사소통이 있다. 언어적 의사소통은 전달되는 말 그 자체를 의미하고 비언어적 의사소통은 얼굴표정, 몸의 위치, 근육의 상태, 호흡, 목소리의 높이, 몸짓 등을 의미한다. 사티어(Satir)의 가족 간의 의사소통에 대한 5가지 유형에 대해 알아보자. 먼저 기능적 의사소통 유형과 역기능적 의사소통 유형으로 분류할 수 있다. 기능적 의사소통 유형인 '일치형'은 자신, 타인, 상황을 모두 고려한 매우 진솔한 의사소통 유형이고, 역기능적 의사소통 유형에는 '비난형', '회유형', '초이성형'. '산만형'이 있는데 '비난형'은 자신과 상황은 존중하고 타인은 무시하는 형태로 타인의 말이나 행동을 비난하고 통제하며 명령하려고 한다. '회유형'은 자신은 무시하고 타인과 상황만을 존중하는 것으로 자신의 내적 감정과 생각을 무시하고 타인의 기대를 맞추려는 대화 성향이다. '초이성형'은 자신과 타인은 무시하고 상황만을 존중하는 것으로 지나치게 이성적이고 규칙과 옳은 것만을 중시하는 극단적인 객관성을 보인다. '혼란형'은 자신, 타인, 상황 모두를 무시하는 것으로 상황에 적절하게 반응하지 못하고 주제에 맞지 않은 말을 하며 산만하게 행동한다.

사람과 대화를 하면 5가지 의사소통 중 하나가 되며, 결국 단 한 번의 말실수로 남이 되는 세상에 살고 있다. 따라서 구성원 모두 각자의 역할에 충실하며 건강하고 편안함을 주는 관계로 변화하도록 노력하는 것이 갈등 해결의 첫걸음이다.

9. 코로나 바이러스와 사람들

인간의 기본적인 욕구에는 이성도 감성도 없다. 무슨 말일까? 위기에 몰린다는 말이 무엇일까? 위기는 평소에는 찾아오지 않는다. 이 말은 먹을 것이 풍족하고 평화가 지속되면 인간은 모두 행복하지만 먹을 것이 부족해지고 목숨의 위기가 찾아오면 만물의 영장이자 최상위의 인간이 누구보다도 잔인해진다는 역설이다.

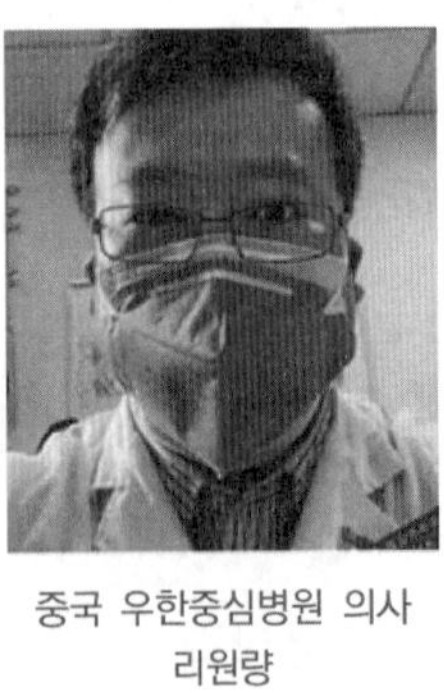

중국 우한중심병원 의사
리원량

2020년 3월 공항에 운항을 하지 못하고 있는
계류장에 있는 비행기들

2019년 12월 중순부터 중국의 후베이(湖北)성 우한(武漢)의 병원에서 바이러스로 고열과 두통을 호소하는 사람들이 생겨나자 의사 리원량(李文亮)이 코로나 바이러스 감염증(Covid-19) 출현을 처음 알린 뒤 중국 당국은 이를 은폐하고 초기 대응을 안 하여 급속도로 퍼지며 수만 명의 확진자와 수천 명의 사망자가 발생하고 리원량은 병원에서 환자 치료 중 감염되어 세상을 떠났다. 그가 죽자 중국의 네티즌들은 의인으로 추대하며 고인에 대한 추모로 이어졌다. 중국은 확진자가 전국적으로 확산되자 우한을 비롯한 수십개 도시를 45일 동안 봉쇄했다.

일본 요코하마 항에 정박한
크루즈선 다이아몬드 프린세스

일본과 미국에서는 수천 명이 탑승한 크루즈 선에서 확진자가 수백 명에 이르자 소속 크루즈선이 잇따라 코로나 바이러스 감염증에 노출된 프린세스 크루즈(Princess Cruises)를 두 달 간 운항을 중단하기로 했다. 세계 각국은 자국민을 보호하기 위하여 전세기를 띄워 데려오고, 국경을 폐쇄하며 국제노선의 항공편들이 취소되고 공항의 계류장에는 날지 못하는 비행기로 가득 찼다.

2020년 3월 12일 세계보건기구(WHO) 사무총장은 코로나바이러스 감염증의 전염 속도와 규모 등을 고려해 팬데믹(Pandemic·세계적 대유행)을 선포했다. 세계 보건 전문가들이 코로나 바이러스 감염증이 장기간 동안 계속될 것이라며 비관적인 전망을 내놓으면서 유럽과 미국의 증시는 대폭락 장세를 이어갔다.

팬데믹을 선언하는 WHO 사무총장

무제한 양적완화를 긴급성명으로
발표하고 있는 Fed 제롬 파월의장

세계 주요 연구기관들은 이제 코로나 바이러스 감염증을 사스(SARS·중증급성호흡기증후군)나 신종인플루엔자 사태를 넘어 20세기 최대 팬데믹(세계적 대유행)이었던 1918년 스페인 독감과 비교하고 미국 싱크탱크인 브루킹스연구소는 최악의 경우 올해 세계 국내 총생산(GDP)은 코로나 바이러스로 인해 최대 9조 달러가 줄어들 수 있다고 분석했다.

2020년 10월부터 코로나 바이러스 감염증은 유럽과 미국에서 재 확산되며 11월에 들어서면서 유럽 전역에서 다시 코로나 바이러스 확진자와 사망자 급증하면서 유로존 국가들이 봉쇄령을 재차 내리는 등 새로운 규제 조치들을 시행하고 있기 때문이다. EU집행위는 이 때문에 올해 유로존 경제성장률 전망치를 -7.8%로 발표했다. 발디스 돔브로브스키 EU집행위 부위원장은 "제2차 대유행으로 불확실성이 커지고 있으며 반등에 대한 희망이 꺾였다"고 말했다.

2020년 10월 25일 미국 역시 코로나 바이러스 감염증 하루 신규 환자가 8만 명대로 올라서면서 코로나가 급격히 재확산하는 국면에 다시 들어섰다는 진단이 나왔다. 스콧 고틀립 전 미국 식품의약국(FDA) 국장은 CBS 방송 인터뷰에서 "우리는 지금 위험한 급변점(tipping point)

에 도달해있다"며 "미국은 급격한 코로나 바이러스 상승 곡선에 (다시) 진입하고 있다"고 밝혔다. 미국 존스홉킨스대 집계에 따르면 지난 23일 미국의 하루 신규 확진자는 사상 최대치인 8만 3757명을 기록했다.

우리나라는 코로나 바이러스 확진자가 7000명을 돌파하고 하루 사이에 수백 명이 증가하면서, 국민들이 공포에 떨고 있었다. 걷잡을 수 없이 확진자가 늘어나자 국민들은 중국인의 입국을 금지해야 한다고 목소리를 높였다. 청와대 국민청원 게시판에는 '중국인 입국을 한시적으로 금지해 달라'는 글이 게재돼 76만 명이 넘는 국민이 이에 동의했다. 또한 이번 사태를 안이하게 대처하는 자세로 문대통령 탄핵을 요구하는 청와대 국민청원은 국민 145만명이 동참했다.

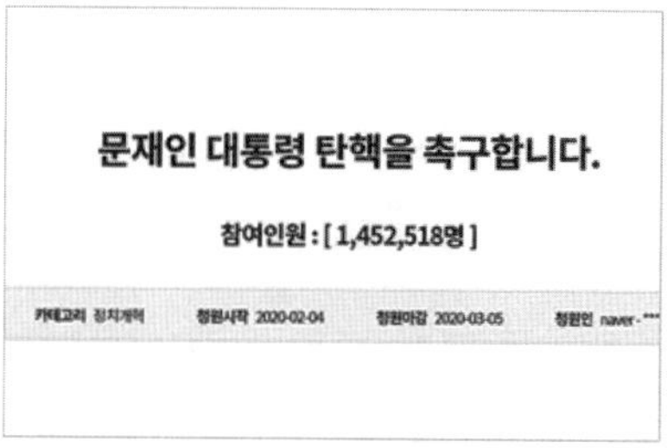

정부의 간곡한 호소에 종교단체들은 수주간을 오프라인 예배를 중지하거나 온라인으로 진행하고, 사람들은 외부 외출을 삼가고 모임을 취소하면서 식당을 하는 자영업자들은 매출이 폭락했다. 말 그대로 패닉이었다. 누구 책임을 따지기 이전에 사람들은 분노하고 있었다.

미국의 사재기 열풍

마스크를 사려는 사람들

2020년 3월 24일에는 일본의 아베 수상과 토마스 바흐 IOC위원장과의 통화로 토교올림픽이 전격적으로 1년 연장 되었다. 2021년에도 개최될 수 있는지는 그때 가서 결정되어 질 것이다.

위기가 오면 속된 말로 '나 살기 바쁘다' 모든 나라들이 입국금지조치를 취하고 국민들은 사재기가 급증했다. 생활필수품은 동이 나고 마스크를 구입하려는 사람들로 품귀 현상을 빚었다. 독일의 메르켈 총리는 앙겔라 메르켈 총리가 3월 11일 코로나 바이러스 확산 사태와 관련해 처음으로 남긴 대국민 메시지에는 상당히 부정적인 전망이 포함됐습니다. 메르켈 총리는 "우리는 이 시험을 통과할 것으로 희망한다"고 국민을 북돋우는 말을 하기도 했지만, 전반적으로 담담하게 상황을 평가하고 대응 방향을 제시했다. 특히 메르켈 총리는 "전문가들은 이런 상황이 계속되면 인구의 60~70%가 코로나바이러스에 의해 감염될 것이라고 한다"고 언급해 주목을 받았다. 코로나 바이러스에 대해 "백신이 없고 치료제도 없다. 우리의 행동과 정치적 행동의 기준은 과학자들과 전문가들이 말한 것에 기인한다"고 상황 평가의 근거를 제시했다.

중국은 2019년 12월 31일 세계보건기구에 후베이 성 우한을 중심으로 정체불명의 폐렴이 발생했다고 보고했다. 코로나 바이러스는 세계보건기구에서 공식적으로 '코로나19'로 명명되고 국제사회에 공식 보고된 100여일 만인 2020년 4월 18일에 존스홉킨스대는 전 세계 코로나 바이러스 확진자를 2,209,120명으로 집계했으며 국가별로는 미국 709,201명, 스페인 190,839명, 이탈리아 172,434명, 독일 141,397명, 프랑스에서 109,252명 순서대로 가장 많은 환자가 나왔다. 코로나 바이러스 사망자는 미국에서 가장 많은 37,135명, 이탈리아에서 22,745명, 스페인에서 22,002명, 프랑스에서 18,681명, 영국에서 14,576명이 발생했다. 코로나바이러스가 발병 후 190일째인 2020년 6월 8일에 전 세계 코로나 확진자는 700만 명, 사망자는 40만 명에 이르고 6월 27일에는 확진자 1008만 명, 사망자는 50만 명을 돌파했다.

2021년 2월 21일 미국 파우치 소장은 미국의 코로나 바이러스 사망자가 50만 명대에 달한 것을 두고 "파괴적인 대유행"이라며 심각성을 강조했다. 그는 1918년 유행성 독감 이후 100년 동안 이 같은 사망자를 낸 걸 본 적이 없다고 말했다.

2021년 4월 17일 기준 코로나 바이러스로 인한 전 세계 사망자 수가 300만 명을 기록했다고 미국 존스홉킨스대학이 발표했다. 2020년 3월 11일 세계보건기구(WHO)가 코로나19의 팬데믹을 선언한 지 1년 1개월 만이다. AP통신은 이 같은 사망자가 미국 시카고(약 270만명)의 인구보다 많다고 비교했다. 한국으로 치면 인천광역시 인구와 맞먹는다. 국가별로 보면 미국이 56만 6천여명으로 가장 많고 브라질(36만 8천여명), 멕시코(21만 1천여명), 인도(17만 5천여명), 영국(12만 7천여명), 이탈리아(11만 6천여명), 러시아(10만 3천여명), 프랑스(10만여명) 순이다.

코로나 바이러스 사망자가 10만명이 넘는 나라는 이들 8개국이었다.

2020년 12월부터 미국은 화이자와 모더나, 영국 아스트라제네카, 러시아 스푸트니크 V 및 중국 시노팩 등 코로나 바이러스 백신을 개발하여 투약중이지만 전문가들은 전세계 인구의 70%가 항체가 형성되어야 코로나를 통제할 수 있다고 하지만 코로나 바이러스는 감기처럼 오랫동안 지속될 것이라고 예측하고 있다. 그러나 일부 국가들은 아스트라제네카와 얀센 백신을 제외시키고 있다. 아스트라제네카 백신의 효능이 부작용의 위험을 능가하므로 백신 접종은 지속 돼야 한다는 주장을 고수하고 있지만, 혈전증과 같은 부작용을 이유로 제한적인 백신 접종을 진행하고 있다. 2021년 5월 13일 미국은 미국 질병통제예방센터(CDC)는 백신 접종을 완료한 사람은 대중교통을 제외한 실내외 활동에서 마스크를 쓰지 않아도 된다는 새로운 지침을 내놓았다. 2020년 4월 마스크 착용 권고를 내놓은 지 약 13개월 만이다. 조 바이든 미국 대통령은 이날 실내에서 마스크를 벗으면서 "오늘은 위대한 날이고 대단한 이정표"라고 말했다.

우리는 그동안 사스나 메르스(중동호흡기증후군, MERS, Middle East Respiratory Syndrome)사태와 같은 유사한 사례를 겪은 바 있다. 그럼에도 불구하고 그때 만든 백서는 아무런 보탬이 되지 않고 계속되는 실수를 겪고 산다. 앞으로도 사람들은 같은 행동을 반복할 것이다.

여기서 우리는 '누가 누구를 비난할 것인가?'라는 질문에 답을 해야 한다. 그 답을 찾는다면 우리는 똑같은 실수를 범하지 않고 만물의 영장인 최상위 동물로서 대우를 받을 것이다. 살면서 벌어지는 인간관계에서 작고 사소한 일들을 돌아보아야 한다. 그렇게 되돌아본다면 보다 더 인간답게 멋지고 아름다운 인생을 살 수 있지 않을까?

세상의 모든 일들이 그런 것 같다. 어떤 일들이 벌어질 때마다 벌 때같이 비난하고 문제를 제기하다가 시간이 지나가면 다 잊혀버리고 당사자들만 피해를 보고 그들의 가슴에 평생 잊지 못할 상처만 남기고 산다. 왜 그래야할까?

최첨단을 걷는 21세기에도 우리는 아직 너무 취약하다. 초기에 국제공조로 잘 대응했다면 이렇게까지 오는 상황은 막을 수도 있을 것이다.

10. 배운 자들의 고집

골프교습가 '레슨의 신'이라고 불리는 임진한은 중앙일보와의 인터뷰에서 머리 좋고, 학력 좋고, 부지런하기도 한 성공한 남자들이 골프 하다 혼란에 빠지는 경향이 있다. "남자는 일단 여자보다 고집이 세다. 성공한 사람은 더 그렇다. 공부 많이 하고 사업을 크게 하는 사람이라도 골프는 초보자에 불과한데 자기 주관이 뚜렷하다. 또한 이런 분들은 하나를 가르치면 세 개, 네 개, 다섯 개를 하려 한다. 프로는 스윙을 바꿀 때는 공 1000개를 놓고 생크가 나든, 토핑이 나든, 공이 어디로 가든 신경 쓰지 않는다. 타점을 찾는 과정이다. 그러나 아마추어들은 100개도 못 참는다. 그러다 '내가 프로 될 것도 아닌데' 하면서 포기한다. 절대 남들에게 보여주기 위한 골프를 하지 마라. 공 신경 쓰지 않고 50%만 가지고 폼을 만들어라. 30분만해도 좋아진다"고 조언한다.

골프교습가 임진한

공부 잘한 분들은 스윙 이론도 아는 게 많다. “이론 100가지 아는 사람 많다. 거기다 한 가지를 더 알려주면 101가지다. 1초 만에 끝나는 골프에서 101가지 생각을 어떻게 다 하는가. 다른 것 다 잊어버리고, 하나만 생각하자고 하는데 예전 머릿속에 넣은 지식을 빼지 못한다. 박인비는 스윙 이론이 아주 단순하다. 한때 드라이버 슬라이스로 고민을 많이 했는데 그때는 아주 복잡했다. 지금은 그냥 들었다 내리는 정도로 생각한다. 단순한 사람이 잘 친다”

여기서 우리는 배운 자들의 고집을 알 수 있다. 배울수록 더 겸손해지라는 성현의 말씀이 다가온다.

제 7 장

궁금한 이야기

세상은 궁금한 것으로 가득 차 있다.
우주의 신비, 과학의 신비, 뇌의 신비
가장 궁금한 것은 인간이다.
그 인간은 행복을 원한다.

궁금한 이야기

1. 행복이란 무엇인가

행복이란 표준국어대사전에 보면 '생활에서 충분한 만족과 기쁨을 느끼어 흐뭇함. 또는 그러한 상태'라고 정의한다. 사람들이 추구하는 행복은 '가정의 평화와 식구들의 건강'이다. 그러나 삶을 영위하기 위해서는 생활의 수단이 되는 '돈'을 버는 직업이 필요하다. 가족이나 자신을 위하여 돈을 벌기 위해 직업을 갖고 있는 동안은 싫어하는 말도 해야

하고 듣기 싫은 소리도 들어야하는 전쟁 같은 삶을 살아야 하는 것이 우리의 인생역정이다.

자신이 행복한지는 '지금 하는 일이 얼마나 즐거운가? 일에서 삶의 의미를 찾아냈는가?'라고 자신에게 질문해보는 것이다. 인생에서 목적 없는 삶은 빈껍데기일 뿐이다. 행복은 성공의 결과가 아니라 행복을 만들기 위하여 노력했던 과정이다. 100%는 아니더라도 자신이 만족할 만한 수치에 도달한다면 행복한 것이다.

행복한 사람이 생산성이 높다고 한다. 자신의 장례식에서 어떤 이야기를 듣고 싶은지 생각해보라. 행복하기 위해서는 삶의 목적이 반드시 필요하다.

우리는 살면서 거의 매일 수시로 발생하는 문제들을 해결하면서 살아간다. 특히 대인관계에서 사람들이 어떤 사람에게 기대하는 것은 그 사람이 가장 잘하는 모습을 보고 싶어 하는 것이다. 안정적인 상태의 현실이 미래를 더욱 불안하게 느끼게 만드는 이유는 목표를 달성한 상태는 더 이상 목표가 없는 상태인 것과 같기 때문입니다.

나를 바르게 볼 줄 아는 방법은 자신만이 안다. 아무리 복잡한 문제라도 사람은 타인에게 자신의 일그러진 모습을 모두 공개하고 싶지는 않다. 문제가 발생하면 가족과 상의하는 사람이 얼마나 될까? 친한 친구에게 마음을 터놓고 이야기를 할 수 있을까? 아무리 가까워도 감추고 싶은 것도 있는 것이다. 주변의 도움을 받아 참고는 할 수 있겠지만 결국 자신만이 문제를 해결할 수 있다. 문제는 남의 탓보다도 자신에게 더 있음을 인정한다면 마음이 더 평화롭고 안정을 더 빠르게 취할 수 있다. 종교를 가진 사람들은 자신의 잘못을 다양하게 반성하는 데 천주교도들은 신부님께 고해성사를 통해서 죄의 사함을 받고, 불교 신자들은 절을 찾아가 대웅전에서 기도를 드리고 고승을 만나서 법어를 듣기도 하고 스스로 참선을 통해 행복의 길로 간다.

사람들은 보통 자신이 의식하고 인정하는 것만 자기 심리라고 생각한다. 의식하기 싫고 기분이 나빠지는 마음은 자기 게 아니라고 여긴다. 진짜 문제는 여기서 발생한다. 자기가 정말 원하는 것을 하고, 힘든 문제를 해결하고 싶다면 자신의 진짜 문제가 무엇인지 분명히 인식해야 한다. 자신의 성향이 어떤 것이든, 삶에서 자신에게 문제가 있다고 느낄 때, 아니 자신이 처한 상황이 불편하다고 느껴 거기서 벗어나고 싶을 때 우리가 알아야 할 것은 '내 문제의 정체'이다.

진정한 행복은 사랑하는 사람에게 상처를 주지 않고 한결같이 사랑하는 마음을 갖고 대하는 것이다.

2. 참선

명상이란 마음을 안정시키고 심신의 조화를 꾀하는 것이다. 불교에서는 참선을 위해 명상을 한다. 참선이란 한 마디로 '본디 사람의 마음은 명경(明鏡)이라 하여 거울같이 깨끗한 마음이다' 사람이 태어나면 마음이 명경과 같이 깨끗한데 세상살이를 하면서 마음에 안개가 끼어 보이지 않을 정도가 되니 이를 닦아 내어 나를 다시 볼 수 있는 것을 하는 행동이다.

명상을 하면 머리가 맑아지고, 표정이 밝아지며, 호흡이 깊어지고 마음이 열리게 되고 자세도 단정해지고 당당해진다. 다시 말해 '나는 누구인가?' 라는 화두를 던져 나를 발견하는 것이다. 세상살이를 하다보면 나도 모르게 건강이 상하고 마음을 다치게 된다. 그런 상처받은 자신을 치유하는 하나의 과정이다.

뇌의 활동은 기본적으로 전기적인 활동이다. 과학자들은 뇌파의 변화를 통해 마음의 변화를 유추할 수 있다고 말한다. 감마파는 30hz이상의 매우 빠른 주파수로 깊은 주의 집중이나 자비심을 보일 때 나타나는데 오랫동안 명상을 한 사람에게 나타난다. 베타파는 13~30hz로 눈을 뜨고 활동 중일 때 일어나는 뇌파로 생각이나 걱정이 많아지면 두드러진다. 알파파는 8~13hz로 안정 상태에서 나타나는데 쾌적하고 마음이 편할 때 보이는 뇌파이다. 세타파는 4~7hz로 각성(의식)과 수면사이(무의식)의 의식 상태로 직관, 통찰, 영감을 보이며 유쾌하고 이완된 기분과 관련이 있고 창의적인 생각이나 문제해결력이 높아진다. 흔히 명상상태에 나타나는 뇌파라고 불린다. 델타파는 매우 느리고 불규칙한 0.4~5hz로 잠을 잘 때나 완전한 휴식을 취할 때 나타난다.

자신의 마음을 하루에 자기 전에 명상을 통해 깨끗하게 하는 습관을 갖는다면 살아가는 동안 자아를 보며 겸손하고 미래를 볼 수 있는 혜안을 가지게 될 것이라 확신한다.

어느 무명스님이 말씀하신 '삶을 대하는 8가지 마음의 자세'에 대한 주옥같은 글을 살펴보자.

첫째, '향기로운 마음'은 남을 기도하는 마음입니다. 나비에게, 벌에게, 바람에게 자기의 달콤함을 내주는 꽃처럼 소중함과 아름다움을 베풀어 주는 마음입니다.

둘째, '여유로운 마음'은 풍요로움이 선사하는 평화입니다. 바람과 구름이 평화롭게 머물도록 끝없이 드넓어 넉넉한 하늘처럼 비어 있어 가득 채울 수 있는 자유입니다.

셋째, '사랑하는 마음'은 존재에 대한 나와의 약속입니다. 끊어지지 않는 믿음의 날실에 이해라는 구슬을 꿰어놓은 염주처럼 바라봐주고 마음을 쏟아야 하는 관심입니다.

넷째, '정성된 마음'은 자기를 아끼지 않는 헌신입니다. 뜨거움을 참아내며 맑은 옥빛으로 은은한 향과 맛을 건네주는 차처럼 진심으로부터 우러나오는 실천입니다.

다섯째, '참는 마음'은 나를 바라보는 선입니다. 절제의 바다를 그어서 오롯이 자라며 부드럽게 마음을 비우는 대나무처럼 나와 세상이치를 바로 깨닫게 하는 수행입니다.

여섯째, '노력하는 마음'은 목표를 향한 끊임없는 투자입니다. 깨우침을 위해 세상의 유혹을 떨치고 머리칼을 자르며 공부하는 스님처럼 꾸준하게 한 길을 걷는 집념입니다.

일곱째, '강직한 마음'은 자기를 지키는 용기입니다. 깊게 뿌리내려

흔들림 없이 사시사철 푸르른 소나무처럼 변함없이 한결같은 믿음입니다.

마지막으로 '선정된 마음'은 나를 바라보게 하는 고요함입니다. 싹을 틔우게 하고 꽃을 피우게 하며 보람의 열매를 맺게 하는 햇살처럼 어둠을 물리치고 세상을 환하게 하는 지혜입니다.

3. 인체 기행

인간의 몸은 어떻게 이루어졌을까? 인체는 60~70조개의 세포로 이루어져있다. 사람의 몸은 59개 원소로 구성되어 있는데 산소(61%), 탄소(18.5%), 수소(10%), 질소(2.6%), 칼슘과 인과 칼륨(2.5%) 등 7개 원소가 98.8%에 이르고 황, 나트륨, 염소, 마그네슘이 1%, 나머지는 미량이다. 산소는 수소와 결합하여 물을 이루고 있다. 우리 몸이 필요한 원소를 구입할 경우 산소(12$), 수소(20$), 질소(0.34$), 탄소(60,000$), 칼슘과 인과 칼륨(58,000$), 토륨과 주석과 지루코늄과 나이오븀과 나머지(1$)는 미량으로 총 120,000$ 정도 소요된다. 우리 몸은 탄소에 기반을 둔 유기화합체로 사람들이 죽으면 땅에 묻히기에 땅과 성분이 비슷하다고 생각하지만 땅에는 규소(46.5%), 알루미늄(5%), 수소(0.15%), 탄소(0.0002%)로 성분이 다르다.

인간의 뇌는 신체의 감각과 활동을 통제할 뿐만 아니라 생각과 느낌, 감정과 욕망 등 모든 정신 작용을 총괄하며 1분에 1만 가지의 정보를 받아들인다고 한다. 인간의 뇌는 75~80%가 물이며 나머지는 지방과 단백질로 구성되어있다. 뇌의 무게는 체중의 2%에 불과한 1.5kg정도의 무게로 혈액의 15%, 산소의 20~30%, 식사량의 25~30% 정도를 에너지로 소모하며 나중을 대비해 따로 연료를 저장하지도 못한다. 참고로 배고픔은 의사결정과정에 심각한

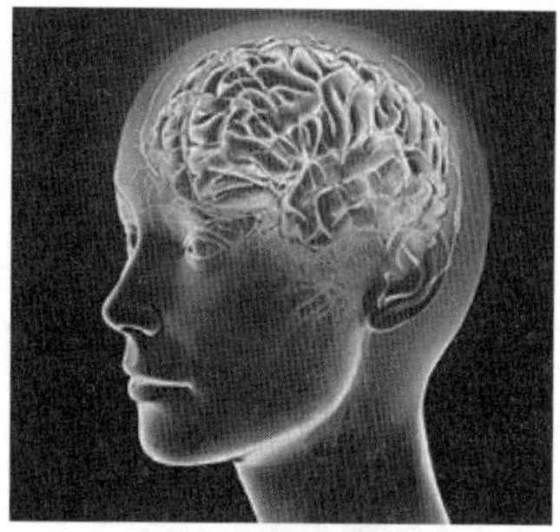

영향을 미친다. 뇌의 대부분이 물로 구성되어 뇌 기능과 수분은 직접적인 연관이 있다. 체내의 수분이 1~3%만 떨어져도 집중력과 주의력, 기억력이 떨어진다. 물은 관절의 윤활유 역할을 하고 영양소와 산소를 세포로 운반해 두는 등 다수의 중요한 생체 기능이 원활하게 돕는다.

뇌는 인간이 명령하는 것을 수행하는 1,000억개의 뉴런(Neuron)과 신경세포를 연결하는 1,000조개의 시냅스(Synapse)라는 우주의 별보다 많은 보물창고를 이용하여 기억한다. 뇌의 변화는 뇌 회로를 바꾸는 것이라고 한다. 뇌 가소성이란 뇌를 사용할수록 끊임없이 신경세포가 생긴다는 것이다. 컴퓨터가 새롭고 효율적인 성능 향상을 위해서 새로운 소프트웨어를 업그레이드한다고 생각하면 되는 것이다. 우리는 이렇게 멋진 뇌를 얼마나 활용하고 있는가? 연구에 의하면 아인슈타인도 뇌의 5~10%만 사용했다고 한다. 에빙하우스의 '망각곡선'에 의하면 "1시간이 지나면 50%, 1달이 지나면 80%가 사라진다"고 한다.

뇌에 대해 '부의 원천'의 작가 신경과학자 타라 스와트 박사에 의하면 뇌는 인간에게 주어진 최고의 자산으로 생명을 주관하며, 자신감과 인간관계, 창의성, 자존감, 삶의 목표, 회복탄력성 등 수많은 요소를 좌우한다. 신경과학계에는 인간은 평생 뇌의 10% 밖에 쓰지 못한다는 좀처럼

사라지지 않는 속설이 있다.

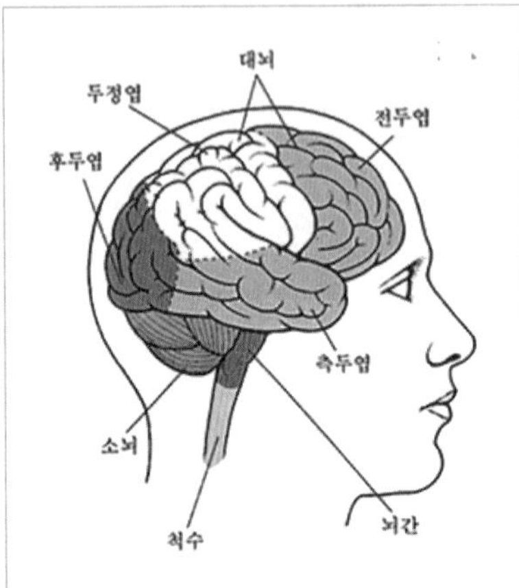

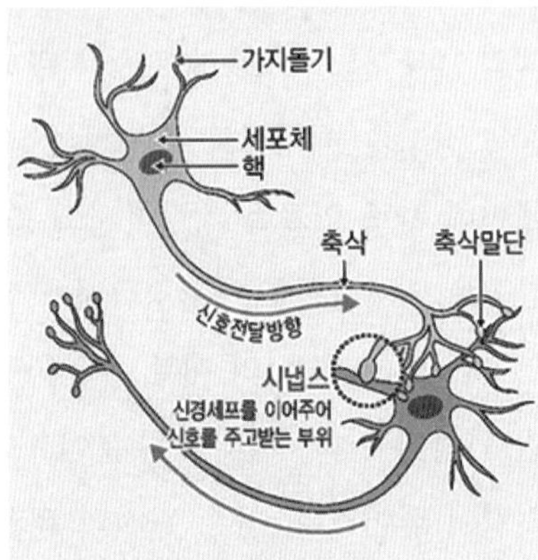

뉴런

뇌는 시각, 청각, 후각, 촉각으로 단 일 초도 안 되는 찰나의 순간에 수백만 개의 정보를 받아 지금 당장 필요한 정보에 집중하기 위해 그중 일부를 버리거나 뒷전으로 밀어둔다.

뇌의 진정한 힘은 대뇌 피질과 변연계, 다시 말해 감정과 육감과 온몸의 감각을 생각과 뇌의 능력에 있다. 따라서 이 힘을 활용하면 내가 삶의 주인이 되는 경험을 하게 된다. 몸과 정신이 완벽하게 조화를 이루고 삶에 완전히 몰입한 상태로 상황을 헤쳐 나가는 능력이 자신에게 있음을 진심으로 믿게 된다. 인간이 태어난 순간부터 죽을 때까지 관장하는 중추신경계를 구성하는 요소는 대뇌피질, 뇌간, 소뇌이다.

대뇌 피질은 뇌를 덮고 있는 쭈글쭈글한 표면인데 뇌의 시각, 청각, 미각, 후각 등 감각기관을 통제하는데 대뇌 피질의 일부분인 연합 영역은 운동이나 감각 기능과 직접적인 관련은 없지만 외부 세계에 대한 감각 정보와 지각 경험을 처리하는 복잡한 인지 과정에 관여한다. 네트워크 구조를 띤 연합 영역은 뇌 곳곳에 분포되어 있으며 머리 뒤쪽에 위치한 후두엽, 측두엽, 두정엽과 머리의 맨 앞쪽에 위치하며 논리와 창의성을 관정하는 전전두엽을 포함한다.

전두엽은 추론, 계획, 문제 해결, 단기 기억 저장, 운동 기능을 제어한다. 후두엽은 시각 정보를 처리해 뇌에 이미 저장되어 있는 정보와 연결한다. 측두엽은 청각 정보와 후각 정보, 미각 정보를 처리하며 기억 저장에도 관여한다. 두정엽은 청각 정보와 후각 정보, 촉각 정보를 처리한다.

전전두엽 피질은 뇌의 다른 부위에서 받은 감각 신호를 주시하는 동시에 외부 세계에서 일어나는 이을 관찰해 뇌에 끊임없이 새로운 정보를 입력하는 피드백 루프를 통해 사고를 통제한다. 생각에 대해 생각하고 자신의 의식을 의식하는 능력을 개발하는 상위 인지를 담당한다. 상위 인지는 사고를 통제하고 인식을 극대화하는 매우 중요한 능력이다. 뇌의 학습과 발전에 필요한 기억 모니터링과 자기 통제, 의식, 자기의식을 모두 아우르는 지적 능력이다. 피드백 루프는 잠재의식 속에서 자극에 대한 반응을 실시간으로 조정하고 재조하는 것인데, 외부 세계의 정보가 입력되면 뇌는 정보의 패턴을 인식해 반응 방식을 결정한다. 즉 '뇌의 자동 조정 장치'에 의해 굴러간다.

뇌간은 뇌와 척수를 연결한 줄기다. 소뇌는 뇌의 뒤쪽에 있는 부위로 주로 운동 기능과 균형 감각을 관장한다.

뇌를 구성하는 1000억개의 뉴런(뇌세포)은 1,000분의 1초마다 우리의 몸과 외부 세계로부터 쏟아지는 감각 피드백을 해석하고 반응하며,

뇌가 부여하는 의미에 따라 정보를 처리하고 정리해 보관한다. 뉴런은 감정과 행동, 기억, 연관성을 통합적으로 해석하면서 끊임없이 서로 연결하고 '경로'를 형성한다.

변연계는 뇌 속 깊숙한 곳에 위치한 주먹만 한 크기로 다른 뇌 부위에 비해 원시적이고 감정적이며 직관적인 부위로 무의식적 습관과 행동 패턴이 저장되는 곳이다. 변연계 중 행동과 감정, 동기부여, 정기 기억의 생성과 관련이 있는 주요 부위는 편도체와 시상, 시상하부, 기저핵이다. limbic(라틴어로 번연은 가장자리를 뜻한다. 선택적 주의를 담당할 뿐 아니라 어떤 생각과 기억을 파지(재생이 가능한 형태로 보존하는 것)할지, 즉 의식의 영역에 둘지 결정하는 역할도 한다. 미래에 이루고 싶은 계획과 소망을 막연하고 모호한 무의식의 영역에서 의식의 영역으로 끌어올려야 하는 것은 이 때문이다.

사상은 변연계의 일부로 뇌의 오감을 통해 정보를 받아들여 선택적 필터링을 주관하는 곳이다. 우선시해야 하는 정보와 버려도 되는 정보를 분류하는데 놀라울 정도로 정교하다.

신경과학 용어로 신경 가소성은 학습, 벽화, 재교육의 형태로 작동한다. 운동은 뇌와 몸에 에너지를 충전하고 산소를 공급하고 이로 인해 기존의 뉴런을 대체하거나 새 뉴런을 지속적으로 공급함으로써 신경회로를 구성하는 세포의 생존과 통합에 영향을 미치는 것으로 드러났다. 신경 가소성을 높여 준다. 운동은 뇌세포의 '환경 풍부화'를 좌우하는 요인이다.

뇌의 해마는 학습, 기억 및 새로운 것의 인식 등의 중요한 역할을 한다. 해마는 대뇌 피질 밑에 존재하는 해마는 지름은 1cm 정도에 길이는 5cm 정도이다.

뇌를 움직이는 화학물질에는 신경전달물질, 신경조절화합물질과 신경화학물질이 있다. 먼저 신경전달물질을 살펴보자. 도파민(dopamine)은 아미노산의 하나이며 뇌신경 세포의 흥분 전달 역할을 하며 보상이나 쾌감을 매개하는 물질로 부족하면 우울증이나 파킨스병, 지나치면 쾌락중독이나 정신분열을 유발한다. 세로토닌(serotonin)은 뇌의 시상하부 중추에 존재하는 신경전달물질로 기능하는 화학물질로 기분과 수면 또는 소화활동에 영향을 미친다. 부족하면 짜증, 공격성, 우울감을 증폭시키고 불면증을 낳는다. 우울증 치료에 시용되는 항우울증의 주요 성분이다. 부신수질에서 분비되는 에피네프린(epinephrine)이라고 불리는 아드레날린(adrenaline)은 교감신경에서의 자극의 전달물질이라고 생각되고 있는데, 중추로부터의 전기적인 자극에 의해 교감신경의 말단에서 분비되어 근육에 자극을 전달한다. 노르에피네프린(norepineprine)은 교감신경계의 신경전달물질 및 호르몬으로 작용할 수 있는 물질로서, 기본적으로 교감신경계를 자극하는 기능을 갖고 있다. 경계심과 주의력을 높이는 각성물질로 부족해지면 우울증을 유발하며 일상적인 기능을 수행하는데 어려움을 겪게 된다. 아세틸콜린(acetylcholine)은 각성과 학습, 운동과 관련이 있다. 줄어들면 건망증이 나타나고 치매의 위험에 노출된다. 신경조절화합물질을 살펴보자. 엔도르핀(endorphin)은 뇌에서 자연스럽게 만들어지는 모르핀과 같은 진통효과를 가지는 물질로 스트레스를 완화시키고 위로 감을 주고 통증을 줄여주며 쾌감을 증가시킨다. 옥시토신(oxytocin)은 부부간의 애정, 엄마가 아기를 돌보는 모성애 등 친밀한 인간관계를 담당한다. 여성들이 남성보다

옥시토신을 더 가지고 있기 때문에 다정한 법이다. 마지막으로 신경화학물질을 살펴보자. 코르티졸(cortisol)은 스트레스가 장시간 노출되면 부신피질에서 분비되는 호르몬이다. 불쾌감을 관장하는 정서중추인 편도체를 자극해서 심신의 긴장감을 높인다. 기억 중추인 해마의 기능도 억제한다. 면역기능마저 약화시켜 신체와 정신에 다양한 질병을 가져온다.

두피에는 10만 개 남짓 모낭이 있다. 모낭세포는 모발의 주요 원료인 케라틴 단백질을 생산한다. 또 멜라노사이트에서 멜라닌을 생성하게 만드는 역할도 한다. 멜라닌은 피부에서와 똑같이 케라틴을 검정으로 물들이는 색소인데 체질적으로 멜라닌 색소가 풍부한 사람의 머리카락은 검정색이고, 상대적으로 적은 사람은 금발이 되는 것이다. 대개 머리카락의 모낭이 흰머리를 만들기 시작하면 머리카락은 수십 년에 걸쳐 천천히 세어간다. 나이가 들면 멜라노사이트는 멜라닌 생성을 멈춘다. 또한 흰머리는 뿌리에서 시작되며, 그 속도는 오로지 머리카락이 자라는 빠르기와 똑같을 뿐, 흰머리가 유난히 빨리 자라는 일은 없다. 모발은 생명이 없는 케라틴 가닥으로, 영양분이나 정보를 아래 위로 주고받지 못한다.

인간의 뼈는 206개이지만 그 속의 골수에서는 하루에 2,000억개의 적혈구를 생산하고 있다. 심장은 300g에 불과하지만 하루에 10만번 이상을 수축하며 7톤의 혈액을 공급하고 있다. 혈액은 10만Km나 되는 혈관을 통해 60조 개의 세포에 산소와 영양분을 공급해주고 있다. 심장은 하루에 온몸으로 피를 매시간 260리터의 피를 뿜어낸다. 하는 일이 엄청난 데 비해, 무게는 450g이 되지 않으며 단순한 4개의 방으로 나뉘어 있다. 심장의 피는 15%는 뇌로 가고, 20%는 콩팥으로 간다. 피가 온몸을 한 번 도는 데는 약 50초가 걸린다. 심장은 심장 동맥을 통해서 산소를 공급받는다. 심장의 박동은 수축기와 확장기라는 두 단계로 수축기는 심장이 수축하여 피를 밀어내는 단계이고, 확장기는 심장이 확장되면서 피가 다시 채워지는 단계이다. 두 단계의 차이가 바로 혈압이다. 우리가 일어설 때 마다 약 1리터의 피가 아래로 내려간다. 피가 거꾸로 흐르는 것을 방지하기 위해 정맥에는 판막이 있고, 다리 근육은 수축할 때 펌프 역할을 하여 하체의 피가 심장으로 돌아가도록 돕는다. 규칙적으로 다리를 움직여야 하는 이유다.

성인 남성의 몸에는 5리터 정도의 피가 있다. 혈관은 약 4만km(지구 한바퀴)정도다. 혈액은 산소를 운반하는 외에 많은 일을 한다. 호르몬을 비롯한 화학물질과 노폐물을 운반하고, 병원체를 추적해 죽이고, 감정을 알리고, 체온 조절을 돕고 남성의 발기라는 복잡한 움직임도 일으킨다. 피 한 방울에 4,000종류의 분자가 들어 있다는 주장도 있다. 피에는 정보가 가득하다. 피는 네 층으로 분리되는데, 적혈구, 백혈구, 혈소판, 혈장이다. 피의 반은 혈장이며 혈장은 90%의 물과 염류, 지방, 기타 화학물질이 섞여 있다. 피의 약 44%를 차지하는 적혈구는 산소를 운반한다. 적혈구는 다른 세포를 위해 산소를 운반하면서도, 자기 자신은 산소를 쓰지 않는다. 우리 몸은 한순간도 쉬지 않고 수많은 일을 하고 있다. 적혈구는 1초에 100만개가 만들어진다. 이 적혈구 하나하나는 몸속을 15만번을 돌면서 산소를 운반한다. 적혈구는 포도당을 에너지로 쓴다. 산소 운반 통인 적혈구는 산소보다 일산화탄소를 더 선호한다. 일산화탄소가 있으면 산소 대신 일산화탄소를 싣는다. 그것이 우리가 일산화탄소로 죽는 이유다. 적혈구는 수명이 약 4개월이다. 그 기간에 우리 몸을 약 15만번, 수백km를 돈다. 노화된 적혈구는 지라에서 분해된다. 분해된 적혈구는 대변을 갈색으로 만든다.

혈소판 역시 피의 1%도 되지 않는데 피의 응고에 중요한 역할을 한다. 주요 동맥에서는 응고가 안 되는데 동맥 출혈 시 지혈대로 압박을 가해야 하는 이유다. 심각한 출혈이 일어날 때 몸은 근육과 피부 조직으로 가는 피를 주요기관으로 돌림으로써 피를 유지하려고 한다. 출혈 환자가 창백해지는 이유다. 혈소판의 수명은 약 1주일에 불과하며 면역 반응과 조직 재생에도 중요한 역할을 한다. 면역 반응과 조직 재생에도 중요한 역할을 한다.

모든 세포에는 모조리 이으면 1미터 쯤 되는 DNA가 들어 있는데, 우리 몸의 모든 DNA가닥을 이으면 160억 킬로미터가 된다. 명왕성 너머까지 갈 수 있는 거리다. 우리 몸 안에 태양계를 벗어날 만큼 긴 것이 있다니 놀랍지 않은가. 우리는 말 그대로 우주적인 존재다. 생명의 기본 단위는 세포다. 세포는 많은 미세한 것들로 가득하지만, 어느 것도 그 자체로는 살아있지 않다. 그리나 이 모든 것들이 하나로 모이면 당신은 생명을 가지게 된다. 가장 놀라운 부분은 세포에 관리자가 전혀 없다는 점이다. 세포 속에서나 몸의 각 부위에서 세포들은 서로 의사소통을 하며 몸 전체를 조화롭게 움직인다. 세포의 중심은 세포핵이다. 그 안에 DNA가 들어 있다. DNA는 우리 몸을 만드는 제작 설명서일 뿐이다. DNA는 대단히 안정적이어서 수만 년 동안 존속할 수 있다. 생명이 시작된 이래 30억년 동안 유전체로 이어진 혈통은 한 번도 끊어지지 않았다.

유전자가 하는 일은 단백질을 만들 명령문을 제공하는 것이다. 단백질의 종류는 수십만에서 100만 가지로 추정한다. 모든 사람은 DNA의 99.9%가 같지만 누구도 똑같지 않다. 당신의 유전자는 대부분 시간 동안 인간이 아니었던 먼 조상들로부터 온 것이다. 그들 중에는 물고기도 있었다. 작고 털이 덮이고 굴속에서 살았던 조상들도 많았다. 우리의 체제는 그들로부터 물려받은 것이다. 우리는 30억년에 걸친 진화의 산물이다.

허파는 펼치면 테니스 코트만 하며, 그 안의 공기 통로를 전부 이으면 런던에서 모스크바까지 뻗어갈 것이다. 몸의 혈관을 모조리 이으면 지구 두 바퀴 반을 돈다.

혀는 근육이지만 예민하다. 혀는 맛봉오리로 뒤덮여 있다. 맛봉오리는 혀유두라는 혓바닥을 뒤덮고 있는 돌기들에 들어 있는 미각 수용기 세포들이다. 몸에 있는 세포 중에서 가장 재생 능력이 뛰어난 축에 들며, 10일마다 새로운 세포로 대체된다. 총 1만 개의 맛봉오리를 가지고 있는데 대부분 혓바닥에 있다. 혓바닥 한가운데는 전혀 없으며 입천장과 목 안쪽에도 있다. 그래서 약을 삼킬 때 쓴맛을 느낀다. 혀가 감지하는 기본 맛은 단맛, 짠맛, 신맛, 쓴맛, 감칠맛이다.

귀는 맡은 일을 하기에 조금 엉성해 보일 수도 있다. 그러나 바깥귀의 소용돌이 모양은 지나가는 소리를 붙잡는 일을 놀라울 만치 잘한다. 고막의 미세한 떨림은 몸에서 가장 작은 세 개의 뼈를 통해 안쪽으로 전달된다. 귓속뼈는 소리를 증폭하여 달팽이관을 거쳐 속귀로 전달한다. 달팽이관 안에는 부동섬모라는 아주 가느다란 털이 2,700개가 들어 있다. 이 섬모들은 음파가 흔들리면서 전기신호를 뇌로 보낸다. 달팽이관은 해바라기씨 만하며, 세 개의 귓속뼈는 셔츠 단추 하나에 다 올려 놓을 수 있다. 이렇게 작아도 놀랍도록 잘 작동한다. 강렬한 소리가 들릴 때는 근육이 등자 뼈를 달팽이관에서 확 떼어 놓음으로써 회로를 끊는다. 폭발 이후에 종종 귀가 들리지 않는 이유가 이 때문이다.

4. 오래 산다는 것

평소 올바른 생활 습관이 풍요롭고 아름답게 목숨을 길게 이어준다. 4명의 사람에 대한 생활 습관을 살펴보자.

첫째는 젊음의 혈기를 통제하지 못한 사람의 이야기이다. 대학을 졸업하고 직장에 들어가서 좋아하기도 하고 업무 특성상 말 술을 먹었다. 사회 풍조 또한 술 먹는 문화가 직장 생활의 선후배간 돈독한 연결고리로 이어진 수십 년간 반복된 일과는 갑자기 찾아온 병으로 한 달 만에 아내와 사별했다.

둘째는 한 때는 잘나가는 사업가였지만 한 순간의 실패로 외로운 인생을 산 사람의 이야기이다. 기업을 다니다가 회사를 세웠다. 그는 회사 돈을 가지고 무모한 투자를 하여 책임을 지고 사퇴하고, 자식들은 일찍이 해외로 공부를 하러 아내와 같이 보내 기러기 아버지로 살다가 혼자가 되었다.

셋째는 다 갖추었지만 한 가지 해결하지 못한 사람의 이야기이다. 직장 생활이 전부였던 그는 최고의 자리에 올랐지만 집에서 있는 아내의 우울증으로 사별하고 자식들과는 척을 지내고 산다.

넷째는 회사를 다니며 단란한 가정을 꾸리고 화목한 생활을 하고 집에서 아내가 해주는 음식을 먹으며 자식들과 오손도손 재미있게 살아 원만한 인생을 살았다.

4명 중에서 누가 가장 오래 살았을까? 여러분 역시 후자 3명의 인생은 순탄하지 않았으니 남편이라는 이름으로 제대로 먹지도 못하고 마음고생도 심했으리라 생각할 것이다. 역시 답은 평소 스트레스에서 벗어나 자기 자신을 잘 관리하고 가족의 중요성을 알고 지혜롭게 산 사람이다. 사람은 먹고 살기 위해서 육체적인 고생은 감수할 수 있지만 제때 챙겨먹지도 못하는 섭생과 피곤한 직장생활로 인한 스트레스는 스스로 명줄을 재촉하며 단명을 하는 가장 중요한 요인으로 보고 있다. 그러나 이런 아주 평범한 이야기도 사람들은 모른 채 살며 뒤늦은 후회만을 하고 사는 게 인간이다.

우리 몸에는 해로운 원소도 있다. 카드뮴은 식물을 통해서 몸에 들어오는데 유익한 일을 전혀 하지 않는다. 셀레늄이 부족하면 고혈압, 관절염, 빈혈, 몇몇 암과 관련이 있다. 셀레늄은 견과류, 통밀, 생선 등에 많고 섭취하면 몸에 좋은 것은 분명하지만 너무 많으면 간에 중독 증상을 일으킬 수도 있다.

몸이 아프다는 것은 이상이 생기면 어디든지 아프다는 통증 신호를 보낸다. 육체적으로든 정신적으로든 아프면 몸은 여지없이 통증이라는 신호를 보낸다. 처음에는 약하게 나중에는 아주 강하게 신호를 보내 자신을 방어하고자 한다.

육체적으로 건강하기 위해서는 먼저 잘 먹고 잘 쉬고 잘 자야한다. 이중에서 잘 먹는다는 것은 편식을 하지 말고 모든 음식을 골고루 먹어야 한다는 뜻이다. 요즈음 일부 TV프로그램을 보면 어떤 식품이 만병통치인 것처럼 포장되어 사람들을 현혹하고 구매로 이어지는 사례가 많다. 그런 방송을 보고 그런 음식이나 정제된 다양한 약을 먹을 사람들이 낫기는커녕 몸의 불균형으로 건강을 해치는 사례를 많이 볼 수 있다.

『산 음식 죽은 음식』의 저자 더글라스 그라함은 '인간은 육식 동물이 아니다'라고 한다. 인간은 소량 이상의 지방을 수용하지 못하며, 육식동물은 고지방 먹이를 수용할 수 있다고 한다. 식물을 먹는 인간을 포함한 모든 동물의 타액과 소변은 대부분 알칼리성이다. 그러나 육식동물의 타액과 소변은 산성이다. 인간이 육식 동물이 아니라는 증거는 무수히 많다. 예를 들어 개는 인간에 비해 칼슘을 더 많이 필요로 한다. 육식동물은 산성이 매우 강하기 때문이다. 육식 동물의 혈액과 뼈속에 칼슘(알카리성 미네랄)이 많아야 살코기의 산성 물질을 중화시킬 수 있기 때문이다. 또한 야생의 동물들은 인간에 비해 훨씬 더 많은 단백질을 필요로 한다. 야생의 들개가 그들에게 필요한 영양분을 위해 다른 동물을 잡아먹는 것이 하나도 이상할 것이 없다는 말이다. 야생의 육식 동물은 먹이의 요산을 소화시키기 위해 요산분해효소 Uricase를 분비한다. 그러나 인간의 몸은 이 효소를 분비하지 못한다. 그래서 인간은 알칼리성 무기질 즉, 몸 안의 칼슘으로 이 강한 육류의 산을 중화시켜 소화할 수밖에 없다. 뼈 속의 칼슘을 꺼내서 육류의 산을 중화시켜야 하기 때문에 골다공증이 안 걸릴 수가 없다. 통풍, 관절염, 류머티즘 등은 모두 과도한 육류 섭취의 결과다. 육식 동물은 산성의 먹이를 섭취하며 번식하는 반면, 인간에게 산성식품은 매우 치명적이며 다양한 질병에 노출될 수 있다. 인간에게 적당한 음식은 모두 알칼리성이다. 육식 동물의 위장에서 분비하는 염산의 산성도는 인간에 비해 10배~20배 정도 강하다. 인간의 소화 효소는 과일을 쉽게 소화하도록 설계되어 있다. 인간은 과일을 소화하기 위해 침에서 아밀라아제라고 알려진 탄수화물 분해 효소를 만들어 낸다. 그에 반해 육식 동물들은 침에서 탄수화물 분해효소를 생산하지 못한다. 과일의 포도당과 과당은 인간의 췌장에 무리를 주지 않고 세포에 연료를 공급해 준다. 그러나 육식 동물은 당을 잘 다루지 못한다. 따라서 육식 동물이 과일 위주로 먹으면 당뇨병에 걸리기 쉽다.

잘 먹는 것과 잘 쉬고 잘 자야하는 중에 어느 하나를 소홀히 해도 몸은 여지없이 신호를 보낸다. 정신적으로는 과도한 스트레스를 받지 말고 자기 스스로 다양한 방식으로 완화시키거나 없애야한다. 이 역시 소홀히 하면 죽음에 이를 수도 있다. 결국 몸은 자기가 살아온 역사의 산물이다. 무엇을 먹고 어떤 일을 했고 어떻게 살아왔는지에 대한 기록인 것이다. 심리학자들은 육체적인 고통보다도 마음의 건강을 우선으로 한다. 마음을 바르고 편하게 하면 육체적인 고통도 다스릴 수 있다고 한다.

심리학자들은 몸과 마음은 하나라고 한다. 몸이 아프면 마음도 아프고, 마음이 아프면 몸도 아프다고 한다. 몸이 건강하기 위해서는 건강한 생활을 하여야 하며 남을 배려하고 남의 말을 잘 들어줄 수 있는 포용력이 있어야 한다.

5. 책 읽는 습관

중국 송나라의 정치가이며 개혁가인 왕안석(王安石)은 "독서는 많은 비용이 들지 않으며, 만 배의 이로 움이 있고, 독서 때문에 해를 보는 것은 보지 못했다. 금을 팔아 책을 사서 읽어라. 책을 읽어 두면 금을 사기가 쉬우리라"라고 했다.

소크라테스도 "남의 책을 많이 읽어라. 남이 고생하여 얻은 지식을 아주 쉽게 내 것으로 만들 수 있고, 그것으로 자기 발전을 이룰 수 있다"고 말했다. 르네상스 천재 레오나르도 다 빈치도 상대성 이론을 발견한 알버트 아인슈타인(Albert Einstein)도 우리나라의 세종대왕도 이순신장군도 독서를 생활화하여 지도자가 되었다.

빌 게이츠(Bill Gates) 마이크로소프트(Microsoft Corporation) 회장은 세계 제1의 부자가 된 자신의 성공에 대해 "어린 시절 마을 도서관에서 독서를 한 자신의 독서 습관은 하버드 졸업장 보다 더 중요하다"고 했다. 일본 손정의 소프트뱅크 회장도 "나는 젊은 시절 병원에서 4,000권의 독서를 한 후 일본 제1의 부자가 될 수 있었다"고 한다.

독서를 한다는 것은 뇌가 평화롭고 풍요로운 기분을 느끼게 되어 웃음과 미소가 많아져서 남을 위하는 마음이 자연스럽게 생긴다고 한다. 원광대학교 동양학대학원 조용헌 교수는 "운명을 바꿀 수 있는 것은 독서, 적선, 명상, 지명, 명당과 스승을 만나는 것"이라 할 정도로 독서의 중요성을 강조하고 있다. 물론 독서는 죽을 때까지 해야 하는 필수적인 숙제라고 인식하면 어떨까? 아이를 위해서는 하루에 30분간 책을 읽어 주는 어른이 된다면 그 또한 바람직하다. 아이는 책을 좋아하게 되고 독서에 대한 취미를 갖게 될 것이다.

6. 교육은 습관으로 이어지는 위대한 유산

부모로서 어린 자녀를 훈육하는 일처럼 어려운 일은 없다. 왜 그럴까? 육아는 집안일을 하는 아내든 육아를 하는 할머니 할아버지든 사람을 지치게 한다. 물론 아이가 크면서 주는 기쁨은 무엇과도 비견할 수 없지만 자신도 모르게 지쳐서 아이에게 해서는 안 될 말을 내뱉게 된다. 아무것도 모르는 아이에게 아무리 아이의 입장에서 하려고 해도 자신의 눈높이에서 훈육하기 때문이다. 집안에서 뛰는 아이를 그대로 방치하는 것보다는 혼내기 이전에 "이렇게 밤에 뛰면 아랫집 아저씨가 잠을 못 잔단다. 너도 윗집에서 뛰어서 잠을 못 자면 좋으니?"하고 말해야 한다. 말을 안 듣는 아이에게는 "말 안 들으면 엄마 도망 갈 거야!"라는 말 대신 "말 안 들으면 엄마가 병이 걸려 의사 선생님에게 가서 주사 맞아야 돼. 너도 병원에 가서 주사 맞으면 아프지! 그러니까 말 잘 들어"와 같이 말을 부정적인 말로 아이를 꾸짖거나 마음에 상처를 주는 말보다는 화제를 돌려 아이에게 반복된 설명을 통해 긍정적인 아이로 성장할 수 있도록 해야 한다. 이러한 반복적인 훈련을 통해 아이는 어떠한 사건의 실마리를 푸는 학습을 하게 되며 어릴 때 습관이 죽을 때가지 간다고 한다. 교육이란 사회를 구성하는 개인의 생활이나 행동 양식을 통제하는 역할을 하기도 하고 사람들에게 새로운 지식을 습득하고 발전시킴으로써 문화 창조의 기능을 하기도 한다. 이러한 교육은 가장 중요한 가정교육, 학교교육, 그리고 자율적으로 참여하는 평생교육으로 개인의 취미나 특기활동을 통해 자아를 끊임없이 발전시킬 수 있다. 미국 억만장자의 40%, 노벨상 수상자의 30%를 배출하고 있는 세계를 지배하는 민족인 된 세계 인구 0.2%의 유대인들의 교육을 살펴보자. 그들은 어릴 때부터 아이에게 질문의 기회를 많이 주고 언제라도 질문할 수 있도록 자극을 준다. 자녀의 개성과 인격을 최대한 존중하면서 자주성과 독립성을 훈련시킨다. 부모로부터 익힌 탈무드를 통해 돈에 대한 개념, 돈 관리 방법, 자녀 교육, 성공철학 등을 적극적인 공부방식이다. 유대인의 법전이라 할 수 있는 탈무드에도 열세 살은 성경의 가르침대로 살아가기 시작하는 나이이고 열여덟 살이 결혼 적령기이고 스무 살이면 자신을 경제적으로 책임질 수 있는 나이라 하였다. 미츠바 성인식(Bar는 '아들', Bat은 '딸', 그리고 'Mitzvah'는 'commandment', 즉 율법, 성서라는 뜻으로 그들은 '신과 계율로써 맺어진 신의 아들, 딸'이라는 뜻)은 열세 살이 되면 이날부터 그들은 부모의 아들과 딸인 동시에 신의 아들과 딸로서 성경을 공부하고 성경 가르침대로 살아간다는 것을 선서하는 것이다. 성인식을 하는 날에 토라의 한 구절을 낭독하고 성경과 탈무드에 등장하는 가르침에 대해 나름대로 의견을 발표하고 부모와 하객들로부터 성경책, 손목시계와 축하금 등 이 세 가지 선물을 받는다. 성경을 받는 이유는 이제부터 부모의 중간역할 없이 신과 직접 독대해야 하는 존재, 즉 신 앞에 부끄럽지 않은 책임 있는 인간으로 살겠다는 뜻이고, 시계는 약속을 잘 지키고 시간을 소중히 아껴 쓰라는 의미로 준다고 한다. 하객 축하금은 하객들이 정성스럽게 준비하지만 개인당 300~500달러 정도로 부모가 갖지 않고 전부 아이의 예금통장에 넣어 준다. 이 돈은 훗날 아이가 부모 품을 떠나는 18살까지 손을 대지 않습니다. 부모와 하객의 신분에 따라 축의금 액수는 차이가 많지만, 예금한 돈은 크게 불어나 대부분 10만 달러 정도로 나중에 성인이 되면 경제적 독립의 종자돈이 된다고 한다. 이러한 관습은 생일이 되면 친구들과 생일 파티로 지내는 우리 사회가 바꿔 볼 만한 문화 습관이 아닐까 생각해본다.

7. 공부하는 순서

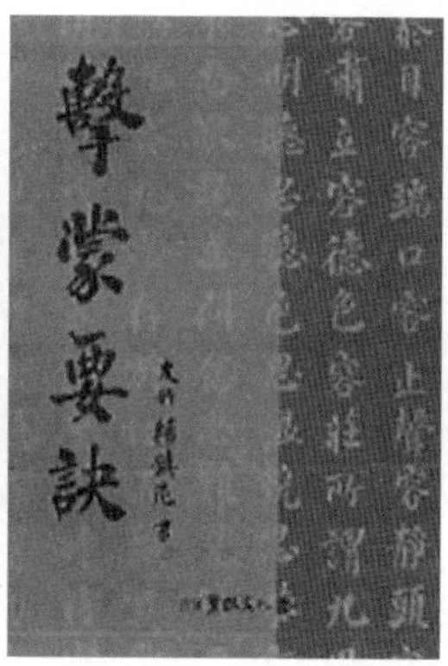

조선시대를 이끌어 가는 것은 성리학(性理學)으로 공부하는 순서가 있었다. 어릴 때는『소학』으로 인간됨을 위한 몸가짐의 태도와 자세를 배우고, 성인이 될 때가지『대학』으로 인간의 목표, 마음가짐과 공동체를

위한 행실위주의 실천학을 공부하였다. 책을 읽는 순서 또한 『천자문』, 『동몽선습』, 『명심보감』, 『격몽요결』, 『소학』, 『대학』, 『논어』, 『맹자』, 『중용』, 『시경』, 『예경』, 『서경』, 『역경』, 『춘추』 순으로 공부하였다. 이를 통해 부모에 대한 효도, 예의범절과 신의 등 국가에 충성하는 고결한 인품과 도덕적 인격을 가진 지도자로서 자질을 갖추었다.

중국 허난성(河南省) 서부에 있는 도시인 뤄양(洛陽)은 삼국시대 관우의 목이 묻힌 곳, 바로 뤄양의 관림(關林)이다. 중국 역사상 무덤에 '림(林)'이라는 용어가 적용된 사람은 공자와 관우 두 명뿐이다. 공자가 묻힌 공림(孔林)과 관우가 묻힌 관림의 '림'은 성인(聖人)의 무덤을 의미한다. "머리는 뤄양을 베개 삼고, 몸은 당양(當陽)에 누워 있으며, 혼은 고향으로 돌아갔다"고 전해지는 그는 바로 촉나라 유비의 무장이었던 관우(關羽)다. 관림의 남북 중심선을 따라서 가장 남쪽의 대문에서부터 의문·용도·배전·대전·이전·삼전이 있는데 삼전(三殿)에서는 유교의 모범이 되는 관우의 모습을 만날 수 있다. 삼전은 춘추전(春秋殿)이라고도 하는데, 갑옷을 입은 채 『춘추』를 읽고 있는 관우의 상이 모셔져 있다. 관우는 늘 『춘추』를 읽었다고 한다. 대의명분에 입각해 옳고 그름을 따지는 것이 바로 '춘추'의 정신 아닌가. 관림 대문에 적혀 있는 충·의·인·용의 화신인 관우와 춘추는 참으로 어울리는 조합이다.

중세시절에는 볼로냐 대학은 1150년경 파리 대학은 1200년경 옥스퍼드 대학은 1220년경까지 대학의 지위를 얻게 된다. 초기의 대표적인 대학 가운데 볼로냐 대학은 법학과 의학이 유명했고, 파리 대학과 옥스퍼드 대학에서는 철학 및 과학 분야에서 명성이 높았다. 중세 대학에는 신학, 법학, 의학 등 3개의 전공 학부가 있었는데, 과학은 이들 높은 전공으로 들어가기 전에 이수하는 교양학부(Arts Faculty)에서 다루어졌다. 중세 대학의 학사가 되는 교과목으로는 문법, 수사학, 논리학 등의 소위 삼학(trivium)과 석사과정으로 산수, 기하학, 천문학, 화성학 등의 사과(quadrivium)가 있었고, 박사과정은 법률, 의학, 신학 중 한 가지를 정해 공부했다.

자오위핑의 『백가강단』에 보면 '공부하는 분위기에 관해 법(法), 려(侶), 재(財), 지(地), 사(師), 덕(德), 혜(慧), 오(梧)라는 8자로 개괄하는데, 법은 학습방법, 려(侶)는 함께 공부하는 친구, 재(財)는 교육에 대한 투자, 지(地)는 학습하는 공간, 사(師)는 적합한 스승, 덕(德)은 정확한 학습태도, 혜(慧)는 일정한 지력기초와 투입이 구비, 오(梧)는 개인 관점을 형성하고 이치를 종합적으로 이해하는 말이다. 교육이란 가르쳐 이끄는 것이지 질책하는 것이 아니고, 모범을 보이는 것이지 입으로 알려주는 것이 아니다'라고 잘 정리되어 있다.

명나라 때 설응기(薛應旂·1500~ 1575)가 말한 문장이 반드시 갖춰야 할 열 가지(文有十宜)를 소개한다. '독서보'(讀書譜)에 나온다. 첫째, 진(眞)이다. 글은 참된 진실을 담아야지 거짓을 희롱해서는 안 된다. 다만 해서는 안 될 말까지 다 드러내서는 안 되니 경계의 분간이 중요하다. 둘째, 실(實)이다. 사실을 적어야지 헛소리를 늘어놓아서는 안 된다. 이때 다 까발리는 것과 사실을 말하는 것을 구별해야 한다. 셋째, 아(雅)다. 글은 우아해야지 속기(俗氣)를 띠면 안 된다. 겉만 꾸미고 속이 속되고 추하면 가증스럽다. 넷째, 청(淸)이다. 글은 맑아야지 혼탁해서는 못쓴다. 그래도 무미건조해서는 곤란하다. 다섯 번째, 창(暢)이다. 글은 시원스러워야지 움츠러들여서는 안 된다. 이때도 시원스레 활달한 것과

제멋대로 구는 것의 구별이 필요하다. 여섯 번째, 현(顯)이다. 의미가 분명하게 드러나야지 감춰지면 안 된다. 하지만 뜻이 천근(淺近)해서 여운이 없는 글은 못쓴다. 일곱 번째, 적확(的確)이다. 꼭 맞게 핵심을 찔러야지 변죽만 울리면 못 쓰는 글이다. 그러자면 글이 한층 상쾌해야 한다. 여덟 번째, 경발(警拔)이다. 글은 시원스러워야지 낮고 더러 워서는 안 된다. 그래도 그 안에 화평스러운 기운이 깃들어야 한다. 이게 참 어렵다. 아홉 번째, 남이 하지 않은 말을 하는 것(作不經人道語)이다. 제 말을 해야지 남의 말을 주워 모아서는 안 된다. 다만 문장의 구법(句法)과 자법(字法)은 모두 바탕이 있어야 한다. 억지로 지어내면 못쓴다. 마지막 열번째, 필자가 추가하자면 간(簡)을 꼽겠다. 글은 간결해야지 너절해서는 안 된다. 할 말만 해서 자기 뜻을 전달할 수 있어야 한다. 우리의 교육과정은 0~5세까지 어린이집, 5~7세까지 유치원, 의무교육과정은 8~13세까지 초등학교, 14~16세까지 중등학교, 17~19세까지 고등학교이고, 20세 이후 4년의 대학과정을 두고 있다. 어린이집부터 유치원까지의 교육과정은 사실상 정규교과과정이 아니고 맞벌이 부모들의 교육 수단으로 대체되고 있다. 아이들의 교육은 사회적응 훈련이다. 아기의 뇌 발육은 만 3세까지 엄청난 양의 정보를 받아들이는데 전문가들은 이 시기가 평생을 좌우할 정도로 중요하다고 이야기를 한다. 유대인 부모들은 아이의 양육을 만 3세까지 어머니가 절대적 권한을 갖고 만 3세 이후부터 밥상머리에서 탈무드를 꺼내두고 토론을 한다. 지금 우리 사회는 맞벌이 부부의 생활여건을 영유아기 아이의 교육에 전념할 수 있도록 국가가 획기적으로 제도 개선을 하는 것도 절실한 문제이다. 동서양을 막론하고 귀한 자식일수록 가정교육에 엄했다. 자녀

교육의 큰 원칙은 부모에서 시작하고 부모에서 끝난다. 부모의 본보기가 답이다. 의사집안에서 의사가, 교육자 집안에서 선생님이, 회사 다니는 부모 밑에서는 회사원이, 자영업을 하는 부모에게서는 자영업을 하곤 한다. 공부는 부모의 환경과 자신의 개성을 살리는 것이다. 교육은 백년대계이다. 하루아침에 이루어질 수는 없다. 지금 우리는 연간 30만 명도 안 되는 저출산으로 대학도 구조조정을 하고 있다. 지금 우리 사회는 앞에 사는 집과도 소통하지 않고 노인 공경 사상도 무너지고 있다. 부모도 돈이 없으면 자식들로부터 소외를 당하여 기본 교육의 부활이 절실히 요구되고 있다. 우리에게는 조선시대 사람의 기본을 가르친 좋은 사례가 있다. 지금의 도덕과목을 전면 개편하여 초등학교에서 고등학교까지 의무교육기간동안 조선시대의 교과목을 반영하면 교육효과가 배가될 것으로 생각한다. 공부는 혼자서하는 것이 아니다. 공부는 주변 환경에 영향을 받는 것이다. 그리고 주변의 좋은 친구와 자신을 인도해 줄 스승이 있어야 한다. 그러나 가장 중요한 것은 지식을 가르쳐 주는 기간은 성인 이전까지 이며 성인이 되면 지혜를 발휘하도록 만드는 것이 궁극적인 목표다.

8. 도덕과학이 이루어지는 세상

프랑스의 사회학자 레비브륄이 도덕과학(Moralogy)을 주창하였다. 도덕의 사회적 규범, 의무, 권리 따위를 대상으로 하여 도덕의식을 다른 사회적 사실과 비교함으로써 객관적인 사회적 사실로 연구하는 학문으로 사회학의 한 분야이다.

유럽은 세계의 경제, 문화, 정치의 선진국이 된 것은 종교와 철학에서 뿐만 아니라 첨단 과학을 발달시키고 도덕의 민주화를 세계에서 가장 빨리 이루었다. 특히 도덕의 민주화를 보면, 유럽은 종교와 철학에 뿌리를 둔 '사랑과 정의의 도덕'을 '과학'으로 재구성하여 '공정한 생활 도덕'으로 만들었음을 알 수 있다. 다시 말해 '과학은 자연의 법칙이요 원리'라고 말한다. 그러기에 과학은 누구에게나 공정하게 적용되는 법칙이 된다.

이러한 과학처럼 '도덕은 인간의 법칙이요 원리'이며 '도덕은 누구나 공정하게 지켜져야 하는 법칙'이 된다. '염산을 사람이 먹으면 죽는다'고 과학은 설명한다. 그러기에 '살려는 사람은 염산을 절대로 먹어서는 안 된다'고 과학은 말한다. '사람이 거짓을 행하면 사람이 안 된다.'고 도덕은 말한다. 그러기에 '사람이 되려면 거짓을 절대로 해서는 안 된다'라고 도덕은 말한다. 즉, 도덕은 과학과 같은 법칙임으로 '도덕과학' 이라는 말은 성립된다. 이와 같이 유럽은 사랑과 정의의 도덕을 '누구나 다 하지 않으면 안되는 사회의 법칙, 누구나 다 하지 않으면 안되는 나의 법칙'으로 과학화함으로서 사랑과 정의로 서로 돕고 희생하는 나라가 되어 선진국이 된 것이라 하겠다.

일본 법학자인 히로이케 치쿠로(廣池 千九郎)는 "도덕과학에서 인간은 살아 있는 한 도덕적 과실을 저지른다"고 말한다. 매일 먹는 음식도 고기나 생선, 채소의 생명을 빼앗아 먹고 있는 것이다. 법률상의 죄는 육법전서에 기록된 규칙을 어기는 것을 말한다. 예를 들어 살인이나 절도 같은 것인데 이런 죄는 보통사람이라면 좀처럼 저지르지 않는다. 이에 비해 도덕적인 과실이란 법은 어기지 않았으나 남에게 손해를 끼치는 데 따르는 죄이다. 자기만 괜찮으면 된다고 생각하고 이기적인 행동으로 돈을 벌려고 하거나 사회적인 지위 혹은 명예를 얻으려고 하면서 남에게 피해를 주는 일을 말한다.

『운이 좋아지는 인생을 사는 법』의 저자 니시나카 쓰토무(西中 勤)는 도덕적 과실을 깨닫는 데서 운이 좋아진다고 했다. 그는 도덕적 과실은 무의식적으로 저지르는 경우도 많고 그에게도 그런 경험이 있다면서 예를 들어 입시나 취업 등에서 여러 군데에 지원해서 합격하는 경우를 소개했다. 자신에게 필요한 합격은 단 하나일 텐데, 괜히 여러 군데에 지원해 합격하는 것은 이기심이다. 다른 사람의 가능성을 막아버리기 때문이다. 이렇게 무의식적으로 저지르는 도덕적 과실을 눈치 챈 것은 도덕과학을 배우고 나서부터였다.

우리는 이렇게 스스로 반문해보자. 어떻게 사는 것이 올바른가? 다른 사람은 몰라도 나만은 이렇게라도 나름대로 도덕과학의 규범을 정하고 살아보면 어떨까? 남에게 피해를 주지 않는 사회가 나부터 실천하고 다른 사람에게 전이된다면 얼마나 좋을까? 더 나아가 도덕윤리를 가지고 산다면 어떨까? 누가 보지 않아도 질서를 잘 지키는 나라, 그리고 부와 명예를 이루어진 얼룩진 세상에서 모두가 공평한 대우를 받는 쉽게 말한다면 병원에서 아파서 오는 환자들이 순서대로 진료를 받고 순서대로 병실을 사용할 수 있다면 사회 정의를 세울 수 있을까? 사람은 누구나 공정한 사회에 살고 싶다. 그 꿈이 이루어지는 그날까지 나는 나 스스로에게 반문하며 노력할 것이다.

9. 가위바위보 게임에서 이길 수 있는 방법

우리는 가위바위보 게임을 어릴 적부터 성인이 되어 편 가르기나 내기를 할 때 이용해왔다. 게임은 불확실한 세계에서 확률적 사고로 이겨내는 것이다. 영국 BBC 방송의 보도에 따르면 중국 저장대학 심리학자들이 대학생들을 대상으로 가위바위보 게임을 하게 한 결과 특정한 패턴을 발견했으며, 관련 연구 내용을 미국 코넬대학이 운용하는 온라인 논문 사이트 '아카이브'(arXiv)를 통해 공개했다고 한다.

가위바위보 게임에서 이길 수 있는 방법이 몇 가지가 있어 소개한다. 첫째, 상대방에게 자기가 낼 패를 보여주면 상대방은 그 패를 낸다고 한다. 가령 상대방에게 '보'를 보여주고 가위 바위 보를 하면 상대방이 무의식적으로 '보'를 내기 때문에 내가 '가위'를 내면 이긴다고 한다. 둘째, 처음 가위바위보 게임에서 이긴 사람은 다음 차례에 자신이 이긴 손 모양을 다시 내는 경향이 있으며, 진 사람은 다음 차례에 다른 것으로 바꿔낼 가능성이 높다는 것이다. 따라서 이긴 사람이 '가위'를 냈다면 상대방은 '주먹'을 내면, 이길 수 있다고 한다. 셋째, 첫 번째 게임을 하여 비겼을 때는 상대방이 비긴 당시의 패의 반대를 내면 이긴다고 한다. 예를 들어 '바위'로 비긴 후 이기려면 상대방이 '보'를 내기 때문에 나는 '가위'를 내면 이긴다. 그리고 일반적으로 주먹이 37%, 가위 28%, 보 25%를 낸다고 한다.

10. 스포츠와 스트레스

사람들은 스포츠를 좋아한다. 이를 즐기는 방법은 두 가지가 있다. 하나는 아마추어로서 자신의 취미 활동을 하는 것이고, 다른 하나는 직업으로서 프로 선수가 되는 것이다.

그런데 그 두 가지 방법에는 공통점이 있는데 바로 스트레스다. 여러 스포츠 종목 중에서 특히 골프는 더 한 것 같다. 야구, 배구, 농구, 축구처럼 움직이는 공을 처리하는 기술을 가지고 상대방과의 신경전을 통해 득점을 하는데 반해 골프는 티박스나 페어웨이에서 지면에 놓여 있는 공을 누구의 방해도 없이 자신이 치는 데 그날의 몸 컨디션이나 감이나 상대방과의 묘한 신경전으로 인해 엄청난 차이의 스코어를 기록하기도 한다.

프로 선수의 경우는 1년에 20~30 경기를 나가는데 한 경기당 보통 3~4라운드를 치른다. 그런데 매 라운드 마다 스코어가 18홀 기준으로 -11타부터 +15타까지 무려 하루에 26타까지도 차이가 난다. 프로 선수는 1타의 차이로 예선 경기 후 본선 진출이 이루어지고 본선에 가서 최종일 경기에서는 우승 상금의 차이는 엄청나다. 특히 우승과 2위의 차이는 40%정도의 차이가 있다. 미국 캘리포니아 페블비치에서 개최된 US 남자 오픈의 경우 총상금 1,250만 달러(142억원) 중 우승을 한 미국의 게리 우드랜드(Gary Woodland)는 225만 달러(26억5천만원)였다. 최근에는 역대 최고 우승상금 300만 달러(약 33억7000만원)가 걸린 골프대회가 나왔다. 우리나라 여자 골프 선수 이정은6 선수는 미국 사우스캐롤라이나 주 찰스턴의 컨트리클럽 오브 찰스턴에서 펼쳐진 제74회 US 여자 오픈 우승을 이뤄내며 총상금 550만 달러 중 우승 상금으로 100만 달러(12억원)를 받았다.

2019 PGA Champion Garry Woodland

2019 LPGA Champion 이정은6

그런데 취미로 골프를 즐기는 아마추어의 경우도 매 라운드 당 경기 스코어의 기복이 심하다는 점이다. 프로 선수는 직업이기에 스트레스를 받는다고 해도 아마추어는 취미 활동으로 비싼 라운드 경비를 지불하면서 스트레스를 받는다는 아이러니가 있는 것이다.

결국 따지고 보면 스트레스는 자신과의 싸움에서 자신이 스스로 무너지는 것이다. 이만큼 평생을 살면서 나와의 싸움에서 진다면 그 사람이 받는 정신적인 스트레스는 엄청나며 죽음에도 이를 수 있는 것이다. 현대 사회에서는 스트레스와의 전쟁이라고 한다. 자신을 둘러싼 사람들과의 전쟁인 것이다. 우리는 이 전쟁을 즐기면서 극복하는 지혜를 가져야 한다. 삶의 시간은 주어져 있다. 그 삶에서 내가 중심이 되는 삶을 사는 것은 가장 중요한 것이다. 지금 이 순간 내가 삶의 주인공으로 살고 있는 지 생각해보자.

11. 우주의 끝

우주는 너무 신비스럽다. 일부 과학자들은 이런 우주에 대해 신이 있다고 해도 과언이 아니라고 할 정도이다. 오늘날처럼 과학의 시대에도 우주에는 몇 개의 은하가 있는지 모른다. 아이러니하게도 현재의 과학기술로는 은하의 수가 수천억 개에 이를 것으로 추측할 뿐이다. 우리 태양계가 속한 은하는 글자 그대로 '우리 은하'(Our Galaxy) 또는 '밀키웨이 은하'(Milky Way Galaxy)라고 부른다. 지름이 약 10만 광년인 우리 은하계에만 2000억개의 별이 모여 있다. 지구가 속한 태양계는 은하 중심에서 2만 6000광년 정도 떨어진 '변두리'에 있다. 많은 항성이 우글거리는 은하 중심부로부터 적당히 떨어져 있기에 지구의 생명체가 유지될 수 있다고 한다. 태양계의 범위도 엄청나게 넓다. 수성 금성 지구 화성 등 8개의 행성이 있고, 해왕성 바깥에는 소행성지대인 카이퍼 벨트(Kuiper Belt)가 있는데 태양계의 해왕성궤도(태양에서 약 30AU)보다 바깥이며, 황도면 부근에 천체가 도넛모양으로 밀집한 영역이다.

카이퍼 벨트는 보통 단주기혜성의 기원으로 보고 있다. 태양풍이 미치는 끝부분의 경계는 태양권계면(Heliopause)이라고 부른다. 이보다 먼 곳은 성간우주(Interstellar Space)라고 한다. 천문학에서는 소규모 천체들이 모여 태양계를 껍질처럼 둘러싸고 있는 오르트 구름(Oort Cloud)까지를 넓은 의미의 태양계로 간주한다.

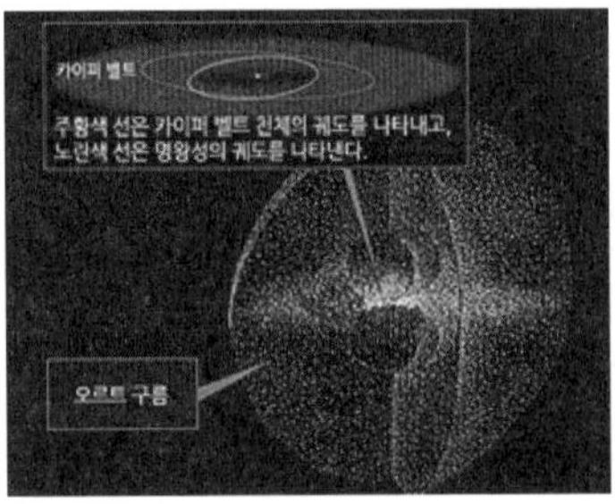

인류 역사상 최초로 태양권계면에 진입한 탐사선은 2012년 8월 이곳에 도달한 보이저 1호다. 지난달에는 보이저 2호가 태양권계면을 통과했다. '보이저 형제'는 하루에 약 133만~147만㎞씩 비행한 끝에 머나먼 태양계 테두리에 닿았다. 총알 속도의 17배인 초속 17㎞로 우주공간을 날아가는 두 우주선은 아직 태양계를 완전히 벗어나지 못했다. 다음 영역인 오르트 구름의 폭은 얼마나 되는지 확실하지 않다. 태양에서 1000AU(1AU=태양~지구 거리)부터 10만AU에 이르는 것으로 추정된다. 지금의 속도로 구름의 안쪽 경계에 도달하는 데 약 300년, 바깥 경계를 완전히 벗어나는 데는 3만여 년이 걸릴 것으로 보인다. 그 다음은 아직 미지의 세계다. 보이저는 수억년 이상 우리 은하의 중심을 둘러싼 긴 궤도를 떠돌지 모른다. 외계 생명체와의 만남에 대비해 지구 문명의 상징물을 담은 황금 레코드를 싣고 떠났지만, 이 또한 전달될 수 있을지 알 길이 없다. 2019년 1월1일 무인탐사선 뉴호라이즌스호가 카이퍼 벨트에 있는 소행성 천체에 처음으로 접근했다. 지구에서 65억㎞ 떨어진 소행성 '울티마 툴레'는 카이퍼 벨트에 있는 작은 행성이다. 2014년 발견돼 뉴호라이즌스호가 출발할 당시에는 존재조차 확인되지 않았다.

청어 4호

인류최초 달 뒷면사진

2019년 1월 3일 중국 달 탐사선 청어 4호가 달 뒷면에 착륙했다. 중국은 2020년에 청어 5호와 6호를 보내 달의 토양을 가져올 계획이다. 이를 분석해 2025년엔 달에 기지를 세우고, 2030년에는 중국 우주인이 달 기지에 머문다는 계획이다. 달에 풍부하게 존재하는 핵융합 에너지원 헬륨3 등 각종 자원을 활용하겠다는 구상이다.

2021년 5월 15일 중국의 화성 탐사선 '톈원(天問) 1호'는 화성 '유토피아 평원' 남부에 착륙했다. 2020년 7월 로켓 창정(長征) 5호에 실려 지구를 떠난 지 10개월 만으로, 중국은 미국과 구소련에 이어 세계에서 세 번째로 화성 착륙에 성공한 나라가 됐다.

2022년이 되면 민간 우주여행이 곧 현실화 될 것이다. 참으로 놀라운 일이다. 세상은 아무도 가지 않은 길을 개척하기 위해 끊임없는 도전을 하는 자들에 의해 위대한 업적을 이룬다.

12. 세렌디피티

2019년 12월 8일 EBS '일요시네마'에서 영화 '세렌디피티'를 편성해 이목을 사로잡았다. 2002년 4월 개봉된 피터 첼솜(Peter Chelsom) 감독의 '세렌디피티'가 바로 살 떨리는 감격을 그린 영화다. 첼솜은 그간 늘 적자만 보는 영화를 만들다가 이 영화를 통해 최초의 대박을 터뜨렸다. 달콤한 뉴욕의 크리스마스이브를 모두들 사랑하는 사람을 위한 선물을 사느라 무척 활기찬 한 백화점에서 조나단(존 쿠삭 분)과 사라(케이트 베킨세일 분)는 각자 자신의 애인에게 줄 선물을 고르다가 마지막 남은 장갑을 동시에 잡으면서 처음 만나게 된다. 뉴욕의 한가운데서 처음 만난 두 사람은 들 뜬 크리스마스 분위기에 속에서 서로의 매력에 빠지게 되어, 각자의 애인이 있는데도 불구하고 맨해튼에서의 황홀한 저녁을 잠시 보낸다. 서로의 이름도 모르는 채 헤어지게 된 두 사람, 이때 한 눈에 사랑에 빠진 조나단은 다음에 만날 수 있도록 전화번호를 교환하자고 제안하지만, 평소 운명적인 사랑을 원하는 사라는 주저하며 운명에 미래를 맡길 것을 말한다. 그녀는 고서적에 자신의 이름과 연락처를 적은 후 헌책방에 팔아 조나단에게 찾으라고 하고, 조나단의 연락처가 적힌 5달러 지폐로 솜사탕을 사 먹고는 그 돈이 다시 자신에게로 돌아오면 연락하겠다고 말하는 등 엉뚱한 행동을 한다. 결국 엘리베이터 버튼에 운명을 걸어보지만 두 사람은 아쉽게 헤어지게 되는데 몇 년이 흐른 뒤, 조나단과 사라는 서로 완전히 다른 삶을 살아간다. 하지만 그 둘은 7년 전 뉴욕에서의 몇 시간 동안의 만남을 잊지 못하고 있다. 둘 다 서로의 약혼자와의 결혼을 눈앞에 두고 있는 어느 날, 서로에 대한 그리움이 극에 달하게 되고, 둘에 관한 추억들을 운명처럼 떠올리게 되는 사건들이 연이어 발생하게 되자, 결국 두 사람은 7년 만에 다시 만나게 되는데 약혼자와 결혼을 눈앞에 두고 있는 시점에서 일련의 세렌디피티에 의해 다시 만나게 된다는 이야기이다.

알렉산더 플레밍의 세렌디피티

페니실린 개발

세렌디피티(serendipity)는 '뜻밖의 발견(을 하는 능력), 의도하지 않은 발견, 운 좋게 발견한 것'을 뜻한다. 형용사형은 serendipitous이며, '뜻밖에 행운을 발견 하는 사람'은 serendipper라고 한다. 영국 작가 호러스 월폴(Horace Walpole, 1717~1797)이 1754년에 쓴 「The Three Princes of Serendip」이라는 우화(寓話)에 근거하여 만든 말이다. Serendip이라는 섬 왕국의 세 왕자가 섬을 떠나 세상을 겪으면서 뜻밖의 발견을 했다는데 착안한 것이다. Serendip은 스리랑카(Sri Lanka)의 옛 이름이다.

원래는 14세기 페르시아의 시인 아미르 호스로 델라비(Amir Khusrow Dellavi)의 민담집 『8개의 천국』에 나오는 이야기라고 하는데, 이야기는 좀 황당하다. 예컨대, 어느 날 낙타를 잃어버린 한 아프리카인을 만나자 세 소년은 낙타를 보지도 않았지만 자세히 설명한다. 그 낙타는 애꾸고 이빨이 하나 빠졌고 다리를 저는데, 한쪽에는 기름, 한쪽에는 꿀을 싣고 있으며, 임신한 여인이 곁에 따라간다는 것이다. 낙타 주인은 이들이 낙타를 훔쳤다고 생각하고 국왕에게 고발했지만, 얼마 후 낙타를 도로 찾아 이들은 감옥에서 풀려나온다. 왕이 어떻게 보지도 않은 낙타를 정확하게 알 수 있었느냐고 묻자 그들의 답은 이렇다.

"길가의 왼쪽 풀만 뜯어먹었으니 낙타의 오른쪽 눈이 멀었다는 것을 알 수 있다. 뜯어먹은 풀이 일부 떨어져 나온 것으로 보아 이가 빠졌다. 한쪽 발자국이 다른 쪽 발자국보다 약하니 다리를 절고 있다. 길 한쪽에는 개미들이 모여들고 다른 쪽에는 벌이 부지런히 오가니 이는 기름과 꿀을 조금씩 흘렸기 때문이다. 그 옆에 난 샌들 자국으로 보아 여자가 낙타를 몰고 가고 있다. 게다가 축축한 흔적이 있는데 냄새를 맡아보니 사내의 욕정을 불러일으키는 데다가 땅에 손을 짚고 일어난 표시도 있으니 그 여자는 분명 임신부다"

특히 과학 분야에선 이런 사례가 많다. 알렉산더 플레밍(Alexander

Fleming, 1881~1955)은 1928년 페니실린 곰팡이를 발견했으나 그 효능은 10년이 지나서 옥스퍼드 대학의 하워드 플로리(Howard Florey, 1898~1968)라는 병리학자가 우연히 알아냈다. 애초 협심증 치료제로 개발된 비아그라(Viagra)도 실험 참가자들이 남은 약을 반납하지 않아 알아보니 발기부전에 효과가 있다는 사실이 밝혀졌다.

구글의 '순간 검색'(Instant Search)은 세렌디피티를 제공한다는 주장도 있다. 이와 관련, 조용호는 이렇게 말한다. "순간 검색은 구글 검색창에 검색 단어를 입력하면 글자가 입력되는 족족 검색 결과가 화면에 뿌려지는 방식이다. 단어를 다 입력하고 검색 버튼을 누른 후에야 결과를 볼 수 있던 사용자들에게는 새로운 서비스인 것이다. 구글은 사용자 편의성 제고 및 단어를 입력하는 과정에서 나오는 검색 결과를 통해 세렌디피티, 즉 '우연한 발견의 즐거움'을 서비스로 제공한 것이다. 물론 구글의 의도가 사용자 가치를 올리는 데만 국한되지 않으리라는 것은 충분히 짐작할 수 있다" 세계 최대의 온라인 스토어인 아마존의 창업자 제프 베조스는 재미 삼아 차고에서 중고 책 몇 권을 판 경험이 자신의 세렌디피티였다고 했고, 페이스북을 만든 마크 저커버그도 자신의 성공을 세렌디피티로 설명했다. 하긴 구멍가게를 하듯 4명의 대학생이 시작한 일이 딱 8년 만에 1,000억 달러 가치, 연 매출 40억 달러의 괴물로 성장했으니 놀라운 일이다. 저커버그는 이 기적과 같은 일에 대해 『타임』(2010년 12월 27일) 인터뷰에서 다음과 같이 말했다. "우리는 사람들이 행하는 세렌디피티라는 개념을 갖고 있어요. 뜻밖의 행운인 거죠. 가령 레스토랑에 가서 한동안 보지 못했던 친구를 우연히 마주치는 것과 같은 거죠. 굉장한 경험이죠. 그 상황이 그렇게 마법처럼 보이는 이유는 대체로 그런 일이 자주 일어나지 않기 때문이에요. 하지만 저는 사실 그런 상황들이 실제로는 흔하다고 생각해요. 아무도 우리가 그 중의 99퍼센트를 놓치고 있는 거겠죠" 저커버그와 인터뷰를 한 레브 그로스먼(Lev Grossman)은 이런 해설을 덧붙였다. "페이스북이 원하는 건 외롭고 비사교적인 세계를 무작위적 확률로 친근한 세계로, 뜻밖의 발견이 있는 세계로 전환하는 것이다. 당신은 사람들이 이루는 네트워크 속에서 일하며 살게 될 것이고, 결코 다시는 혼자일 필요가 없을 것이다. 인터넷, 그리고 전 세계는 하나의 가족처럼, 하나의 대학 기숙사처럼, 혹은 직장 동료들이 최고의 친구들이기도 한 하나의 사무실과 같은 느낌을 갖게 될 것이다"

우리는 일생에 몇 번쯤은 세렌디피티 같은 인생을 살고 있다. 어느 날 로또로 벼락부자가 되기도 하고, 대대로 내려온 땅이 개발되어 졸부가 되기도 하고, 직장생활을 하다가 보면 다른 사람의 실수나 낙마로 인해 승진이 되기도 한다. 세렌디피티는 분명 좋은 단어임에는 틀림없다.

13. 21세기의 아이콘

영어 단어에 'ICON'은 '특정한 사상·생활 방식 등의 상징으로 여겨지는 우상'으로 정의한다. 영국의 BBC 방송국 채널인 BBC Earth는 21세기 ICON 단 한 명을 영국민이 투표하는 방식으로 진행하였다. 시대의 ICON이라고 생각하는 각 대변인들이 출연하여 왜 자신이 뽑은 사람이 이 시대의 ICON이 되어야 하는 지 약 5분간에 걸쳐 설명했고 토론자는 대변인에게 왜 그렇게 주장하는지를 질문하는 방식으로 진행되었다. 5명의 ICON을 살펴보자.

알렌 튜링(Alan Turing, Alan Mathison Turing)은 수학자이며 물리학자로 2차 세계대전 당시 암호해독가로 활동하였다.

무하마드 알리(Muhammad Ali, Cassius Marcellus Clay)는 권투선수로 1998년 유엔개발계획 UNDP 친선대사로 활동했다. 은퇴 후에는 파킨슨병을 앓았으며 1996년 애틀랜타 올림픽에서는 성화 점화자로 참여하였다. 2016년 6월 3일 애리조나 주 피닉스의 한 병원에서 패혈증으로 사망하였다.

마틴 루터 킹(Martin Luther King, Martin Luther King Jr.) 목사는 1954년 미국 몽고메리 침례교회 목사로 비폭력 인권운동가로서 활동하였다. 그는 지금까지도 수많은 흑인들의 목사로 남아있으며, 그가 한 수많은 연설 가운데 1963년 8월 28일 워싱턴 행진 때 링컨 기념관 앞에서 한 "나에게는 꿈이 있습니다"(I have a dream)로 시작되는 연설은 지금까지도 인류에 회자되는 역사적인 명연설로 남았다. 본래 이날을 위해 따로 준비한 원고가 있었지만, 수많은 인파를 보자 마음이 바뀌어 평소 그가 즐겨 하던 연설을 했다고 한다. 그가 1968년 4월 4일 암살당한 장소인 테네시 주 멤피스의 로러인 모텔(Lorraine Motel)은 현재 민권 박물관(Civil Rights Museum)으로 운영되고 있다. 미국 정부는 1월 셋째 주 월요일을 마틴 루터 킹의 날로 지정하고 국경일로 만들었다.

파블로 루이즈 피카소(Pablo Ruiz Picasso)는 스페인 말라가에서 출생하였고 주로 프랑스에서 미술활동을 한 20세기의 대표적 큐비즘 작가로 널리 알려져 있으며, 대표작으로 '아비뇽의 처녀들'과 '게르니카' 등이 있다. 피카소는 스탈린을 익살스럽게 그린 그림이 스탈린에 대한 조롱으로 해석되어 1957년에 제명되기까지 프랑스 공산당원으로 활동한 사회주의자이었으며, 한국 전쟁에서 벌어진 미국의 잔학행위(예: 미군이 한국인들을 전투기와 기관총으로 학살한 충청북도 노근리 학살)에 대해서 비판하였다. 1951년 그는 '한국의 학살(Massacre in Korea)'을 발표하였고, 유엔과 미국의 한국전쟁의 개입을 반대하였다.

넬슨 만델라(Nelson Mandela)는 남아프리카공화국 출신의 흑인 인권운동가로 1962년 반역죄로 체포되어 1990년 2월에 27년간의 정치범 수감생활을 마치고 석방되었다. 그는 평등선거로 실시된 세계 최초 흑인 대통령으로 남아프리카공화국 대통령(1994.05~1999.06)이 되었다.

투표결과는 알렌 튜링이 선정되었다.

저자소개

| 손 경 연 |

손경연은 대전에서 태어났다.
단국대학교에서 영문학을 전공하고 고려대학교에서 경영학 석사를 받았다.
쌍용건설에서 17년, 서울산업진흥원에서 12년, 한성대학교에서 11년 동안 교양과목을 가르쳤다.
금보다 값진 책을 좋아해서 만권의 책을 읽기 위해 노력하고 있다.

연락처 : midispeter@gmail.com

저 서

『취업전략의 핵심가이드』, 손경연/김형섭 공저, 성진미디어, 2013
『나는 왜 취업을 못하는가』, 손경연/남창우 공저, 한성대학교출판부, 2014
『취업의 정석 A에서 Z까지』, 손경연, 한성대학교출판부, 2016
『미래의 소통과 리더십』, 손경연, 한성대학교출판부, 2017
『나에게 무엇이 가장 소중한 것일까』, 손경연, 한성대학교출판부, 2018

나를 변화시킨 사람들

- 변화(Change)와 도전(Challenge)

초판1쇄 인쇄·발행 2021년 7월 23일

저　자　손 경 연
발 행 인　이 창 원
발행한곳　한성대학교 출판미디어센터

주　소　서울특별시 성북구 삼선교로16길 116
대표전화　02) 760 - 4174
팩시밀리　02) 760 - 5969

편집제작　대자커뮤니케이션 | 02) 2269-6724

ISBN 978-89-6820-049-6 03000　　정가 25,000원

본 도서는 한성대학교 출판미디어센터의 출판장려금 지원에 의해 발행되었습니다.
